〔口絵１〕ノーフォーク州リトル・コテージ
油彩画　W･R･ビオン画

〔口絵２〕レッドコートにある果樹園と給水塔
油彩画　W・R・ビオン画

〔口絵3〕W･R･ビオンの肖像画
油彩画　フラビオ・デ・カルバーリョ画　サンパウロ 1973 年

〔口絵４〕リトル・コテージから小麦畑を望む
油彩画　W·R·ビオン画

ウィルフレッド・R・ビオン

我が罪を唱えさせよ

天才の別の側面／家族書簡

Chris Mawson
クリス・モーソン［編］

Fukumoto Osamu
福本修［監訳］

Tamamuro Motoko
圭室元子［訳］

福村出版

監訳者まえがき

本書『ウィルフレッド・R・ビオン　我が罪を唱えさせよ――天才の別の側面／家族書簡』は、『W・R・ビオン全集』第二巻の全訳である。第一巻と同じく、元々はフランチェスカ・ビオン未亡人（一九二一年生–二〇一五年没）の編集によって、同じタイトルで一九八五年に刊行された。それには『長い週末』に続く遺稿と、「天才の別の側面」と題した家族宛の書簡選集、そしてフランチェスカによる式辞「別れの言葉」が収録されていた。全集版では、編者のクリス・モーソンがタイトルの由来を含めて短い紹介を記しているが、それ以外は同じである。

このように、ビオン本人の原稿が仕上がっておらず分量が少ないうえに、その「和らぐことのない陰鬱やひどい自己嫌悪」の印象を嫌って、フランチェスカは家族宛の手紙と自分の式辞を入れた。しかし自伝と手紙の間には、かなりの開きがある。日本語版では、子供からの視点を加えることを考えてお願いした結果、ビオンの長男でバーミンガム大学病院集中治療医学教授を長らく務めたジュリアン・ビオン先生に、御寄稿いただくことができた。

本書の題名に触れると、「我が罪を唱えさせよ」の由来は、イギリス人なら誰にでも分かるのだろうが、シェイクスピア『ハムレット』の第三幕第一場、「生きるか死ぬか、それが問題だ」で始まるハムレットの科白である。その場面の最後で、彼は独白する。「美しきオフィーリア！　ニンフよ、汝が祈祷において、我が罪を唱えさせよ」。この句は遺稿の最後に引用されており、この時までのビオンに響くものがある。ビオンの同期二五〇名のうちで、三人しか生き永らえなかったが、『ハムレット』は主要登場人物のほとんどが死で終わる。それより何より彼に関係があるのは、女性との関わりの難しさである。

『長い週末』に登場した女性たちと言えば、インド編ではアーヤ—つまり皺だらけの小さな老婆、母そして妹だった。英国編では口やかましい寮母や同級生の母親たちで、ビオンが恋心を持っても、それ以上ではなかった。戦争編には、そうした影もない。本巻の語りは、彼が除隊後にオックスフォード大学に入るところから始まる。さまざまな苦労を経て専門家となりつつある中、第二次世界大戦となって彼は再び戦場に戻り、悲劇に見舞われる。それは二つの大きな戦争と喪失の間の、ビオンの「愛することと働くこと」（フロイト）における苦い挫折に満ちた時期である。そこにいわば〝オフィーリア〟が何人か、姿を変えて登場する。その具体的なさまは、読んでご確認いただきたい。また、本書を先に手にしている読者は、彼の生まれた頃から第一次世界大戦が終わって復員するまでの経験を描いた『ウィルフレッド・R・ビオン　長い週末——１８９７-１９１９』も、ぜひお読みいただきたい。

さて、ビオンは自伝の全体をどう構想していたのだろうか。『長い週末』は、この戦間期そして戦後の無為感が支配した時期にこそ相応しく思われるが、彼がここで筆を擱くつもりではなかったことは、第三章の一節から明らかである。「では——なぜ自伝を書くのだ？　それは、私が生きた世界で、私が生きた人生を回顧するのは、私にとって興味深いからである。例えばたった今、私はフランチェスカに——彼女のことはまだ話す理由がないが——……と言ったところだ」。「興味深い」と言っていられる時点で、これまでとは大きな違いである。つまり、おそらく第三部には二十五歳年下の新たなオフィーリアが登場し、戦場で一人書き綴った記録に基づく「戦争編」と違って、彼に伴走することになっていただろう。

しかしその前の、「遺稿」末尾の時期、つまり一九四五年生まれのパーセノープが必死に這ってビオンに近づこうとしていた頃と、収録されたフランチェスカへの最初の手紙が書かれた一九五一年の間には、何年かの開きがある。その頃のビオンに大きいはずなのは、疑いなく、メラニー・クラインとの分析経験だろう。彼の記述は素っ気なく、煩わしく感じ続けてさえいるようだが、それは最も純愛の部分をフランチェスカに振り向けてしまったからだろう。そうした精神分析の秘密の働きは、なかなか語りようがなく、語られることが少ない。『長い週末』と『我が罪を唱えさせよ』の読者は、『天才の別の側面／家族書簡』に、ただ驚くことだろう。

最後に、訳者の圭室元子さんには、イギリスでの生活と家族関係・文化に精通している専業の翻訳者でなければ叶わない出来栄えに仕上げていただいたことに、お礼を申し上げたい。また、『長い週末』とともにこの自伝翻訳企画を具体化していただいた福村出版の故松山由理子氏、引き継いだ佐藤道雄氏、進行管理の労をお取りいただいた佐野尚史氏には、深く感謝申し上げます。

福本修

目次

天才の別の側面――家族書簡 95

【凡例】

①訳註は、原註と編註と共に通し番号を付け、見開き頁内で参照できるよう左頁に一括して記載した。なお、編註は、全集で初めて付けられたものを指す。
②本文内の〔　〕内は訳者による訳註である。
③英語原文のイタリック体表記の語句には、傍点を付した。全集版のイタリック体の箇所は「、」、初版においてのみイタリック体の箇所は「・」とした。
④ビオンの内的会話は斜体で表した。
⑤大文字で始まる単語、例えばMountainは、〈山〉のように〈　〉を付けて表した。
⑥大文字のみで書かれている部分、例えばCHRISTIAN UP AND SMITE THEMは、キリスト者よ、立ち上がり彼らを打ち砕けとゴチックで表記した。
⑦原書の索引は全集の最終巻第十六巻に一括で収録されているが、本訳書では読者の便を考え、索引と年表を巻末に横組みで付した。

ウィルフレッド・ビオン　人物像略筆

ジュリアン・ビオン　二〇二二年四月

一九七三年に父は、ブラジルでの講義に招かれた。その主催者は寛大にも、有名なアーティスト、建築家、そして慣習の破壊者であるフラビオ・デ・カルバーリョに父の肖像画を描いてもらうように手配した。最初にモデルになったときは、父の像と認識可能だがダイナミズムに欠けたものが描かれた。それは疑いなくカルバーリョであったが、疑いなくビオンというわけではなかった。しかしながら、この時点までに二人はお互いを知り合う機会があり、モデルの時間の終わりにカルバーリョは、再度父を描きたいと告げた。二つ目の肖像画は素晴らしく、最初のものとは著しく対照的だった。アイデアが流れになって溢れ出しており、父の顔の激しい——凄まじいとも言える——集中力を表現している❖。最初の絵が外面だとしたら、二つ目のものは魂であった。主催者が最初の肖像画を保持し、二つ目のものは父が持って帰ってきた。彼の死後、その肖像画は、母の応接室の一番よく見える場所に飾ってあった。ある時、ある業者が母にそれが誰だか尋ねた。彼女は、それは自分の亡夫であると説明した。業者は絵の前でしばらく佇むと、こう言った。「メガネかけてたんだね」

父は、馬鹿げたことの真価を非常に評価していたので、この美術批評への貢献を楽しんだに違いない。この言

◆…原註〔この肖像画は、WRBの自伝第二巻目『我が罪を唱えさせよ』〔本書〕に収録されている。〕

葉を聞いて、肖像画の彼の目からゆっくりと微笑みが広がるのが想像できる。彼のことをよく知らない人からは厳格で、おそらく手厳しい人だと思われていたが、家族や近しい友人にとっては、彼は愛情深く、非常に思慮深く、そして面白かった。「雑談」をすることはなく、必要ない時には何も言わなかったが、口を開く時は、常に的を射ており、洞察に富んでおり、そして、適切な場合においては、イギリスやフランスの詩への言及で興趣をそえた。彼は文学、特にミルトン、シェイクスピアそしてキーツに関して、百科全書的な知識を持っていた。

私のごく幼い時の父の記憶は、文学を通じて形成された――あまり遅くなく家に帰ってきた夜に選び読んでくれた、就寝時の読み聞かせである。このようにして、私たちは児童文学の名作への知識や、自分達で読む習慣を身につけた。家の中には本のない部屋はほとんどなく、その多くは、一九二〇年代、彼が貧乏な医学生だった時に手に入れたものだった。食べ物を買えるように、十ポンドで購入した珍しく無修正のホリンシェッドの『年代記』[1]を売らなければならなかったと父が話していたのを覚えている。うちでは本は贅沢品ではなく、必需品だと認識されていた――魂への栄養だと。そして、一度手に入ったものは、手を離れることはほとんどなかった。食事中に、辞書は食卓の上に置いてあることが多く、自己発見を促した。質問に対する答えは通常、「調べてみよう」だった。

時折、父はインドでの幼少時代、イギリスでの寄宿舎学校と両親やアーヤー（インド人乳母）との別れ、第一次世界大戦の戦車戦のトラウマ、そして第二次世界大戦終戦近くに起こった、彼の最初の妻で女優のベティ・ジャーディンの死について話すことがあった。そういった彼の過去への短く稀な洞察は、私に影響を与えた。私はそれらの会話をはっきり覚えているからだ。しかし、私は歳を重ねるにつれて、死活に関わる脅威、トラウマ、そして死別に対する父の並々ならぬ勇気、レジリエンス、そしてそれから学ぶ力を正当に認識できるようになり、それらは一層重要な意味を持つようになった。一九一六年には、新設された戦車連隊の非常に下級の将校として、彼は戦車の前を歩くことを余儀なくされ、戦闘状態になるまで戦車の中に入れなかった。彼が最も恐れていたことは、榴散弾によって致命的ではない傷を負った後に、自分の戦車に轢かれることだった。数年前、私自身の家族は、カンブレーの手前、フレスキエール城にある第一次世界大戦の戦車戦地を訪れた。崩壊した城壁の中には、完璧に保存された、ドイツ軍のステンレス鋼製の機関銃砲床があり、なだらかに傾斜する麓の谷を見渡すことができた。百年前に、父の戦車はその斜面で動かなくなり、彼は部下に戦車を乗り捨てるように伝え、まさにこの砲床を攻略するために、銃火の中歩いて前進した。彼が自分の戦争日記の中で述べているように、その行為はヴィクトリア十字勲章（ＶＣ）候補になり、最終的には殊功勲章（ＤＳＯ）を受章した。父は、孫が冬の日差しの中そこに座っているのを見たら、感動しただろう。そして第一次世界大戦中の将校の死亡率と、彼が二年以上も実戦に携わっていたことを考えると、私たちが存在しそこにいたという事実ですら、驚きに値することなのかもしれない。

前線にいる軍人の経験へのこの身をもって得た理解が、陸軍省選抜局の内科医・精神医としての役割における、父の「砲弾《シェル》ショック」――心的外傷後ストレス障害――治療へのアプローチを形作った。彼はそこで、ジョン・リックマンと共に、指導者不在集団療法の構想を発展させた。彼は人間の弱さをあまりに自己認識していたため、自分のことを勇気があるとは思っていなかった。「ＶＣ〔受章〕と軍法会議〔にかけられること〕の違いは、逃げた時にどっちに向かったかだったのだよ」と彼は私に言った。そのような戦争や人生一般の経験は、スポー

1…『イングランド、スコットランド、およびアイルランド年代記』（一五七七）のこと。増補版が一五八七年に出版され、シェイクスピアのイギリス史劇に素材を提供したことで知られる。両版とも、スコットランドやアイルランド情勢、イングランドの派閥争い、そして王族の権力争いに関する記述が検閲されている。

ツの優秀さと相まって、彼に試練や逆境、失敗――そして成功に対処するための非凡な能力を与えた。彼の同僚は、彼のことを、会ったことのある誰よりも「考えを顔に出さないことができる」と描写した。これは無感情に見えたかもしれないが、実際には激しい集中力と専心の賜物だった。これに、知ったかぶりへの拒否と知らないことへの寛容さも伴った。父はよく、ジョン・キーツが一八一七年に弟たちにあてた手紙について言及した。その中でキーツは「負の能力」の重要性について述べている。「それとはすなわち、不確実さ、不可解さ、疑念の中で、性急に事実や理由を求めることなく、存在する能力だ」。同様に、父は事象への都合のいい説明の受け入れには慎重だった。「答えは問いの不幸だ」というモーリス・ブランショの言葉を引用して。[2] 父はこれを、四歳だった最初の娘パーセノープとの会話について私の母フランチェスカに話しながら、簡明なユーモアと共に表現することがあった。

P〔パーセノープ〕：「パパ、あれなに？」
WRB〔ウィルフレッド・R・ビオン〕：「あれは牛だよ」
P：「パパ、どうして牛なの？」
WRB（フランチェスカに向かって）：「二つの質問だけで、もう既知の世界の果てにいるのさ！」

私が医学の世界に入った時に、父は時折心と物質の関係について論じたものだった。彼は特に、母親の子宮内環境がいかに胎児期の自律神経系の成長に影響することがあり、それが後の人生の行動結果につながるかという理論に興味を持っていた。私たちは精神分析について踏み込むことはほとんどなかった。私は、精神分析については全く無知だった。というのも、医学の仕事を始めた時には、他と無関係に検証可能な測定基準のある――またはあるように見えた――医学の側面の方に集中する方を好んでいたからだ。父の「グリッド」の開発は、精神分析のためのコミュニケーションツールや共通の記述言語を作成することで、この弱点に取り組もうとしたものだった。それが成功したかどうかは私が言うところではないが、その動機は十分に評価する。しかし、父は次第に、使用できる専門用語に満足しなくなっていった。彼がロサンゼルスで仕事をしていた時のことだ。彼は精神分析に文学的アプローチを試し、意識の流れにイギリスやフランス伝統の偉大な詩人や作家の洞察を織り込み始めた。これが『未来の回想』になった。彼はこれをめずらしくも「自分の本」だと呼んだが、同時に、精神分析社会は彼がとうとう気が狂ったと思うだろうと、冷ややかに述べた。彼はある手紙の中でこう語っている。「私が書くことになっているものは、ママの努力のおかげで、ほぼ完成したと思います。私にはとても読めたものではないと思われますが、それほど悪くはないことを祈ります。私はこれが出て売れるどころか、出版される現実的な見込みがあるとさえ感じているとは言えません……[3]」

父の仕事と人生は、母フランチェスカと一九五一年に結婚して一変した。一九四五年に最初の妻ベティ・ジャーディンがパーセノープ出産で亡くなり、続いて一九四八年に父と難しい関係にあった寡夫である彼の父親フレデリックが亡くなってからの、非常に暗い年月から父が浮上することができたのは、彼女のおかげだった。フランチェスカも、英国空軍パイロットであった夫のジョン・マッカラムが一九四九年にエジプトで墜落死して、未亡人だった。フランチェスカは愛情、秩序、家族、そして編集技術を、等しく提供した。彼女は、彼の非常に小さい字で書かれた手書きのメモをタイピングした文書にし、父が通常できれば避けたいと思っていた修正や明確化にかかる労力を最小限にした。彼女の貢献がなければ、彼の文章の多くは全く出版されることはなかっ

2…本書自伝部分第四章にも引用されている。
3…本書「パーセノープ、ジュリアン、ニコラへの書簡」一九七三年を参照。

ただろう。それを認めて、彼はお決まりのドライなユーモアで、私にくれた『ブラジル講義』の見返しにこう書いた。「著者の息子へ、彼女の夫より」

「ウィルフレッド・ビオンを父に持つということはどうだったか？」これに答えるのは、特に私が若い時には簡単ではなかった。自分が親になるまで、もしくは他の人の親はだいぶ違うかもしれないと発見するまで、自分の親は当たり前のものであるからだ。父は英領インド帝国絶頂期に、インドで、公共奉仕、スポーツの技能、そして情動の抑制を評価する文化の中に生まれた。彼はそういった資質を体現しながら、大英帝国のあまり魅力的ではない面を拒絶した。私も姉妹たちも、常に愛され尊重されていると感じていたが、甘やかされてはいなかった。私たちは、他人の見解や意見を尊重するという枠組みの中で自分達自身のそれを育むように奨励された。私たちは、自分たちの疑問や心配事は常に聞いてもらえるとわかっており、軽視されたり無視されたりすることは決してなかった。私たちはまた、成功は自分の努力によるものだということも理解するようになった。「世間に面倒をみてもらうのは当然だと思わないように」と、おそらくは私たちの未来だけでなく、自分自身の人生のことも顧みながら、彼は言った。私たちは、寄宿舎学校では英国教会の伝統の中で育ったが、家での哲学的思潮は、不可知論的であり、人文主義的であった。父は人類の未来について、そのお互いに破壊し合う能力（「それは破綻《ブレイクダウン》？……それとも現状突破《ブレイクスルー》？」）ゆえに楽観的ではなかったが、『失楽園』［ロンドン、一六八八］第三巻に見られる、ミルトンの失明に対する卓越した考察により表現される、人類の努力や自然界に対しとても深い愛情を持っていた。一九七九年に亡くなる数年前に、父は情動を抑制しながら、私に向かってそれを暗唱した。

　かくして年々歳々四季こそめぐり来るものの、白日も、
　朝と夕べの爽《さわ》やかな訪れも、爛漫と花咲く春の顔《かんばせ》も、

夏の日の薔薇も、羊の群れも、牛の群れも、ゆかしい人の面影も、
ついに私には戻ってはこないのだ。私の前にあるものは、
黒雲と果てしなき昏冥《こんめい》にすぎない。私は人の世の楽しみから
断ち切られ、美しい知識の書が与えられるかわりに、
私にはもはや抹殺され消去された自然の物象についての、
空漠たる空白《ブランク》の世界が与えられ、知恵が、入口の一方において
完全に閉め出されてしまっているのだ。さればこそ、
汝、天来の光よ、私は切に汝にこい願う、願わくば、
わが内なる世界において輝き、わが心を照らし、
そのすべての力を強め、そこに物を見る眼をもたらし、
そこよりすべての霧を追い払い、排除し、もし
能《あと》うべくんば、私をして、人間の眼には見えぬ
事象の数々を見、かつ語ることを、えさしめ給え、と。[4]

ジュリアン・ビオン
バーミンガム大学集中治療医学教授。大英帝国勲章受賞者。

4…ジョン・ミルトン『失楽園』第三巻より。平井正穂訳『失楽園（上）』（岩波文庫、一九八一）。本書「パーセノープ、ジュリアン、ニコラへの書簡」一九六四年にも言及がある。

編者からの序文

本巻のうち、「我が罪を唱えさせよ」はビオンの自伝の続きである。このタイトルは、『ハムレット』の第三幕第一場の台詞「美しきオフィーリア！ ニンフよ、汝が祈祷において、我が罪を唱えさせよ」に由来している。『長い週末』と「我が罪を唱えさせよ」は、ビオンの人生における最初の五十年を扱っている。ビオンの抑鬱感がこれらの中で際立つこともあり、フランチェスカは、楽観的で愛情あふれる彼の側面も同じように表したいと願って、第二巻には「天才の別の側面」というタイトルで、彼が最後の三十年ほどの間に家族に書いた手紙から一部を選んで収載した。書簡は、更なる序論を必要としないほど、おのずと物語っている。

本巻を締めくくるフランチェスカ・ビオンによる「別れの言葉」は、一九八〇年二月二十日に英国精神分析協会が主催した、ウィルフレッド・ビオンを偲ぶ会で彼女が語ったことから採られている。

〔訳註〕最初の一巻本（一九八五年刊）では題辞として、「主がなされるのでなければ虚しい（Nisi dominus frustra）と書かれたビオン家の家紋（上掲）と、その出典である詩篇一二七章一節（「エホバ家をたてたまふにあらずば建《たつ》るものの勤労はむなしく エホバ城をまもりたまふにあらずば衛士《えじ》のさめをるは徒労《むなしきこと》なり」〔訳は『文語訳新約聖書詩篇付』（岩波文庫）より〕。原文ではキング・ジェームズ版の英訳）が掲げられている。

はじめに

ウィルフレッド・ビオンの自伝の第一巻である『長い週末』では、彼が陸軍から除隊された一九一九年までを扱っていました。退役して初めて彼は、生計を立てる手段となる何の専門職の資格も、それどころか何の仕事の資格もないまま、大人として一般市民の生活に立ち向かわなければなりませんでした。私は彼の書いた残りの部分を、未完結の初稿ではありますが、発表したいと思いました。しかし、それではその後の三十年の空白が残ることになり、さらに残念なことには、彼が和らぐことのない陰鬱やひどい自己嫌悪から解放されなかったという印象を、永続的に与えてしまいます。

この悲しい自分探しの告白は、それだけでは、結婚、家族、仕事から多大な幸福感と充実感を得るようになっていった人の人生について、間違った像を示すことになるでしょう。そのことの最も明白な証拠となるのは、私たちに宛てた彼の手紙です。それは意識すべき聴衆もなく、不作為の罪を強調する必要もなく、私たちの愛情と理解を信じて書かれたものです。彼のほぼすべての創造的思考や執筆は、ようやく戦争や死別や絶望感といった縛りから解き放たれたこの時期に行なわれました。

私たちが私的な手紙を公開することにしたのは、それらが私たち、つまり彼の妻子についてではなく、夫であり父である彼自身について語るところがとても多いからです。私たちは彼の家族であり、彼の愛情の享受者であったことを誇りに思います。

フランチェスカ・ビオン

オックスフォードシャー　アビンドン　一九八四年

「我が罪を唱えさせよ　人生のもう一つの部分」と「天才の別の側面　家族書簡」は、最初一巻本として一九八五年にアビンドンのフリートウッド・プレスより出版され、一九九一年にロンドンのカーナック・ブックスより再版された。

フランチェスカ・ビオンによる「別れの言葉」は、一九八〇年二月二十日に英国精神分析協会で行われたウィルフレッド・ビオン博士を偲ぶ会にて発表され、『国際精神分析評論』(International Review of Psychoanalysis 8(1981): 3-5) に掲載された。同誌の編者の快諾により、最初の一巻本に含められた。

我が罪を唱えさせよ——人生のもう一つの部分

一

次の日、私はオックスフォード大学にいた——母は既に、一番早く乗れる船でインドへ帰国していた——そこは、私が奨学金を受けることになった日以来、畏怖の念を抱きつつ期待していたところだった。そのため、オックスフォード駅の現実は衝撃だった。百人ほどの大学生が、自分の荷物を探してひしめき合っていた。一昔前であれば、学生たちはポーターを探したのだろうが、今はポーターもいなければ、それを雇う裕福な輝かしい若者もいなかった。私たちは軍隊方式で、手押車や車のトランクへ、うまくいけばタクシーの列へと直進した。

かくして私に向かって、無二の機会に恵まれた期間が開かれたが、私はそれに対して執拗に盲目であり続けた。私は始まる前から、オックスフォードを取り巻く優れた知性のオーラによって圧倒されていた。同期との実際の接触は、私の不適格さをより強く感じさせた。彼らは有名校出身だったが、私はそうではなかった。彼らは代々大学に行く家庭出身だったが、私は違った。「非国教徒[1]の帽子をかぶったビオンが来たぞ」と、ラグビーの

「アウェイ」の試合に行くバスに乗ろうとする私を、チームメートは親切にも囃し立てたものだった。私はそれが恥ずかしかったが、同時に少し安堵した——少なくとも、あのとんでもない「学帽[2]」ではなかったからだ。

「そこのお前、偽善ぶったツラしてるお前だ、おしまい！　終了！　却下！」とは誰も言わなかった。オックスフォードは、とても親切で寛容な場所だった。

「あ、ところで」ある著名な面接官が、最後の方にこう言った。「イニシャルは？」おそらく学位取得希望者としての私の適性を信じるための手段なのだろう。私は戸惑った。必死に考えた。やっとああ、そうか、と思いつ

いた。

「W・Rです」

今度は面接官が戸惑う番だった。「W・R？　違う、違う！　MC〔戦功十字章〕か何かだよ」

私はひどく赤面しながら、DSO〔殊勲章〕[3]と、ついにはレジオン・ドヌール勲章[4]だと白状した。「フランス軍の近くで」交戦していたので、後者を避けることはほとんど無理だったのだと私は説明した——まるで何かの伝染病に罹ってしまったかのように。面接官は、信じられないという顔をして私を見、私の記録——他は何もなくともスポーツでは優秀だった——に書いたメモに目を落としてから、やっと納得したようだった。明らかに、馬鹿だ。私たちは二人とも安堵したと思う。その部屋から逃れた後に、面接官はレジオン・ドヌール勲章を持っていたのかな、と思った。そうであってもおかしくなかった。

私の脳みそ、というか「知性」と呼ぶべきか、その足りなさは、大きな不安の源となり始めていた。私は学校時代に、それが原因でどれだけ不安になったかを思い出した。スポーツが優秀だったことと、おそらく私に適した場所を見つけられず絶望に駆られて（歴史専攻の）シックスフォーム[5]と呼ばれる高校に入れたおかげで、つらい個性のなさにも或る程度の手入れをしていたが。スポーツが優秀で歴史を専攻している者——たまたま一人し

1…ビオンが八歳から通ったビショップス・ストートフォード・カレッジは福音主義の非国教徒（英国国教会に属さないプロテスタント）のグループによって設立された。

2…ビオンは自分の学帽が不運の印だと信じていた。『ウィルフレッド・R・ビオン　長い週末——1897-1919』戦争編第一章参照。

3…DSO（The Distinguished Service Order）は、イギリスの軍事勲章。戦功章としては、ヴィクトリア十字章の次に栄誉のある章で、勇敢さと統率力を発揮した将校のみに与えられた。

4…レジオン・ドヌール勲章（Légion d' honneur）は、フランスの名誉軍団国家勲章。

5…シックスフォーム（Sixth Form College）は一六歳から一八歳のイギリスの学生が行く二年制の学校。日本でいう高校。

かおらず、私が「それ」だった——は、主要大学二校のうち一校の奨学金候補になっていた。

　私は神の怒りと最後の報いの印として、戦闘中に死が迎えに来ることを恐れていたが、陸軍は私に、セックスに対する羞恥心や恐怖心から、一時的な小休止を与えてくれた。今また、そのぞっとするものが再びやって来るのだった。ありがたいことに、スポーツがまた救いだった。DSOや殊勲報告書への名前の記載やレジオン・ドヌール——どれも、瞬く間に薄れていく元気づけで、それらは私を説得することに惨めにも失敗しただけだったが、その輝かしさの中に現れた私の英雄的な性質を期待した人々には、物思わしげに安心させる効果があった。私は膨れ上がり、英雄的な大きさになって、学者を、スポーツ選手を、そして肉体的に損なわれた者を隠した。それは、「自慰」と「放校処分」と何よりも恐ろしい「狂人の全身麻痺」[6]を隠す「自涜」の、急速に小さくなる犠牲者だった。この狂人の全身麻痺には『失楽園』のような、ある種の恐ろしい崇高さがあった。たいていの場合、崇高さはなかったが。二人のカナダ人の野球好きな大学生のように。彼らは「オックスフォード」という名のもとに私が理解していたあらゆるものとは完全に異質で、調子外れの小歌を自分たちの主題歌にして、きりなく繰り返しこう歌った。「灰は灰に、塵は塵に。[7]ワインじゃダメなら……女が必要」

　私たちはなんと笑ったことだろう！　あの頃は良かった！　あの小さなパブのバーで、彼らがどんなに衝撃を受けたことか！　一人を除いて。ああ、だけど彼は聡明な奴だった。その男は巡業小劇団の団長だった。ある夜、彼は学生の談話室で、主催者である二人のカナダ人にこっそりとこう言った。彼が雇った歌い手の可愛い女の子どの子とでもやっていいよ、さもないと……！　彼は表情豊かな仕草をした。「ああ、彼女らは分かってるから。彼女らは失業するってことがどんなことかよーく分かってるから——このご時世ではね！」小柄で太ったカナダ人は、よだれを垂らし始めた。背の高い奴の目が爛々とした。私は筋金入りの堅物だったが、自分が何故こうも無知でこうも衝撃を受けたのか驚きながらも、不安が抑えられないくらい高まるのを止めるほど堅くはなかった。「主はわが光 Dominus illuminatio mea」[8]。私の目はオックスフォードの塔から塔を移ろった。

オックスフォードは素晴らしかった。その力はその「主はわが光」から生じるものもあるに違いない――「運命が招くところへ Quo fata vocant[9]、正義と栄光の導くところへ quo fas et gloria ducunt」[10]のように――それは圧倒されることはない。常に迫りつつある言語に絶したみじめさによってさえも。そのみじめさには、英雄的なところは微塵もなかった。全くの孤独と脅威だけだった。何もないだけに、性的な冗談を鼻で笑うよりもわかりやすいことは何もないだけに、それは一層恐ろしかった。その劇団長は、クリフォード[11]を思い出させた。同じような知った風な細めた目、できたつもりのスーツ、先の尖った安い靴、そして、同じような、しぼむきっかけになる穴ができても、すぐに流れ込んで即座にその穴を塞げるほどの自尊心と、弾むように立ち直りの早い性格。私たちの大学生談話室の訪問者で、彼のような人は他にいなかった。

ある日オックスフォードの大通りで、知っている人を見かけた。小柄で粋で、仕立てのいい乗馬用上着と綺麗に磨かれたブーツ、人を軽蔑したあざ笑い。私は自分を抑えられず、彼の名を呼んでいた。彼が私を見たのは確かだったが、明らかに声は聞こえなかったようだった。そんな小柄な男が、オックスフォードやそこにいるちっぽけな人たちを見下ろす高さを意のままに操ることができるとは、素晴らしいことだった。彼の小言が聞こえる

6…「General Paralysis of the Insane」主として側頭葉及び前頭葉の皮質を侵す神経梅毒で、神経異常、振戦、言語障害、卒中またはてんかん様発作及び瞳孔変化を起こす進行麻痺のこと。現在は麻痺性痴呆、または全身性麻痺とも呼ばれている。(医学英和大辞典〈南山堂〉)

7…「Ashes to ashes, dust to dust〈灰は灰に、塵は塵に〉」葬儀の際に使われるフレーズ。旧約聖書『伝道の書』や『創世記』の記述に由来すると言われている。

8…Dominus illuminatio mea〈主はわが光〉はオックスフォード大学の標語。

9…Quo fata vocant〈運命が招くところへ〉はノーサンバーランド・フュージリア連隊の標語。

10…Quo fas et gloria ducunt〈正義と栄光の導くところへ〉は陸軍砲兵隊の標語。

11…ビオンのいた戦車隊の将校の一人。『ウィルフレッド・R・ビオン　長い週末――1897-1919』戦争編参照。

ようだった。「みんな行ってしまったよ。私の親愛なる友人の王子もな」。だが彼にはいくらかの機知があった。少なくとも、私は彼の戦車隊軍歌は面白いと思った。

今日はみんなで戦車乗りに行こう。
彼らの結婚の実りのために祈ろう。
私のチョイスの
ロールスロイスじゃなければ
小さなフォードが明るく楽しい。

彼が私と縁を切ったのは残念だ。当時私は、彼の傷を治す助けをしたと思ったのだが。それは、少なくとも私には、彼を馬鞭すると脅した巨体ならず者よりも彼のほうがよかったからだ。実際には、あのみじめさと孤独の恐ろしい深みに対して、私ができたことは何もなかった。荒れ模様になったら、蝶[12]はどこへ行くというのだ？哀れな少佐。私は今、私という過去の存在には背を向けて、日差しの中で気取った少佐を目に浮かべている。だが私は、彼が思うほど卑しくはなかったし、再び彼に拒否された時に感じたほど、卑しくも安っぽくもなかった――その拒否は、彼が副官という彼の栄光の日々にでさえ、私に負わせることができた何ものよりも、はるかに深刻だった。

私はある日、オックスフォードでクエントン[13]に会った。彼は労働者教育会議に参加していたのだった。私は彼が少佐に会ったかどうか聞きそびれたが、二人はお互い賞賛しあっていたので、友情関係を続けていたかもしれない。それに、二人が私に対してためらいながらも優越感を持っていたという事実は、私がどちらにも共通の興味を感じられないという奇妙な類似点と、通じているように思われた。それは嫌悪ではなく――嫌悪はとても肯定的なものを示唆するので——私たちを引き離して互いに嫌悪し合うのを拒む薄い膜のような、彼の目の冷たい釉《うわぐすり》だ。

「どうだい？」私はクエントンにぎこちなく聞いた。

「ああ、元気だよ」彼は答えた。「元気だ」と彼はどんよりと誠意なく繰り返した。

私たちはその後会うことはなかった。私は、彼のあっさりしてくだけた振る舞いや、彼の魅力、そして少佐との特権的な彼の立場に対して私が持っていた羨望を、どれほどよく覚えていることか。「元気だ！」「どうだい？」「ああ、元気さ！」その言葉は、公平を約束しながらもうまくいかなくなり、幻滅に終わる友情の碑文だ。

私は公園に入った。気持ちの良い日だった。晴れ渡っており、天気のいい時に見える雲が少し、青空に輝いていた。一緒に泳ぎに行く友達との約束の時間には早かったので、私には潰す時間があった。芝生の上に横になって待っていると、私の心は荒涼とした寒くて暗いイープルに迷い込んで行った。あの失意の時に、クエントンの明るさと不屈さがどれだけありがたかったか。なんと変わってしまったことか。せめて感謝の気持ちを示すために、何か彼を助けられることがあればよかったのに、と私は思った。そのどんよりとした目を通り抜けることは、不可能だった。「元気だ！」と言われても彼に話しかけることは、「近づくな！」と警告されたのに侵入することと同じだった。

カーターがその一、二週間前に、私に会いに来た。私は彼を気に入っていたし、彼も私を好いてくれていた。

12…蝶には「責任感がなく移り気な人」という意味があり、「social butterfly」だと「社交家」という意味がある。

13…ビオンのいた戦車隊の将校の一人。『ウィルフレッド・R・ビオン　長い週末——1897-1919』戦争編参照。

クエントンと違い、カーターとハウザー[14]と私は戦争を凌いだ。あの壁[15]は存在しなかったが、壁はあった。私たちは、戦争について思い出を語ることはできなかった。そして他に話すことはなかった。ハウザーと私は、その後二度と会うことはなく、手紙のやり取りもしなかった。機会があったとしても、お互いが手紙を書いたり会ったりすることは想像できなかった。私たちが分かち合った戦争がこれほど意味を持たないということは、信じ難かった。だが、実際そのようであった。しかし間もなく私は、そうではないことに気がついた。どれほど会った時間が短くても、その経験は忘れられなかった。私は名前を忘れることはできたが、人を忘れることはできなかった。

14…二人ともビオンのいた戦車隊の将校。『ウィルフレッド・R・ビオン　長い週末――1897-1919』戦争編参照。
15…初版では「壁」の強調はない。

二

ニューマンは自分の研究室にいた——その昔、哀れな〈全能の神〉ショウ[16]の〈至聖所〉だったところだ。彼は私を迎え入れ、私たちは間もなく、彼の担当の学寮やその状況について話し始めた。彼はどことなく落ち着きがないと私は思った。彼の妻がやってきて、私たちと夕食をとった。彼女は大柄の華やかな女性で、ローマ人のような大きくてがっしりした鼻のせいで、魅力に欠けていた——彼女の鼻は猛禽類のようだと私は思った。彼女の兄は音楽教師で、私にとっても私の学校の同期や先輩たちにとっても英雄の一人であり、戦闘的キリスト教徒の戦争賛歌「進め、キリスト教徒のヘイ、ヘイ、ヘイ、ヘーイ士たち、炊事場のドアへ！」[17]の作曲家だった。彼とニューマンは親友だったので、ニューマンとその音楽家の妹との間に恋愛感情が生まれたのは、当然の成り行きだった。よく知られたニューマンの忠実で統計的な性癖が出て、彼は自分たちの結婚が、四家の学校の先生の家系と十七の血筋を結び合わせるものだったと、自慢していたそうだ。

それは居心地の良い集いではなかった。私は、懐かしいけれども何か疲れ切った威光の重みに、畏怖の念を覚

16…ビオンが在学中の地理の先生のことか。

17…讃美歌『見よや十字架の旗高し Onward, Christian Soldiers』の替え歌。日本語の賛美歌では「Onward, Christian Soldiers」の部分は「進めつわもの」となっているが、ここではあえて直訳してある。『見よや十字架の旗高し』は新約聖書の中の「キリスト教徒はキリストの兵士である」という記述を基に書かれたが、その音楽教師は、それに軍楽を混ぜ、食事時間の呼び出しを加えた。ビオンは「貫く沈黙 Penetrating Silence」（ビオン全集第十五巻所収）というセミナーでもこの歌に触れている。

えていた。私にとって、清廉の肉の鎧を身にまとったかのような、その女性の美しさが理解不能だっただけでなく、もっと……もっと……、とにかく、彼女がいなくなり、テーブルが片付けられると、ニューマンは私の方に乗り出して、謎をこっそりと解き明かした。彼は酒に浸るようになったのだ。愕然としてほとんど囁くように、彼は白状した。私は笑い出しそうになる衝動をこらえた。笑ってしまったら、彼の明らかに深刻な苦悩に対して不適切過ぎるからだ。私は、彼が昼食の前にシェリーを勧めたのには気がついていた。彼自身、一杯飲んだと思う。私は、戦前に私が知っていた厳格で神聖な——シーッ——酒に侵略されることのない場所であった学校らしくない、とその時に思ったことを覚えている。なんということか。オックスフォードと西部戦線は、私の道徳基準の低下を、私自身の目に見えないようにしていたのだ。その低下はあまりにひどく、私は古くからの友人の堕落さえも見逃していた——私は学校時代から彼がとても好きだった。彼はいつも通り優しく楽しく見え、実際にその通りだと思った。

　後に、彼の義兄が少しずつ事情を説明してくれた。彼が兄として守るべきだと感じた妹は、その明るく落ち着いた見かけを一切崩さなかったが、その陰で散々な人生を送っていた。義兄は、昔の生徒の潔白さを維持する意味でも、もちろん私に話すことはできなかったが、哀れなニューマン——ニューマン「博士」——の神々しさに隠された悪行をほのめかした。ニューマンは鼻をかむのにハンカチを取り出した時、不注意にもコンドームを床に落とした——彼は寝支度を済ませてガウンをまとっていたのだ。私の飽くなき好奇心が始動しないように、彼はスリッパを履いた足を、素早くその目障りな一物の上に滑らせた。私は何年も前にエヴァンス先生やカフ先生から、好奇心旺盛な私の目をいつでも覆って霞められるように、釉《うわぐすり》を準備しておくことを学んでいた。私は見なかった——まあ、それほど——私の言ってることが分かるなら、見たとはいえないって——分かるだろう？

　それでも、私には見えていなかった。私は、平時が私のための時間ではないことが、見えていなかった。自分が戦時の軍服にどれだけ多くのきれいな略綬をつけても、戦時も私のための時間ではないことは、分かっていた。私は二十四歳で、戦争の役には立たず、平時にも役に立たず、変わるには年を取り過ぎていた。それは真に恐ろしいことだった。時には、寝ている間に恐怖が突然襲って来た。怯えた。何に対して？　何でもない、何でもない。ああ、まあ、そうだ。私は夢を見たのだ。私は険しくて滑る泥の壁に爪を立てる。壁は、白泡立つ怒濤のようなスティーンベックにまっすぐに落ちていく。馬鹿馬鹿しい！　あの汚い細流のことか？　もし血が水よりも濃いならば、何が夢の濃さの価値を決めるのだろうか。白日の光は、恐怖を締め出すのに十分なほど濃くはないだろう。あまりの恐怖に、私は本当の戦闘で逃げ出すだろう。目が覚めた。私は狂ったのか？　多分私は狂っていたのだ。

学校には私のお気に入りの少年がいた。彼は頭が良く、スポーツも適度にでき、時々私とお茶をしていた。私は、彼にはとても魅力的な母親がいるに違いないと思った――ことによると姉妹が。彼は私に、母親が会いに来ると言った。私は彼に、母親が来たら一緒にお茶に来るよう提案した。その日が来ると彼は、母親は喜んで参加します、と言った。そして彼女は到着した。一人で。

その母親は大柄で、痩せこけた、赤ら顔の女性だった。私は、彼女は更年期なのだろうと思った。彼女は落ち着きがなく、話そうとせず、激しく息をついた。私は彼女に敵意があると――私のことが気に入らないのだと思った。

それでもお茶は無事に終わった。彼女は私が思い描いていたような美しい女性ではなかったが。事実、美しさからいえばニューマンの配偶者とさほど変わらなかった。哀れなニューマン――あれは戦斧のような毒舌を吐く女だ。それでも、考えてみれば、戦斧はどう振り回せばいいか知っていれば、そして順風ではない時には、かなり有益なものだ。別に私がそれを欲しいという訳ではなかったが。

順風ではないと私が発見したのは、次の日になってからだった。校長は私を自分の執務室に呼んだ。昔なら私は、この不吉な招待に身震いしただろうが、今は違う。私は軽い足取りで向かった。

校長は厳しい顔をしていた。彼は、私の行動について非常に重大な苦情が来ていると言った。私があの少年に性的接近――なんだって？　何のことだ？――をしたという報告が、彼のところに届いたという。一体全体、誰がそんなことを言ったのだ？　母親に聞かれて、あの少年は「いけすかないビオンには二度と会いたくない」と言ったそうだ、と校長は言った。

「でも」と私は言った。「彼女は昨日私のところにお茶に来たし、私が彼を通して招待したんですよ！」

「そうだな、彼女は君とお茶をするべきではなかったと思うが、君には辞職してもらいたい――即刻学校を発ってくれ」

私は身体から感覚が消えたのを感じた。だがすべてではない。「嫌です」私は言った。「期末にやめるのはいいでしょう。でも、今は去りません」

その面談は終わった。校長は考えておくと言った。それは私もだ――もし何を考えるかを分かっていれば。グラウンドに続く門が壊れ、狼狽してみんなでプレップスクール[18]まで駆けて行った時のことだろうか[19]？　私がセクアールで「逃げ」て、自分の戦車を乗り捨てた時のことだろうか[20]？　礼拝堂での、ある少年の食べ物に盛られた毒物[21]に関する終業の説教の時の、冷たくも刺激的な隙間風のことだろうか？

確かに私は教職には飽き飽きしていた。私に辞めてしまう勇気があればよかった。だが、解雇される？　それはない。この言うもはばかる犯罪のせいなら、なおさらだ。容疑者に対する校長のお気に入りの質問は、こうだった。「彼の秘部を把握したことがあるかね？」校長は私にその質問をしなかったし、私はその質問がどれだけ滑稽だったか――と同時にどれだけ不快感を与えたか――を思い起こした。その話が本当だとは信じ難かった。いいや。絶対に辞職はしない。

翌日校長は、その母親が息子に聞き取りをして欲しくないと言うので、私に即時解雇を強要することはできないと言った。私は学期末に辞めることになった。

それは忌まわしい場所での厭わしい学期で、私は誰に相談したらいいのかわからなかった。何年も後になって、私は損害賠償の訴訟の可能性について、弁護士に相談したいと要求すればよかったと気がついた。だが私にはセックスという荒れ狂った海を、パリヌルス[22]よりも上手に航行できなかった。私は、嵐のヘブリディーズ諸島〔スコットランド西岸に連なる島々〕の果てにある、この怪物のような世界の底を訪れたのだった。その学期は、表面的にはどれだけ静かで、私の友人たちはどれだけ友好的だっただろう！

その件は決着したが、もし私が不幸にしてその事件の前も、その後と同様に賢明であったなら、私はまだ非常に不適切で卑劣な教師を続けていたかもしれない。運命ほど賢明なものはない。

その学期の終わりに、私は友だちの家に泊まりに行き、そこに着くと、今までに見たことのないような美しい女性が出迎えてくれた——それは彼の妹だった。彼女は学校の最終学期がちょうど終わったばかりだった。私もそうだったが、私は十九歳でなく二十六歳だった。私は経験豊富な成熟した男だと見なされても許されたかもしれず、付け加えれば、戦争の英雄だった。彼女は知的で、それに、話した通り美しかった。私は、妹の学校の女の子に気があったことを除けば、未熟で不慣れだった。その子は一歳年上で、私は当時十四歳だった。それから

18…パブリックスクール〔歴史とキリスト教の伝統に彩られた寄宿中等教育学校。もともと十四世紀に貧しい子供たちを対象にした無料の神学大学準備校として始まったため「パブリックスクール」と呼ばれている。二十世紀初頭のパブリックスクールは国の中枢を担うエリート層の育成機関であった〕に入学する前の子供が通う準備学校。通常八歳から十三歳の子を対象にしている。

19…『ウィルフレッド・R・ビオン　長い週末——1897-1919』英国編第五章参照。

20…『ウィルフレッド・R・ビオン　長い週末——1897-1919』戦争編第四十一章参照。

21…『ウィルフレッド・R・ビオン　長い週末——1897-1919』英国編第四章参照。後になってビオンは、これは性的な考えの隠喩であったことに気がついた。

22…パリヌルスはローマ神話に出てくるアイエネスの船の水先案内人。有能であったが、航海中に眠りの神によって眠らされ、海に落ちて死んでしまう。

は――何もなかった。休暇が終わり、別れを告げる時には、私の手は震えた。

「あなたがもう行かなければならないなんて残念なこと」と彼女。

「全くもって素晴らしい」私は口を滑らした。

「何？」彼女は驚愕して答えた。

私は無言のまま、彼女が私のために特別に着てくれたワンピースを頷いて示した。彼女の動揺は、楽しそうな笑い声に変わった。

その後、摘みたての野薔薇の入った箱が送られてきた。そして彼女はマッサージを勉強しにロンドンに来た。私たちは会った。どこまでも無責任に私は彼女に求婚し、彼女は承諾してくれた。彼女に、戦争の英雄という罠をすべて見抜くことを期待するのは無理だった。私は脆弱さを隠す、公認された勇敢さというありがたい贈り物を、なかなか捨て去れなかった。私がその精神世界に属した文化は、幸運にもそのことに気づいていないようだった。

三

「どうして医者になりたいのかね？」医学学校の学部長は聞いた。私は「精神分析者になりたいからです」とは言うつもりはなかった。

バーティは、私に医学生の空きはないと言おうとして机から足を下ろした。切羽詰まった私は、頭の中の声に促されて、オックスフォード大学でラグビーをしていたと言った。バーティは再び机の上に足を乗せた。面談はまだ終わっていなかった。

「でも」私は良心に駆られて付け加えた。「ヴァーシティ・マッチ[23]の直前に膝の軟骨を損傷してしまったので、ブルー[24]の権利を失ってしまったのですが」

学部長が再び机の上から足を下ろす前に、私はオックスフォード大学水泳部のキャプテンであったと、とっさに口にした。私はその病院に水泳部があるか知らなかったが、バーティは、自分の眼の前にいる、この風采の上がらない愚かさの塊が、まだ何か秘めた可能性を隠しているのではないかと、再び考えているようだった。私も同じだった。バーティほど希望を持っていなかったが。DSOの金や七宝や、フランスの勲爵士の鮮やかな赤いリボンは、うちに秘める凍てつくような冷たさを和らげなかった。が、……入ったか？　入らなかったか？

23…一八七二年から続く、年に一度のオックスフォード大学対ケンブリッジ大学のラグビー試合。
24…オックスフォード大学のスポーツチームの貢献者に与えられる賞。

「入った」だった。

しかしまずは、ユニバーシティ・カレッジ・ロンドンの予備試験に合格しなければならなかった――中級理学士試験という、普通の学生にとってはくだらない試験だ。だが、オックスフォード大学のおかげで、私は自分が無学だと悟り始めていた。「対シテ Ob、下ノ sub、上ニ super、後ノ post、前ノ pre」ケネディの『ラテン文法』[25]は言う。「直角三角形」には様々な「特性」がある。フランス語の部分冠詞も然り。そして……そして……他は何だ？　ユニバーシティ・カレッジは私に、他には全く何もないと教えた。私は、学ぶべきだったが学んでいなかったことを学びに、学校に戻った。

私が自分の取り柄を査定しようとしたら、真実を熟視することは、不可能に近かっただろう。私は、自分が無知に水没せずにどうやって水面に浮かんでいたのか、いまだに不思議で仕方がない。私には、間違ってだが、勇敢だという評判があった――勇烈に与えられる十字形や青銅によって焼印を押されるのを、私の死体の場所を示す木製の印を、かろうじて免れたというのに。私は、男や女の愛などに関して無知だった。見るからに私は健康だった。精神面でさえ、陰気だったが鬱ではなかった。私は医学学校への入学許可を、熱意を持って見てはいなかった。私は、失敗だらけの期間と、その後それよりもひどいことが起こる見通しの中でやり遂げる原動力となった、自己満足と独りよがりの基礎の固さを、今は理解できない。私は、自分が住み続けていた世界について、危険なほど気がついていなかった。

オックスフォードの学監が、学校での私の成績の悪さは最近の戦争のストレスのせいだろうと話した時、私は彼らが阿呆に親切にしてくれているのだろうと思った。私は素晴らしい時間を過ごしたが、その理由が、オックスフォードは私を永遠に変えてくれるような、前途を持った同年代の人々と出会って友人関係を結ぶ機会を与えてくれた、素晴らしい大学だからだとは気がつかなかった。学校ではラスキンの『胡麻と百合』のおかげで、ミルトンに目覚めた。この二人に対して、私は愛情と感謝の念が止むことがない。T・S・エリオットのミルトンに対する理解を欠いた冷笑や、私がラスキンの『この最後の者に』を把握できなかったこと、そしてラスキンは完璧とは程遠いということをしても、二人への思いを台無しにすることはなかった。

私は、ミルトンやラスキンが知っていた、〈偉大なもの〉のお粗末さの先に何かがある可能性に対して目をしっかり閉じて、軍隊を後にした。ユニバーシティ・カレッジ・ロンドン（学部教育に、クイーンズカレッジは二六〇ポンド与えてくれたのに対し、UCLは最大十一ポンドしか出せなかった、とのことだった）は居心地が良かった。私は、声が鳴り響くその長廊下は好きではなかったし、ジェレミー・ベンサム[26]や、彼が自分や私の通ったクイーンズカレッジについて言ったことは気に入らなかった。それでも私は、ロンドンのこの場所で、より私の階層に似た人たちに囲まれていると感じた。

これは、精通した知識で途方もなく容易に脳についての講義を行なった、エリオット＝スミス[27]のおかげだった。私がなぜそれに心地よさを感じたのかは、分からない。私は、矢状断面や彼が自分の言いたい点を説明するのに選んだ他の方法で見た脳の断面を描けるほど、明確に脳を見ることができないことは自分でも分かっていたからだ。私は解剖学試験に合格することは絶対にないと思っていたため、彼の講義をなぜそれほど評価したのか、尚更奇妙だった。

25…一八七一年初版の、ベンジャミン・ホール・ケネディによる『パブリックスクール　ラテン文法』のことだと思われる。

26…ジェレミー・ベンサム（一七四八〜一八三二）。イギリスの哲学者、法学者、社会改革者。功利主義の創始者。あらゆる生い立ちや専門のものが共に学ぶという彼の考えは、ユニバーシティ・カレッジ・ロンドン（UCL）の設立者たちに大きな影響を与えた。本人の希望により、彼の遺体は自己標本としてUCLに展示されている。ビオンと同様、オックスフォード大学クイーンズカレッジ卒業。

27…グラフトン・エリオット＝スミス（一八七一〜一九三七）。オーストラリア及びイギリスの解剖学者、エジプト学者。一九一七年から一九三七年までUCLにて解剖学を教えていた。

それにも増して、私はジャック・ドラモンド卿[28]の親切さと寛大さに負うところが多かった。彼は私を自宅の夕食に招待してくれた。彼は私をサベージ・クラブ[29]での夕食にも連れて行ってくれた。それは魅惑的な夜だった。その場にいた話し手たちの機知と手腕は、私がオックスフォード時代に聞いたものよりも、遥かに優れていた。ドラモンドのお陰で、私がそれまで解けなかった、スポーツでの失敗や、学問的無能、軍隊での無力さといった惨めさから解放され始めた。私は、自分が失敗者でないと証明する機会の欠落と同じくらい、失敗者であることを否認する必要性によって縛られていたのだ。

他にもドラモンドが誘ってくれたものに、飾らないダイニング・クラブがあった。そこの食事は、確か三シリング六ペンスで、大学の厨房が提供していた。通常厨房は、学生向けには昼食のみ提供し、提供する一日の最後の食事はアフタヌーンティーだったので、職員は大変だっただろうと思う。あるそんな忘れ難い食事の席で、私の左側にロシアのバレエ団のディアギレフの作品に参加していたポルーニン[30]が座り、右側にはロナルド・ロス卿[31]が座った。

「ディアギレフは非凡なアーティストだ」とポルーニンは言った。「私は『ペトルーシュカ』初演の為の舞台稽古を終えた時のことを覚えている。ストラヴィンスキーは――内心では音楽が芸術としてそれだけで完璧に成立できるもので、バレエや舞台装飾は無駄だと思っていた人間だが――満足した。振付師のフォーキンも同じく喜んでいた。ディアギレフだけが動揺していた。『いや』彼は言った。『何か違う』『違う？』とストラヴィンスキーは聞き、フォーキンも同じことを聞いた。『なぜだ？　何が悪いというんだ？』彼らはディアギレフに詰め寄った。ディアギレフは何も言わなかったが、ずっと悩み続け、不安げにしていた。そして彼の表情がぱっと明るくなった。『わかったぞ！　ペトルーシュカの死で終わらせないで、彼の幽霊が現れるんだ』。ほかの二人は席を外し、それについて考えを巡らした。ストラヴィンスキーは音楽を書き加え、フォーキンは、ペトルーシュカの頭と肩が壁の上に現れ、最後の痙攣でだらりとした腕が揺れ動くように手を加えた。彼らは最後に改良版の舞台稽古を行ない、皆、ディアギレフが正しいと同意した。これだから彼はとても素晴らしいプロデューサーなのさ。彼は、残りの我々が細かいところに気を取られて見えないところが見えるんだ」

私は何年も後に、グラインドボーンでカール・エバートが演出したストラヴィンスキーの『放蕩児の遍歴』を観た時に、この小話を思い出した。私は、感情的に身を焦がすような終結へと続くこの終幕、放蕩児の狂気の中での死は、まさに、無意識のうちにストラヴィンスキーがディアギレフから学んだものではないかと思った。

この同じ席で、ポルーニンが「私の子供時代の言葉をわかる人がここにいるとは思わないな」と言うと、ロナルド・ロスがそれを聞きつけ、早速挑戦した。「ちょっと喋ってみて」と彼は言い、ポルーニンが二、三語話すと遮って言った――「モスクワ訛りだね」。「その通り」ポルーニンは渋々と認めた。彼はそれまでロナルド・ロスに会ったことがなかったのだ。

私は、自分の経験には私を回復させる力があると気がついていたが、回復すべき傷にもその傷を疼かせ続ける毒にも、気づいていなかった。今日でも私はまだわからないが、その推測には、他のより一層無害な憶測に比べて際立った特性がある。私の出身校からの辞任要求と、後に気がついたのだが、それに同意した私の臆病さ、罪悪感、校長と会話して私の辞任を要求してから、私の歓待を受けてお茶に来た女性をもてなしたという経験への苦い鬱憤――そのただ一つの共通点はセックスへの恐怖であり、それは八十年の経験を経た今私は、恐ろしいセックスと区別不能だと考える。しばらくの間、セックスは単なるスポーツ活動であって、人生を耐えられる

28…ジャック・ドラモンド（一八九一～一九五二）。イギリスの生化学者。一九一九年よりＵＣＬで教鞭をとり、生理化学を教えていた。
29…ロンドンにある一八五七年に設立した会員制ジェントルマンズ・クラブ。
30…ウラジーミル・ポルーニン（一八八〇～一九五七）。ロシアの舞台画家。ロンドンでバレエ・リュスの舞台デザイナーとして活躍。
31…ロナルド・ロス（一八五七～一九三二）。イギリスの医師。一九〇二年にノーベル生理学・医学賞受賞。

ものにする筋肉の動きだった。その中でセックスは、人生を不快にする罪悪感と対照的だったが、後ろめたくなく、不道徳的でなく、悪いことをしていると感じることなく振る舞う方法を私に示すことは、何もしなかった。「彼の教授が取れるだろうと思った一等優等学士学位は、最近の戦いのストレスの後では多分無理だろう」。何のストレスだろう？　ストレスなぞ何も覚えていなかった――ただ、ヴァーシティ・マッチの前の悲惨な膝の負傷だけだ。そしてあの衝撃的な恥辱。

でも……でも先生、彼女は私とお茶したばかりなんですよ！

そうだな――彼女はそうするべきではなかった。でも、君は彼に高価な革張りの手帳をあげるべきではなかった。それはとても軽率だった。

でも先生、私はあげていません。私があげたのは、頁を切り離すことのできる小さなノートだけです。

でも彼女は、息子が「あのいけすかないビオン」には二度と会いたくないと伝えたと言った。

母親から、何も知らないしどうでもいい教師のことを執拗に尋問されて苛立つ思春期の少年に、誰も会ったことがないのだろうか？

私が今知っていることから判断すると、肉体的精神的自己の多くの哀れな性質を、何かにつけて顕示する人には事欠かない。そのため、その人口を一人でも増やすことは、どちらにしてもつまらない見せびらかしへの無駄な貢献である。では――なぜ自伝を書くのだ？　それは、私が生きた世界で、私が生きた人生を回顧するのは、私にとって興味深いからである。例えばたった今、私はフランチェスカに――彼女のことはまだ話す理由がないが――遠くを飛んでいる小型飛行機の音について触れ、今年のフランス滞在では、その耳障りなブヨのような機械が、通常以上に多いように思えて悲しい、と言ったところだ。フランチェスカは、私がサウスエンドのダドリー・ハミルトン〔パブリックスクール時代の友人〕のところに泊まった時、私が興奮していたことを思い出させてくれた。それはそうだ、宿泊の最終日に、本物の飛行機が飛んでるのを見たのだ！　ブレリオが一九〇六年にドーバー海峡を横断飛行したばかりだった——四年ほど前のことだった。四年経っても私はまだ、『ランド・アンド・ウォーター』誌に掲載されたベロック[33]による世評高い発表文を読んで、興奮していた。彼はなんと知識が豊富なことか。だがもちろん、キッチナー[34]ほどには博学ではない。キッチナーは、軍隊に参加するよう一般市民に大々的に呼びかけた——「三年間か、戦争の続く限りか」。それは、その激しく口ひげの生えた口が発した中で、最も知的な宣言だったに違いない。

医学を勉強するのは大変だった。私は、私であること、そして私が持っていた感情を持つことがどう感じられるかをわかっていたが、私以外の人にそれを伝える術がなかった。また、私は私以外の人がどう見えるかも知っていた。私には、彼らは苦痛を感じていないようにしか見えなかった。私は、解剖用の死体の様々な部分の呼称を習った。私はそれを「心臓で」記憶した。[35] 解剖台の下で、形の良い足を持った女子医学生が股を広げているのを見た時は、そうでなかった。それの観察は痛みを伴わず、言葉で明瞭に表現する必要もなかった。私と組んだ男性の肘を突つけば、それで私の言いたいことはすぐに伝わった。彼はいとも簡単に、死体から生体の大腿へと目を移動しながら、解剖学の勉強に熱中するふりをした。『カニンガムの解剖学』は、痛みと困難を伴いながらも、女性とは何かを学ぶことを教えてくれたが、私の威嚇的な良心は、私がそれを学ぶのを妨げ、魅力的な若い女性が私に教えてくれるのさえも妨げた。元軍人（成功）や元教師（失敗）が女性とは何かを知らず、『カニン

32…ルイ・ブレリオ（一八七二～一九三六）はフランスの航空機発明家。原文では彼が海峡横断をしたのは一九〇六年となっているが、実際には一九〇九年。

33…ジョセフ・ヒレア・ピエール・ルネ・ベロック（一八五〇～一九五三）フランス系イギリス人の作家、歴史家、社会評論家。

34…ホレイショ・ハーバート・キッチナー（一八五〇～一九一六）はイギリス陸軍軍人で、陸軍大臣を務めた。彼の指導のもと、大規模な募兵キャンペーンが行われた。指をつきつけた彼の顔を施したポスターは、その後各国の募兵ポスターで模倣された。

35…原文「learn by heart」なので「暗記する」だが、ここでは解剖中なので「心臓」をかけている。

ガムの解剖学』という教科書に従わないと、それをどう発見できるのかを知らないとは——それも快感という手段を除外できる限りにおいてとは、誰が想像しただろうか。私はイギリス最上のパブリックスクールの教育を受けた——少なくとも私の両親は、そう思っていた。結論は、論理的に避けられないようだった。私がどこかおかしいに違いない。

しかし——あの春の野薔薇だ！　もちろん、私はそれが意味するところは知っていた——どんな馬鹿者でさえそれは知っているだろうし、私が知っていることは、どんな馬鹿者でさえも知っているだろうことであり、それ以上のものは全くなかった。ある知的で聡明な女子医学生が、気分を害した驚きをもって私に向かい、「あなたが女のことをわかっているとは思えないわ」と言ったのは、少なくとも一年後のことだった。彼女は正しかったし、それから何年も、私は辛い思いをして学ばなければならなかった。

私は自分が知らないということを知っていたが、その自己認識を恥じて、そうではないと必死になって証明しようとした。戦車隊の対仏軍ラグビー試合の出場選手に選ばれた時、私たちは試合のために、パリでの一晩を含む休暇をもらった。主催者は、イギリスの屈強な男はフォリー・ベルジェールに行きたいだろうと、そしてイギリスの屈強な男だから、屈強な男にふさわしい振る舞いをしたいだろうと、当然のように考えた。私は、黒人の男がステージで鞭を鳴らしながら芝居で白人女性の一団をぐるりと歩き廻らせるのを、つまらない思いで鑑賞した。勃起もしなかった——恐れていた通りに。私が困惑したことに、娼婦が私のところに来て、その塗り固められた顔を私の口に近づけながら私の膝の上に座った。しばらくして、彼女は私の冒険心のなさを真似してからかい始めた。「あぁん、うぶねぇ」意地悪でもなく彼女は言った——私の丸い童顔が戦士に見えるには、ＤＳＯやレジオン・ドヌールでは充分ではなかった。「あぁん、うぶねぇ」。そして、私が胸を撫で下ろしたことに、彼女は膝から降りた。

私は逃げられた。だがオックスフォードには、私の基本的な欲求の隙を埋める履修課程はなかった。オックスフォードは、私が基本的にどれだけ馬鹿なのかを教えてくれなかった。その野薔薇をくれた人は逃げてしまった。私が、その娘は私と結婚しないで幸運だったのかもしれないと理解するには、長い時間がかかった。

何年もの間、私は結婚のことを全く考えなかったと思う。今になって「セックス」と認められるものに関しては、とてもよく考えたが、それは誘惑（快い感じ）や狂気、清廉そして崇高な理想という観念からは、切っても切り離せないものだった。女性と全く接触を持たないのは簡単だった——私は彼らが、根も葉もない話をして兄弟に迷惑をかける、意地悪でわがままな淫売たちだと思った——そして男性との接触は、完璧な道徳心を持った、できればスポーツ万能な人に限られた。だが、野薔薇があった。当時、それは「ロマンス」や純潔、愛から、切っても切り離せないものだった。後になって私は、薔薇や同じように挑発的な振る舞いは、送る側にとっては大した損害ではないことだと考えた。私が考えや思いやりそして手間——箱を探したり、花を詰めたり、郵便局に持って行ったり、切手を買ったりに伴う——の掛かることにあれこれ思いを巡らすのは、私にとって苦痛だったが、彼女の側にそんな気持ちの支出が何かあったとは、私は感じなかった。

36…一八九〇年代から一九二〇年代まで絶大な人気を誇ったパリのミュージック・ホール。

四

いつも通りのオックスフォード、ロンドン、ユニバーシティ・カレッジ病院、寄宿学校。私も、私の同時代の人間も、世界が、その小さな一部分である大英帝国が、いつも通りでないことに気がついていなかった。クラカタウの見慣れた風景が、噴火直前まで「いつも通り」なのと同じように。地球の地殻やその下にある、どろどろの溶岩の海――いつも通り？

溶けた岩が溶岩へと固まるように、情動的な乱流――白熱したエネルギー、反乱、暴動――も、こみ上げると同時に冷めて固まり、結晶化した堆積物の層を重ねる。男女の世界の中ばかりでなく、私が経験し私自身で観察できた世界の微細な分子の中で。私は自分の考えや感情を認識するにつれて、それらが明確になってきた。その粗末な例がこの著述であり、それは紙に痕跡を残すことから切り離せない。その中には、文法や明確な表現法の規則に準じたものもあれば、そうでないものもある。私は、自分が記録を終えてみないと、記録する意図が何だったのか分からない。そしてそれでも私は、自分が何を記録したのか、自分は何の記録であるのかも分からない。この点において、私は知らないうちに何かの記録となった化石と変わりはなく、それを直覚力のある者は観察し、観察したものの意味を理解しようとする。だから私は、カタツムリのように、この紙に私の跡を残しているのである。もし私が偉大な芸術家だったならば、神ヘルメスの彫像を残していたかもしれない。それを見て誰かが「プラクシテレス[37]がここを通ったのだ」と言っていただろう。

これはすべて非常に退屈ですね。薔薇を送ってきた娘はどうなったのですか？　頼むから物語を続けてください。

続けるよ――畜生――君が邪魔するのをやめればな。

黙っています。

その娘はどうなったのか？　私は彼女に手紙を書いた――内容は今は分からない。彼女は医療補助の技術を学びにロンドンに来ていた。私は恋をしていると思っていた。私は、ある夜、セント・ジェームズ公園の中で求婚した。ギルバート・アンド・サリヴァンみたいですね――「おてんば娘が言ったのを聞いたのさ。暗くなったら彼に会って自分をあげるんだと」[38]

君は邪魔しないのではなかったのか？　君が言う喜歌劇作者たちに引き継いでもらうかい？

すみません――続けてください。

それは笑い事ではなかった。私は傷ついた。未だに傷ついている。私には、金も将来もなかった。彼女の家族が結婚を望まなかったのは無理もない。彼らは彼女が遊んでいるのだと――腕試しをしているだけだと思っていた。だが彼女の母親は、今回は彼女は本気だと思うと言った。私は同意したが、実際には、それをほとんど信じておらず、恋愛に関してほぼ無知だったせいで、母親の言ったことも、彼女が薔薇や「はい」という返事で意味したことも理解していなかった。それどころか私は、私の求婚に対する彼女の答えが誠実である証拠が、彼女の母親の言葉だったことを今まで忘れていた。

そうですか。続けてください。その次は？

37…古代ギリシアの彫刻家（紀元前三九五～紀元前三三〇）。写実的ながらも美しく理想的な神々の彫刻を作った。彼は多くの芸術家にインスピレーションを与えた高級娼婦フリュネを愛し、彼女をモデルにして史上初の等身大の全裸の女神像を制作した。

38…原註：ギルバート・アンド・サリヴァンの喜歌劇『アイローランシー』のセリフ。〔訳註：原文ではセリフの中の「セント・ジェームズ公園の中で」が省略されている。不老の妖精アイローランシーが半妖精半人間の息子であるストレフォンに、船が難破して暗黒の時には私が「one（船）」をあげるから、と言ったのを人々が聞き間違えて「彼女は暗闇で彼に自分（one）をあげる」と言ったと勘違いした。〕

それはひどいものだった。私には金がなかった。彼女にも金がなかった。彼女は資格を持っていなかった。私もそうだった。私は解剖学や生理学を学ぶことができなかった。ジャック・ドラモンド卿が私に対して持っていた信望に対して、私は全く値しないと思っていた。私のスポーツの実績は、医学学校の学部長に受け入れてもらうための不正なパスポートだった。彼女はヴィクトリア駅でさよならを言い、永遠の貞節を誓った。何がそんなにおかしいんだ？

私は、ウォータールー駅で水の泡になったかと思いましたよ――冗談を失礼。

違うよ、馬鹿者――ウォータールー駅は、私がＤＳＯ受章後にフランスに発った場所だ。私は、その一時間前に、白墨のような顔色をした私の母に別れを告げた。これは「すべての部隊が賜暇から再招集」になった時――「我々の部隊が我が」（実在しない）「戦闘陣地で敵の進撃を阻止して」いる時[39]だ。

マジノ線[40]が出来ていた頃ではないですか？

あの戦争は、私がヴィクトリア駅で別れを告げた時には始まってもいなかった。

続けてください。期待に胸を膨らませています。彼女は永遠の貞節を誓いました。

いや、違う。正確には違う。実際私は、一、二週間後に、彼女が手紙で婚約破棄したいと言ってきた時には呆然とした。

要するに、彼女の愛は死んだというのですか？

いや、君はベティ[41]と勘違いしている――そして、死んだのはベティの愛ではない。彼女が死んだのだ。そしてまた私は、彼女の妊娠満期が近づいている時に一緒にいなかったことで、自分が彼女を殺したと感じている。

あなたは、あなたを海外赴任させた人のことを、もっと若い分析者を送れたし送るべきだった、と責めましたね。

そうだった。だが、責められるべきは彼らではなかった。彼らは、自分たちが統括している人たちの面倒の見方を何も知らなかった。一人は、自分の戦歴ではナイト爵を逃すのではないかと心配し、危機に陥っていた。もう一人は、鏡に映る自分の姿にうっとりするのにすべての時間を費やしていた——大佐の軍服は事実とても魅惑的なのだ。

あなたは、大尉に降格される前の、あなたの戦車大隊の大佐について考えているようですね。でも、ベティにさよならを言った時に鏡に映ったあなたの姿はどうだったのですか？

当時私は、ベティはひどく勇敢だと思った。彼女は死んだように青白かったが。そして私は彼女に、戦争もそろそろ終わりに近づいているから、西部戦線はロンドンよりも、ボーンマスとさえ比べても、ずっと安全だと安心させた。ブリュッセルから陸軍省への長距離電話からはこういう答えが返ってきた。

「聞こえますか？ 赤ちゃんはとても弱っています。聞こえますか？」

「はい、聞こえます」

——続けろ、畜生。私は難聴じゃない。

「ベティは水曜日に亡くなりました」

「分かりました。いや、いや、大丈夫です。私の方で手配できます」

あなたはとても有能に聞こえますね。

私は有能に対処した。有能だったのだ。ブリュッセルは素敵な小さな街だ。ベティはきっと気に入ったに違いない。ベティ？ 死んだ、と彼は言った。彼女は、残されて年をとる私たちのように年をとらない。年をとる。とても。でもより良い人間になるわけではない。

39…『ウィルフレッド・R・ビオン　長い週末——1897-1919』戦争編第二十章参照。

40…一九三六年に竣工されたフランスの対ドイツ要塞線。

41…ベティ・ジャーディン（一九〇四～一九四五）はイギリスの舞台・映画女優。ビオンの最初の妻。一九四五年二月二十八日、出産翌日に没。享年四十一歳。

思うに――私は冴えないとか暗いとか、少し馬鹿とはいわなくても、ある意味真面目すぎるという評判があるが――いつも「それは私には起こるはずがない」という信念を持ってきた。香料のぎっしり詰まった筐。わたしの楽の音は、常に「終止」があると教えてくれる。かくてなべては死を避けられぬ。[42] だがそれがどうしたというのだ？　死は生の特性だ。そしてもし死が究極の事実であれば、論理的に考えて、それを回避できるかのように振る舞うのは馬鹿げている。この点では、死は誰にでも起こる帰結ではなく、死んだものを埋めるか処理しなければいけないのは、生命のある生き続けるものなのだ。もし目なんぢを躓かせば、抉り出して棄てよ。もし癌なんぢを躓かせば、切りて棄てよ。[43] もし心なんぢを不快にせば……どうすればいいのだろう？　「答えは質問の不幸だ」[44] だから、探究心旺盛な心があれば、答えを過量投与すればいい。「知っています」「はい、知っています」もしこのようなラベルが瓶についていたら、服用量に注意せよ。自分の精神薬剤学を、そしてどの真実が致命的かを知れ。

彼女は、「最初からウィルフレッドとの婚約は間違いだと思っていたの。婚約中も私はパットに恋をしていると感じていたわ」と自分が言ったことを、必ず私が知るように仕向けた。投与された毒は、その傷が腕の良い外科医による無菌状態での手術のようには手当てされず、確実に化膿し開いたままになるようにしたのだった。

42…原註：ウェールズの詩人ジョージ・ハーバート（一五九三～一六三三）の詩『徳 Virtue』より。〔訳註：原文は「My music shows there is always a 'close' and all must die.」となっているが、ジョージ・ハーバートの詩では「My music shows ye have your closes, And all must die.」である。本巻最後の「別れの言葉 Envoi」で、編者フランチェスカによって引用されている。鬼塚啓一訳『ジョージ・ハーバート詩集』（南雲堂、一九八六）〕

43…マタイによる福音書第五章「もし右の目なんぢを躓かせば、抉り出して棄てよ、五體の一つ亡びて、全身ゲヘナに投げ入れぬは益なり。もし右の手なんぢを躓かせば、切りて棄てよ、五體の一つ亡びて、全身ゲヘナに往かぬは益なり」

44…原註：フランスの哲学者、作家、批評家モーリス・ブランショ（一九〇七～二〇〇三）の『終わりなき対話』より。フランス語での引用。

五

アルフリストンは魅力的な村だ。アマルリー男爵が、今は使われていない沿岸警備隊の駐屯所で週末を過ごすように私を誘ってくれた。それはアルフリストンの南西に一マイル〔約一・六キロ〕ほど行った崖の上にあり、ナショナル・トラストが管理していた。ザ・タイガーというパブで、私はある田舎者がこう言うのを聞いた。「そうさ、うちの息子の連隊は海外に配属されたんだ。カイバルとかって場所にな」。彼はその場所の名前を聞いたことがなかったが、私は聞いたことがあった。カイバル峠という名前は、私の耳にとって「ゴードン・ハイランダーズ」や「キッチナー」や「ハルツーム救援行進[45]」という言葉と同じぐらい親しみがあった。デリーの私たちの昔の家がある「リッジ」のような、歴史の残骸。この家は何年も前には、「暴動[46]」を鎮圧した英国軍や、アムリットサルで「良い頃合いで発砲命令を出してインドを守った」ダイヤー将軍[47]のものだった。もちろん、殺

45…ムハンマド・アフマド率いるマフディー軍が、一八八四年三月から一八八五年一月までエジプト領のハルツームを包囲。イギリス軍とエジプト軍が死守していたが、司令官のチャールズ・ゴードンを救出するためにイギリスから救援隊が送られた。救援隊が迫っていることを察知したアフマドは総攻撃を開始、救援隊の到着前にゴードンは戦死した。

46…インド大反乱のこと。一八五七年から一八五八年にイギリスの植民地支配に反対したインド兵が起こした反乱。その後市民や農民も参加し、北インド、中央インド全域に拡大した。

47…レジナルド・ダイヤー将軍（一八六四〜一九二七）はインド生まれの将校で、一九一九年、シーク教徒の聖地であるプンジャーブ地方アムリットサルで、インド軍部隊を指揮して無差別射撃を行なった。

されたインド人もいるが、インドは「守られた」のだ。私の両親は息子が、ダイヤー将軍の部隊は気が動転し発砲した――そして部隊は、逃げ場のない広場にひしめき合っていた無力なインド人の群衆に向かって機関銃で発砲し続けた、という物語を信じ始めると、とても心をかき乱された。

「大虐殺」は一つの単語だ。だがその名が意味するものとは……それは……その人の観点による。いろいろな経験をした結果、私は、肉屋の美しさを見せられる画家がいることを知った。フェルメールが私の注意を引かなければ、デルフトの『小さな家』[48]が美しいとは気がつかなかっただろう。では、どうしてアムリットサル大虐殺の美しさや、群衆の無力さに扇動された時でさえ維持された軍人たちの統制の美しさに対して、私は盲目でい続けたのだろうか。

それとアルフリストンの友人とは、どういう関係があるのですか？

ある日、私はアルフリストンにあるパブ、ザ・ゴールド・クロスに一人でいた。その控えめな外見は、競合相手で木骨作りの上品なザ・スターとは、比べものにならなかった。ボードレールの、はるか遠くにある星の無駄な輝きや、美しい女性の近寄りがたい荘厳さといった描写は、私には決してできない巧みさで、ザ・ゴールド・クロスが快適であり基本的にザ・スターより優れていることを示している。それは、ザ・スターやそこに集う人の飾り立てた空虚さと対照的だ。私は海岸まで歩き、泳ぐ気を削ぐ岩や海藻を、そして「ゆかしい人の面影」[49]の不在を嘆き悲しみ、わびしく一人で横になった。あたかも私の無言の考えに応えるかのように、若い男性と、とてつもなく美しい若い女性が近づいてきた。「まぁこんにちは、ウィルフレッド！　一体ここで何をしているの？」それは、私が自分の「フィアンセ」だと考え慣れるようになっていた女性だった。「フィアンセ」という言葉には、偏狭で貴族ぶった上流社会の落ち着きのない響きがあって、私の中で感じた嵐とは全く対照的だった。私が返答できる前に彼女はそれに気がつき、彼女を独占している若者の腕に支えられて消えていった。

「勇者こそ最上にふさわしい」[50]そして、私が戦争で学んだのは、私は「勇者」ではない――絶対にそうなれない——ことだった。私は落ち着きを取り戻すと、その海岸の二人が座っている場所へ移動した。そして、私は驚いて当惑したのだと無礼を詫びた。彼女は、彼らの昼食を分ける意味で、小さなリンゴをくれた。私はそれを受け取り、立ち去った。彼らは海岸沿いを東の方に行くと言い、私は自分の考えという連れへと戻った。

その日遅くに、私がお気に入りのパブに向かって川岸を歩いていると、その二人が追いついてきた。いや、彼らは気を変えて、アルフリストンに泊まることにしたのだ。彼らは私と同行した。私はゆったりとした膝丈のズボンを履いていた——それは私には似合わないと思っていたし、いつも以上に馬鹿馬鹿しく場違いに見えた。私の心境もそうだった。

翌朝は涼しく晴れていた。私はお気に入りのパブの外で、特に何を考えるともなく立っていると、「彼」がやって来た。彼が私のところに来て会話を始めた時には、私は、感じの良い気取らない男だという印象を持った。「彼女」が来た。この叙述を書きながら、私は警察の供述書の中の自白のようだと思っている——その犯罪については後に述べよう。「どこにいらしたの？」彼女は、それまで私を見かけなかったことに驚いて尋ねた。私は、密輸業者の宿と言われているところに泊まったと答えた。それはかの有名なパブ、ザ・スターだと言うより勿体ぶっていないと思ったのだ——「あまり寄宿舎みたいではなかったですよ」。私は、ストーク・ニューイントンの、[51]偏狭なままごとの場所での日々を思い出しながら言った。そこで過ごしたのは、第二次世界大戦の戦火が大英帝国の首都と〈世界〉に、貧困と尊厳をもたらす前のことだった。「そうね！　全くそうではなかっ

48…『小路 The Little Street』の中の家のことではないかと思われる。
49…ジョン・ミルトン作『失楽園』第三巻より。平井正穂訳『失楽園（上）』（岩波文庫、一九八一）
50…イギリスの詩人、文芸評論家、劇作家ジョン・ライデン（一六三一〜一七〇〇）の詩『アレクサンダーの饗宴』より。
51…二人が付き合っていた時に彼女が住んでいた場所か。

たわ」これが彼女の「礼儀にかなった」答えだった。私は肉体的にはその場にいたが、それ以上彼女と会話するのをやめた。

それは彼女にとってひどい骨折り損だったに違いありませんね。あなたが警察の供述書を書いていると感じたわけです！

私は、ロンドンに帰らなければいけない用ができたと、見え透いた弁解をして、週末を切り上げた。あの川沿いのアシの茂った小道の散歩が、頭から離れなかった。もし私が軍用のリボルバーを持っていたら、私は彼を撃っていただろう。そして、彼女の膝を撃ち抜いていただろう。その膝関節は治せず、彼女が一生曲がらない足のことを、将来の恋人たちに説明しなければならなくなるように。それは新聞を賑わすほどの謎ではないので、私は自首しない。だが通常の聞き込みが私に迫ってきたら、私は報告書を書く。

言っては悪いですが、それはかなり退屈ですよ。

私はたとえ軍用リボルバーと弾丸を持っていたとしても——それはかなりありえない事象の結びつきだが——その可能性を思いとどまったと思う。なんとも言えないが。もちろん、イギリスでは、男性的優位性の主張を正当化するのに、力づくではしないことになっている——一個小隊の軍隊を持ち、機関銃を試せる非武装の群衆がいれば話は別だが。

あなたが想像したような卑劣な殺人を、優秀な記者が取り上げたいだろうとは思えませんね。あなたは実際にはどうしたのですか？

ゴウワー・ストリート[52]とみじめさへと戻った。さて今——

今、とはいつでしょう？

便宜上一九七八年としておこう——私は恥辱を、自分が他人に大きな力を譲り渡したことへの代償として支払ったと思う。他人に力を譲る人は誰でもそれを、みじめさと苦しみのうちに払うようだ。

常にですか？　それとも慎重さを欠いて譲った時だけでしょうか？　有頂天になって完璧な結びつきという情動的至福に急ぐ二人は、お互いを発見する苦労を避けたことを、苦しみながら償う。

私には心当たりがありませんね。

ではこれではどうだろう。彼女は、出来合いの英雄（真正証書公的保証書付きだ）を受け入れた。彼が誰か、彼が何かを発見する苦労もせずに。彼は、美容上保障された出来合いの美しい人を受け入れた。少年と少女、妻と少女、夫と少年、妻と母親、夫と父親の間に何か違いがあるのかどうか、何が違うのか、発見するという苦労もせずに。

そんな馬鹿な――彼らがどうやって知るというのです？　それは、どんな訓練課程の時間割にも含まれていませんよ。

その通り、彼らは、イギリスに行って学校に行き、性的なことをせず、戦功十字章を「勝ち取り」、二十一歳で独立して自分の稼ぎで「自由に」好きなことをする、という努力を重ねることによって、身に染みて知る。それは辛い。私がそれを発見するのに――文字通り――地獄のように長い時間がかかったし、私は地獄や、あの拘留された長い滞在は好きでなかった。だが私はミルトンではない――彼でさえ、『リシダス』[53]を書き、反対勢力

52…ユニバーシティ・カレッジ・ロンドンの所在地。

53…ジョン・ミルトンが、海難事故で亡くなったケンブリッジ時代の友人エドワード・キングの為に書いた追悼詩。ミルトンが大学修士課程を卒業したのが一六三二年、エドワード・キングが亡くなり、ミルトンがこれを書いたのは一六三七年である。リシダスは紀元前五世紀の古代ギリシアの歴史家ヘロドトスの『歴史』第九巻に出てくるアテネの評議員。敵国ペルシア帝国から妥協案を提示された時、リシダスはそれを受け入れるよう市民に呼びかけたが、敵国に共謀していると思われ、石打ちにされて亡くなった。

を支持した[54]ケンブリッジの大学生にすぎなかった。そちらが勝ったと思っていたからだが。そして――

まぁいいです、みんなミルトンのことは知っていますし、どちらにしても誰が『失楽園』を読むというのです？

私は読む――ラスキンのおかげで。彼は彼で、才能に恵まれたうるさい鼻つまみ者だが。

ムハンマドやイエスやモーセも仲間に入れたらどうですか。そしてついでに神もどうですか？　彼はまともなクラブやサッカーチームに入ったことがありませんよ。

彼らは、民主的な選挙手続きのおかげで、最近はそういうことを以前よりよくできるようになったんだ。

嫌味なんではないですか？

そうかもしれない。私は人間にすぎない。神のことは大目に見るべきではないか――彼は神々しいだけだから。可哀想な……

悪魔？　それは名辞矛盾というものです。

言葉の矛盾なだけだ――分節言語はまだ揺籃期で、明晰な思考に必要な洗練さの水準には達していない。

ところで、今まであなたは医学学校に行ったところまでしか話していません。自分の生殖器ではちっとも成功しないままですよ、多くの相手の可能性がありながら――男でも女でも。

第二次世界大戦は、第一次世界大戦よりも成功したとは言えない。

あなたは、個人的、私的、完全体の成功のことを言っているのですか？　それとも、社会的、公的、連続体の成功のことでしょうか？

両方だ。方向性が未確定の中、進歩を査定するのは難しい。

あぁ！　では、ホモ・サピエンスは宇宙航行についてまだかなり学ぶべきことがあるのですね。

このあまり賢《サピエンス》くないホモ・サピエンスはね。私の最愛の婦人が何でも好き勝手をしている時に、一体全体どうしたら私は中級理学士試験に打ち込めるというのだ？

あなたは気に入らないことを、気に入らない時に、あなたの気に入る結果になるかどうかにかかわりなく、とにかくやる、ということを学ばなければいけません。それからの五十年を見てみましょう。

私は、オックスフォードで学び損ねた科目よりも、今だから分かるが、私にもっと密接に関連があって重要だった科目に、興味を持てなかった。だが、それらもまた、私は今——

それはいつ——

〈邪魔しないでくれ。考えているところだ〉——もし私が、かつて燃え盛っていた火の燃えさしである、私の心の残骸を探ることができれば、それは有益だろうと思う。そうすることで、価値ある叡智の一片を再構成する宝物か何かを見つけることを祈りながら——息を吹き込めば大きくなって他の人が手を温めることができる炎に変わり得る、灰の中の火花を。

あなたの中級理学士試験はどうなったのですか？

一点差で合格した——そう言われた。

あなたは、塀の上から落っこちないようにしがみついている達人だったのですね。

それはとても居心地悪かった。

あなたとあなたの彼女は、中級結婚試験への共同攻撃ではどうだったと思いますか？

落第だ——明らかに。

確かにあなたはオックスフォード大学の〈特別研究員〉にはなれませんでした。

54…ミルトンは共和制の支持者で、イギリス共和政時代（一六四九〜一六六〇）に活躍したが、一六六〇年に王政が復活されると、逃亡生活を余儀なくされた。

そんなことは考えようと思ったこともない。

あなたの出身校の〈校長職〉にも。

学校のためにも君のためにも幸いなことに。

セックスの壁があったことは、どの男子の友だちとも結婚できないことになって、良かったと思いますよ。

私は私の夫になって欲しかった人を誰も覚えていない――私の子供の親になって欲しかった人も。

男性同僚の妻とかは？

とんでもない。神が禁止する……

多分神はそうしたのでしょう。

私は、中級理学士試験は楽しめなかったし、大馬鹿者のまさに生ける標本として、ずっとよろよろと歩いてきたので、一点差で通ったのは、その一面に過ぎない。だが私は、そうでなかった時もあったと思う、と思い出すか、想像するかしている――そのどちらなのか、今でも分からないが。

あなたがＤＳＯをもらった時ではないですか。

馬鹿馬鹿しい。私は、もしあの狙撃兵がエドワード大尉にしたように、うまく私に狙いをつけていたなら死んでいたことが分からないほど、馬鹿ではない。

あなたは明らかに思慮がなかった時もあります。戦車を捨てた時のように――

戦争に参加することに「思慮がある」ことを結びつけるのは難しい。

では「恋する」。

それが何なのか、知っている人はいるのか？　神のみぞ知る、そして〈彼〉は裏切らないそうだ。どちらにしても、私は哲学的気分でも黙想的気分でもなかった。でなければ私は、彼女と再会した時に、私が彼女なしでうまくやっているように見えたことに対して彼女が落胆したことに、気がついていただろう。

それにあなたは、彼女はまだ少女で、成熟した女性でなかったことにも気がついていたかもしれません。とにかく、このとてつもなくつまらなくてありふれた物語をどこまで続けるつもりですか？

私にとっては、ありふれてもつまらなくもない。

では読んでみてください。

それは私にとって、とても辛かった。その点ではこの物語に間違いはない。

緑の小麦畑を通ったのは、恋に落ちた男と女。[55]

お願い、かわいい乙女よ、結婚してくれる？

ヘイ、でも私は悲しい。ウィロー、ウィロー、ウェイリー。

私が好きな人は誰も誘ってくれない――だからオー、ウィロー、ウェイリー、オー。[56]

君は混ぜこぜにしていると思う。

私が自分の人生の物語を語っているわけではないので、私は混ぜこぜにしていても気にしません。自分の人生について書きたい人に問題があるのであって、それは私の問題ではないし、私の問題は彼らの問題ではありません。

私は、その娘に起こったことを気にかけていたことがあるし、それを自分の問題と感じたこともある。だが、余計なお世話だ、彼女の問題は私には関係がないと、きっぱりと言われた。ここで私は、私の問題についての物語を語ろうとしている――その一部は、実存するという問題だ。

55…シェイクスピア『お気に召すまま』の劇中歌『恋に落ちた男と女 It was a lover and his lass』より。

56…ギルバート・アンド・サリヴァンの喜歌劇『ペイシャンス Patience』の劇中歌『お願い、かわいい乙女よ Prithee, pretty maiden』より。

六

私が「治癒」を求めて訪ねたその「分析者」は、私がオックスフォード大学での学問やスポーツでの失敗後に苦しんできた不安を払拭するには、十二回程の面接が必要だと言った。軍隊からの賜金の残りを使って十二回の面接に必要な金額を集めることができたので、私は思い切って飛び込んだ。やがて十二回の面接に必要だった金が底をつき、私は同僚（この時はそうだったが、戦前は私の歴史の先生だった）から金を借り、私の「分析者」は親切な人だったので、負債を溜めていくことを許してくれた。私が仕事から首を切られ、とても美しい婚約者から手を切られ、医師の資格でさえ失敗に終わりかけていたのは、「分析されて」いる間だった。負債は、私の分析者へは七十ポンド程に、同僚へは三十ポンドになっていた。不安定な状況にいた私にとって、百ポンドという金額は真に恐ろしいものだった。私の金銭状況とは裏腹に、失敗の蓄えは使い切れないほど増えていくようだった。そのため、私は治癒してもらう努力をやめにした。

この状況下にあって、陸軍大将の子息である思春期の少年を治癒する機会を与えられたのは、私にとって心から慰めになった。期待された治癒を――それまで――達成できなかった、その同じ方法を用いて。

誰が期待していたのですか――あなたですか、それともあなたの分析者ですか？

私がどれだけ信じていたかはわからない。私は、私の半月板裂傷はヴァーシティ・マッチに耐え得ると言った外科医の言葉を半分信じていた。だが私は、半端な信念が、また半端な治癒でさえも、オックスフォードがケンブリッジを負かす機会を危険にさらす正当な理由になるとは思わなかった。そのため私は残念そうなモアビー＝

ホワイトに、私はチームには入れないと伝えた。だが医学学校の学部長には、私はUCHカップ[57]決勝チーム選手候補者にはふさわしくないとは言わなかった。所詮、半月板裂傷のせいで私が医師になれないことはまずないので、ラグビー選手として実在しない能力のおかげで私が医学生として受け入れられたことについて、私に落ち度があるとは思わないのだ。

私の「過去の中で感じる」[58]分析では……

あなたはまだ、その言い回しを説明していません。

彼には、患者が——この場合は私だが——何か不快な出来事について訴えるたびに使った言い回しがあった。その理論は、患者の過去の生活で起きた何らかの出来事が「抑圧」され、結果としてそれが、「過去」の外傷に関連しているが今生きている現在とは関係ない不快な感覚を引き起こす、というものだった。蔑んだ言い方をすれば、「もし彼女が今日あなたの恋敵と逃げても、ご心配なく、ただ過去の中で感じなさい」。それには妙に説得力があり、私の——当時の——批判能力に動じない、ある種の馬鹿げた道理があった。

中級理学士試験や解剖学や生理学の勉強、百ポンドの借金の支払いに必要な収入、そしてあなたの相手からの撃沈（もちろん跡形もなく）の回避といった忌々しい問題はどうなったのですか？

私は答えを見つけることはできなかった。

そして……あなたは一点差で合格しました！

それは笑い事では決してない。だが、それは精神分析かもしれない。どちらにしても、「過去の中で感じなさい」博士は、私にその思春期の少年をよこしてきた。私は彼に、過去の中で感じなさいという機会はあまりな

57…United Hospitals Challenge Cup の略。ロンドンにある六校の医学学校対抗のラグビー試合。
58…彼の治療者ジェームズ・アーサー・ハドフィールド（一八八二〜一九六七）の使用した言葉。

かった。というのも彼は、父親には私のところに定期的に行っていると言いながら私のところには来ず、面接代を着服することによってその問題を処理していたからだ。面接代は少額だったが、少なくとも彼が大将から離れる交通費にはなった。それが長く続くはずはなかった。大将が胡散臭いと思って私に会いに来たからだ。私は胡散ではないとか「過去の中で嗅ぎなさい」とか彼に言っても無駄だった。もう一つひどい失敗が、増えつつある私の収集品に加わった。

あなたは成功したことは一度もないのですか？

私は、「取得失敗した学士」を実績リストに加えたという、あのインド人学生のように感じた。私の元彼女の敵意ある「私がいなくてもうまくやっているようね」に対して、「いやいや、貴女がいなくてはやっていけないよ」とも、「あぁ、そうだ。そもそも貴女の存在について耳にする何年も前から、貴女なしで大丈夫だったよ」とも言えなかった。私は正しい返答があることも、それが何だかはわからなかったということもわかっていた。

それが道徳的に正しいかどうか確信がなかったということですか？

いや。道徳的に正しいかどうかに道徳的疑念が全くなかったことは、問題をいっそう難しくしたが、それでも答えは間違っていた。

五十一％があなたの成功率のようですね。

実用的示度としては、四十九という値と五十一という値を見分けるのは簡単ではないので、それはあまり役に立たない。

この期間に私は、医長の一人であるフレディ・ジョン・ポイントンと知り合った。中級理学士試験に合格した結果、私は彼の回診について回る権利を与えられ、それを要求されすらした。医学や彼自身や担当する特別研究員たちに関する彼の意見は、常に愉快にも手厳しかった。「肝機能に関するヴァンデンベルグ試験は非常に正確だ。確実な症例では、常に確実で陽性だ。陰性の場合には陰性だ。疑わしい症例では疑わしい」。要するに、私はその試験は現実生活では役立たずなのだと思った。しかし現実生活では、誤りを犯しやすい自分の判断の代わりとして依拠できる、公平で科学的な手段の存在を支持しているように見せかける方法としては、試験は実に便利だ。私の〈自己〉が誤りを犯しやすいことは、その時までに何度も証明されてきた。私は自分以外の〈自己〉についても、より強い確信を感じることはできなかった。例えば「過去感」博士は、私が「彼女」と同等の相手を見つけることは不可能だと請けあった。これは確かに私自身の意見と一致しており、その〈婦人〉自身の意見とも明らかに一致していた。しかし誰かが、特に私が、私の〈自己〉を頼りにできるという証拠はどこにもなかった。他には誰もいなかった。私は神を試してみたが、神頼りにすると必ず、自分や自分がしたような宗教経験を馬鹿にしているような気になるのだ。私のプレップスクールの先生「ニガー」[59]、チップス先生、チャス先生、ボビー先生[60]、そしてサミー先生がいた。サミー校長先生の犬のことを、私たち男子は、その先生の名前をとってサムと呼んでいたのだが、サミー先生はなぜその犬の本当の名前を呼んでも犬が答えないのか、理解できなかった。今になってみれば、そのかわいそうな犬は、私がそうであったのと同じぐらい、自分の本当の名前を知らなかったのだと分かる。神はあまり役に立たなかったので、私が敬服し、敬慕し、尊敬した人間たちが、私が彼らに演じて欲しかった役を演じるには結局不充分だったのも不思議ではない。それに私は、遠くから崇拝したり憧れたりする、明らかに平凡な役に適切な人間である資格さえも、持ち合わせていないようだった。この事実は状況を困難にした。私が慣れ親しむようになった病棟のある病院には、本当に素晴らしいスタッフたちがいたからだ――ウィルフレッド・トロッター[61]、チャールズ・ボルトン、フレディ・ジョン・ポイントン、ジュリ

59…ニガーとはプレップスクールのハースト校長のあだ名。

60…ボビー先生とはサットン先生のこと。『ウィルフレッド・R・ビオン　長い週末――1897-1919』英国編第十二章参照。

61…ウィルフレッド・トロッター（一八七二～一九三九）はイギリスの外科医で神経外科の先駆者。ジョージ五世の外科医でもあった。群集心理学の研究で知られる。トロッターの『平時と戦時における群れの本能 Instincts of the Herd in Peace and War』はビオンに影響を与えた。

アン・テイラー、バッティ・ショウ、ビル・ウィリアムス、そして「蝶打診法」の〈彼〉である。これがまた見事なもので、彼は胸を打診するときにあまりに繊細に行なうので、私のように懐疑的な人は、どうしたら彼の触診や打診のような空気のように軽やかなもので、何らかの情報が得られるのか理解できないほどだった。それでも彼はアイルランド人なので、私は彼が、彼の民族の持つ「妖精的」なものを持っているのだと信じようとした。私は「妖精的」を、神聖とは言えないが、悪魔的とも言えない霊的なものだと理解していた。そのような空気のように軽やかな診察の後、彼は患者に聞こえないように私たちを脇に寄せた。このようにして彼は心遣いを示し、自分について何を言ったのか、患者の興味をもどかしさの絶頂へと駆り立てた。後で、彼の医療秘書がその情報を必ず患者に伝えることになった。私は彼の秘書ではないので、私が言うことはできなかった。だが私が彼の秘書だったとしても、彼の診断の概要は、彼の診察のように繊細に伝えられたので、私はそれを患者に伝えることはできなかっただろう。

彼――マクホィッターと呼ぼう――が霊的と同じぐらい、チャールズ・ボルトンは泥臭かった。私は彼が言ったことを的確に認識できるほど医学的に洗練されていなかったが、少なくとも、彼が言いたいことはわかった。チャールズは――ゆったりと構え、幻滅して意に介さないふりをしているが――専門家としての行為に無頓着な人には思えなかったので、私は一生懸命秘書としての機能を果たすよう注意を払った。

ウィルフレッド・トロッターは、小柄でこじんまりとしているが力強い体格をしていた。彼の力強い手は、どんなに想像をたくましくしても、美爪術師《マニキュア》の美容技術の産物だとは思えない美しさを持っていた。私は、彼が手に持ったノミを槌で力一杯叩いて、頭蓋骨に穴を開けたのを見た時の、戦慄に近い感覚を覚えている。彼は素晴らしい手さばきで、硬い骨は貫通しても、その下にある脳の軟組織を絶対に傷つけることはないようにノミを止めることができ、それを実行していた。

週に一度、彼は私を含めた随行の医師たちとともに、家や仕事先から病院を訪れた新しい患者や以前の患者を診察した。ジュリアン・テイラーも外来患者の診療を受け持っていたので、二人の優秀な、(当時)世界的に有名な医師の仕事ぶりの違いを観察することができた。

ジュリアン・テイラーは馬鹿者たちを快く容認できなかった。馬鹿者の中心にいる私から見て、これは特に顕著なことだった。今なら私は自分に、馬鹿者よりは無学者という好意的な肩書を与えるが。それに私は、患者のことは馬鹿だというよりも無知だと考えたほうが賢明だと思う――だがもちろん、患者はその両方であることもある――そして私は、自分の歴史における自分の知識を鑑みると、自信を持って自分が両方でないと言える立場にはなかった。

この点については、私の元彼女によって突き刺さる程はっきりと痛感させられた。私は、彼女との最後の方の会話で――それは、トラファルガー広場の雑踏の中だった――言葉に詰まるような混乱と恥辱を感じながらも、彼女は私を求婚者として手放すべきでないと振る舞おうとしていた時、彼女のあざ笑うような侮蔑の色に気づいていた。私はそれほど彼女に恥をかかされるなど不公平だと思い、と同時に、それだけの侮蔑に値するほど私に非があるのだろうと思った。後に、これから説明するジュリアン・テイラーとウィルフレッド・トロッターの比較のような経験もあり、私はそのことをよりよく理解するようになった。

ジュリアン・テイラーは、彼の投げかける「どうしましたか」という質問への返答に、我慢できなかった。「私の腎臓ですが、先生」。「腎臓！　あなたは腎臓について何を知っているというのですか！」(腎臓だけでなく患者が口にした肝臓や胃や、他の解剖学的構造や生理機能については何でも。)それは彼の医学的知識と作法感覚の両方に反することだった。患者はそのような高名な権威を怒らせたことで恐怖に陥って口を閉ざし、波風が更に立たないように、それ以上意見を自ら口にすることはなかった。

それに対してトロッターは、患者から与えられた情報が知識の泉そのものから溢れ出てきたかのように、偽りのない興味を持って聞いていた。私は何年もの経験を積んでやっと、事実その通りだと学んだ。患者が検査のために実際に出向くほど協力してくれると、助けを求められた医師は、その痛みがどこから発しているのか、自ら見て聞く機会を与えられる。「どこが痛みますか？」と聞く必要はない――もちろん質問に対する答えが、医師の理解できる言葉で返って来れば慰めにはなるが。あまりに簡単に喚起される怒りは、「援助者」が、自分はその言葉を理解しないか、自分の理解する言葉がそれとは関係ないか、自分が慣れている方法で使われていないことに気づいたことへの反応だ。トロッターの平静で友好的な関心は、患者から更なる根拠を引き出す効果があった。その知識の泉は干上がることはなかった。

トロッターが皮膚移植をすると、皮膚は「付いた」が、テイラーが行なうと――同等かおそらくそれ以上の妙技と正確さで行なっても――付かなかったという。身体が拒否したのだ。それは剥がれ落ちてしまった。私はこれを自分の目で見たわけではないが、その物語が話されたこと自体、この二人の医師が学生たちに与えた印象を表していた。

トロッターの講義はつまらなく見えた。そこには劇的や見世物的なものは一切なかった。そう感じたのは、一部には私の無知が、その講義の内容を充分理解していれば享受したであろう楽しさを妨害したからだった。とはいえエリオット＝スミスが脳についての講義をした時は、私にも黒板に自由自在に描かれる絵の素晴らしさが分かった。トロッターは理解を助けるのに絵を描くことはしなかったが、紛れもなくその主題に精通した権威を持って話をした。

あぁ、なんてことだ！　やっと寝られると思った時にこの忌々しい女性が（破滅へのではない）坂を下って救急にやってきた。「どうして真夜中に来なければいけないのですか？　もっと早くに来れなかったのですか？」彼女は申し訳なさそうにしている。もっと早く来なかったのは悪いと思うが、ご飯を食べさせなければいけない子供が三人おり、旦那は彼女を見捨てたので、誰も頼れる人がいなくて……「わかりました！　わかりました！それでどうしましたか？」このようなかわいそうな女性たちはなんと迷惑なことだろう――彼らはどうして誠実な男と結婚できなかったのだろう？　誰が知ったことか。どうして移植皮膚は付くのだろう？　どうして剥がれ落ちるのだろう？　手術はきちんと、技術的に行なわれた。彼らは教会で式を挙げたが、結婚はくっ付かず、そして今は――まだ寝られない。死にそうにあくびが出る。だがもし私は眠ってしまったら、どんな夢を見るだろう？誰がそれは「単なる夢」だと分かるのだろう？　この自伝については……真実？　それとも表面的に許容できる虚構？

トロッター先生、先生は私に、自分が何を話しているのかわかっていないといけないと言うのですか？　私は私と結婚したいという娘を見つけられると思いますか？　そして子供の親になれると？　彼女は私が勇敢だと思ったかもしれない。でも反対に、思わなかったかもしれないし、それは私は嫌だ。ボーンマスでは珍しい雪と比べても真っ白な顔をしていたベティは、兵たちは無事だと信じようとしていた――私の大佐、私の上司たち、そして私自身さえも。そしてそのために、私は自分を臆病から免ずることは、決してできていない。私は知らなかった。私は知らなかった――そう、でも私は知っているべきだった。

七

その手術は、真に有能な外科医にとって、何の問題も呈することはないであろう簡単なものだった。明らかに、口蓋裂の手術についてその子の親に忠告して不安にさせる必要はなかった。その麻酔医は有能だった。そして彼女は美しくもあった——誰かに彼女の美しげな諸々の資格について質問させて、不安にさせる必要はなかった。履歴書では、それらは美しく見えた。それは美しい履歴書だった。それに、それは美しく晴れ渡った日で、外科医も機嫌が良かった。手術が模範的に滞りなく行なわれている間、外科医と麻酔医はお互い軽口を叩きあっていた。

「先生、患者の心臓が止まったようです」研修外科医が言った。

「なんてことだ！」と外科医。「早く！　いつだ？……心臓マッサージを！」

まずい。まずい。その子は死んだ。

もはや生きていない。一日が台無しになった。両親に伝えるのは研修外科医の仕事——少々災難がありまして。ご存知の通り——誰もが知っての通り——手術自体に技術的な落ち度はありませんでした。もちろんウィルフレッド・トロッターは、これが天気のいい日で、些細で無害な軽口にふさわしい時だと知っていたはずもなかった——彼は事態をとても真剣に捉えた。彼は気難しい人だった。彼が自分の非常に優れた手術室看護婦について、辛辣に嫌味を言っていたことでさえ、私は知っている。彼は言っていた。「だけど看護婦さん、口答えして欲しいとは言っていない！」

トロッターでさえも間違えを犯した。私は、またもう一つのスペンサー・ウェルズ鉗子をつかみ損ねた忌々しさから舌打ちした時、悪態はついていなかった。だが……だが……手術は終わり、彼は傷口を縫合していた。そして、緊張した危険な手術――口蓋裂ほど技術的に簡単でないもの――が完了したことに安堵し、私以外には誰も、針が傷口に残されていることに気がついていなかった。畜生！　一体全体どうして私は半殺しにされる危険があるのに、口を開かなければいけないのか？　後になってレントゲンで見つけさせればもっと簡単なのに。

なんとおかしな声だ！　手術室で話しているのは誰だ？　またあのとんでもない馬鹿か？

「先生、傷口に針があります」。なんという変な声だ。

「針？　どこだ？」全くおかしくない声――怒声だ。

「そこです、先生」

彼はそれを取り出し、縫合を終了した。

「ほら」彼は私に血の付いた糸を渡して言った。「これが欲しかったんだろう？」

私はその言葉と才能がゆえに、トロッターを尊敬できていたかもしれない。特に機知に富んでいるとか素晴らしいというわけではないが、間違い無く、偉大な人だけが言えることを言ったのだ。

その子供の災難はどうなったのですか？

その研修外科医が両親にこう言ったので、全てうまく収まった……災難があって、と。「深刻なことではありませんか？」と母親が聞いた。いえ、いえ、深刻ではありません。ただ、お子さんは亡くなりました。彼らは立ち直るだろう。では――遺体は？　彼らが病院にして欲しいことは……？

シンガポールに援軍が入港すると、ジュリアン・テイラーは自分の荷物をまとめた。シンガポールにある陸軍病院の上級外科医になるためだった。上陸の時間だった。不幸なことに、世界最強の二隻の巡洋戦艦が、日本軍の急降下爆撃機によって沈没させられたばかりだった。その甲板は、そのような自爆攻撃から弾薬庫を守るには充分に防護されていなかった。このように、シンガポール陥落の際に備えた二隻の強力な保険は消え去り、ジュリアン・テイラーは援軍の他の兵と共に、上陸と同時に捕虜になった。間違い無くテイラーは、日本人外科医たちにさまざまな外科技術を教えることができただろう。もちろん、彼は日中、最高の医療補助があり、最も熱心な手術の見学者がいただろうが、ジャップが冗談を理解できるかどうかわからないので、軽口を叩く機会はあまりなかったかもしれない。私が聞いたジュリアン・テイラーのユーモア感覚は、技術的に完璧に装備され、全く申し分ないまま、習いたくて仕方がなく待ち受けていた日本軍の手に引き渡されたという災難の後、二度と同じではなかった。

そして水兵たちや兵隊たちは？

まあ、生存できた者たちは、(偉大な)《グレート》ブリテンを英雄たちが命を懸けるのにふさわしいものにできた。第三次世界大戦の参戦者は、大英帝国なしでやらなければいけなくなるだろう。だが、患者に私のところに来るように勧める人なしで、どうやって私はやっていけただろう。あの思春期の少年はなんとかやっていた。とてもうまくかどうかはわからないが、確かに私なしで大丈夫だった。私は間もなく医師免許を取得するが、私は医学についてほとんど何も知らなかったし、私が遠からず発見することになるのは、私の知っていた「精神分析」は財務操作の方に適していることだった――魂？　の「治癒」よりも。私は病んだ心の世話ができるのだろうか？　私にはいかなる種類の牧師にもなる才能はなかった。そして私が直面した新しい問題は、今説明するのが難しいほど、思いもよらないものだった。

倫理的理由から強く非難されていたが、ある人々が従っている慣習があった。それは患者に、患者を受け取るごとに謝金を支払うことに同意する開業医のところに行くように勧めることだった。キックバックとして知られるこの方法では、高い地位に登った医者が、自分の患者をそういった財政的に手を組んだ医師や外科医に紹介することで、相当の収入を得ることができた。この慣習への反対理由は、当然のことながら、患者はその病気の治療法を熟知していそうな人にではなく、最初に診療した医師に料金の一部を支払う気のある人に紹介されることだった。私が関わった全ての医師たちは、そのような振る舞いを大声で言わなくても非難していた。そのため、過去感博士が私に紹介した患者全員についてその料金の一部を期待していると知り、その場で彼と取引関係を結ぶべきだと提案した時には、私は絶句した。

「でも先生」私は、故校長（彼は今や幸いにも彼の創造主と結ばれた）が私に辞任要求した時に非難された、無邪気さと無分別さで言った。「それってキックバックじゃないですか?」

「いやいや、そんなんじゃないよ」と彼は、残念ながら今の私には説明できないような方法で、それはそうではないと説明を続けた。

だが、彼はもう一人紹介――そうやって彼の好意に私心がないことを示した――してくれたかもしれないが、私たちの近しい協力関係はしぼみ、落ち、死んでしまった。私は、私が属する世界の一員からの便宜の計らいに対して、自分で自分を推薦する方法が見つけられなければ、誰かのまたは何かの一員ではなくなるだろう、と学んだ。

そのため、私はハーレー・ストリート[62]に世評は高いがむさ苦しい部屋を借り、ハーレー・ストリートの最上級医《コンサルタント》らしく見えるように祈りながら、その偽りの姿の第一歩を踏み出した。蝶打診法卿を除いて、私が親交を深めた最上級医たちは豊かなように見えた。もし私が望むように、自分が中身豊かな人間だとしても、私はそれで構成されたら嬉しいであろう中身をまだ見つけていなかった。私は何ものでもなかった。「過去の中で感じなさい」と私は言ったものだが、私が感じたものはどれでも、現在感じた――そしてそれはとても不愉快なものだった。

62…ロンドン中心にある高額な名医が集まることで知られる地域。

あなたは何を感じていたのですか？

私の分析者は魅力のある知的な人だった。私は彼がキックバック関係を提案していると思い、衝撃を受けた。これは非国教徒の道徳論かもしれない――私が寄宿学校のエヴァンズ先生とカフ先生の偏狭な文化の中で学び、習得し、当たり前だと思っていた他のものと同じように。

「君が何をしたいかわかっている――スパイヴィのところに走って行って、買ってきて……」。私は、提携を結び、金を払う患者を受け取り、その料金の一部を支払うのと同じぐらい、それが嫌だった。私は他にやることがなくても――たとえしなければならないことがあると言えたとしても――明らかにお使いに行くのは嫌だった。私は、私がやりたいと彼らが思っていることに、自分の時間や金や費やすのは嫌だった。だが、クレンザーのヴィムの箱を全部使い切ってしまうこと――それは好きだった。「先生がして欲しいことはわかっています――僕にヴィムの箱全部使って、先生の風呂桶のエナメルをこすりとって欲しいんでしょう。きっと気に入りますよ！」と言っても無駄だっただろう。誰も私に、国のために命を捨てたいかとは聞かなかった。私は、戦いに行き続けたら殺されるだろうという証拠に鈍感でいられなくなるまで、長い間、命を捨てずに済むと思ってきた。

私の従姉兄たち――マーガレット、ハーバート、アーノルド――は、私の精神分析者とも郊外にある私の寄宿学校の人々とも違った。彼らはやはり郊外のブラックヒースにあるS・S・M[63]――宣教師の子息のための学校――から来ていた。だが、違いははっきりしていたが、私はそれが何だかはわからなかった。従姉兄たちは、ある学校の休暇中に遊びに行こうと誘ってくれて、非国教プロテスタントの偽善的な、毒気を含んだ、精力的で有無を言わせない文化だと今だから分かるものから離れて、自由な素晴らしい一日を私に与えてくれた。マーガレットは、私が八歳の時にインドを離れてから味わったことのないようなカレーを作ってくれた。そして彼らは『紅はこべ』の昼興行に連れて行ってくれた。「どうして彼はピカピカのブーツに、泥はねが二つ付いてるって言ったのかな？」ハーバートはその答えを知っていただけでなく、説明するのを厭わなかった。トロッターは、私が馬鹿だと知らずにはいられなかっただろうが、私の気持ちを尊重することができた。あえて認めることはできなかったが、私はマーガレットもハーバートもアーノルドもトロッターも大好きだった。今日、（精神分析的な）知識が非常に向上したおかげで、私が従姉兄たちに、「異性愛的・同性愛的・美食的愛」を感じていたことは、誰にでもわかる。そしてもちろんそれですべてが説明できる——私自身に対して以外は。

63……一八五八年に設立したミッション寄宿学校シャタック＝セントメリーズ・スクールのこと。

八

そして今、この戦争――言うまでもなく、ドイツ相手だ。馬鹿馬鹿しい。私が資格習得で忙しくしている間に、どうして誰も何もしてくれなかったのだろうか？　まあ、ありがたくもチェンバレン氏[64]にはヒトラーに会いに行く分別があったので、すべてが収まった格好にはなっていた。

なので私は、ノーフォークのヘイズバラにあるチャーチ・ファームに、俳優のジョン・グリン＝ジョーンズ[65]と女優のベティ・ジャーディンを含めた友人たちと一緒に、二、三週間行くことができた。少なくともこれは素晴らしかった。グリン＝ジョーンズはとびきり面白かった。ベティ・ジャーディンの方は、『ザ・コーン・イズ・グリーン』でベッシー・ワッティを演じているのを私は見たことがあり、プレイヤーズ劇場でも見たことがあったが、それほど面白味はなく、私が期待していたほど魅力的でもなかったが、感じのいい人だった。彼女は明らかに優れた女優だった。ヒトラーのことは煩わしいが。

私はその後ヘイズバラから南仏へ行った。モンテカルロは通り道だったが、それでなければ興味を引かないところだった。中央広場のペチュニアが、辺り一面をその艶やかな香りで満たしているようだった。だがそれは、あまり魅力的でないヒトラーやナチス・ドイツの悪臭を隠すには十分ではなかった。大英帝国の腐臭と混じり合ったドイツ帝国の死臭こそ、戦後のオックスフォード大学のスポーツの香りが一九一九年に隠せなかったものだったのだと、簡単に信じられた。それから二十年たったが、私はまだ自分の髪から〈栄光〉の香りを消し去ることができないでいた。ロクブリュヌとそのオレンジの花、モンテカルロへの散歩、美味しい夕食とあまり高価でないヴィンテージ・シャンペン、窓の下から聞こえる波の、心落ち着かせる律動——それは、とても快かった。しかし、私は自分の考え以外に共に過ごす者はおらず、二十年はその考えがしっかりと根付くのに十分ではなかった。私は何かに対して稠密で貫通不可能な障壁を作るほど、他人への関心を持ち合わせていなかった……だが、きっと私は〈非常に偉大な《グレイト》〉ブリテンの軍備縮小され軟化した《ディスアームドフォーシズ》軍隊に召集されないのではないか？　一度自分が臆病者だとわかり、そう本当に思い知らされると、最高権威からの公的証明書がどれほどあろうとも、キッチング[66]の胸壁があるべきところにできた隙間の上に吊られた救急の包帯と同じぐらい無駄だ。それは、鼓動が彼の命を奪い去っていくのを隠すことはできなかった。

私は衛生業務に召集されるか、志願するかだった。たいして名誉でないＲＡＭＣ〔英国陸軍医療隊〕……担架運び！　担架運び！　今行きます！　今行きます。今日の水上スキーは素晴らしかったですね！　すぐ治しますからね！　いやいい。私はなんとか泳げる。最終試験は二等でどうですか？　ラガーブルー[67]はどうですかね？　ナチスはもうすぐ崩壊しますよ。私の妹は、父親がルール地方[68]に炭鉱を持っている人の下で働いているんですが、彼女は知ってるんです、彼らはできなかった……ああ、ありがとうよ。私は大丈夫だ。

64…ネヴィル・チェンバレン（一八六九～一九四〇）はイギリスの元首相。領土拡大を進めるドイツやイタリアに対して宥和政策をとり、一九三八年にミュンヘン協定を結ぶが、ドイツに軍事力増強の猶予を与え侵攻を容認したという誤ったメーセージを送ったとして、後に批判されている。第二次世界大戦が勃発し、イギリスが宣戦布告した後七ヶ月で辞任し、ウィンストン・チャーチルが首相に就任した。

65…ジョン・グリン＝ジョーンズ（一九〇八～一九九七）はイギリスの俳優。ビオンと同じ学校出身。

66…『ウィルフレッド・Ｒ・ビオン　長い週末——１８９７-１９１９』戦争編第三十四章に出てくるスウィーティングのことか。

67…ラグビーでオックスフォード大学のスポーツチーム貢献者に与えられる賞。

68…ルール川下流域に広がるドイツの炭鉱、製鉄都市圏。大戦時には兵器生産の中心地だった。第一次世界大戦中は、ドイツは戦場でなかったため無傷だったが、第二次世界大戦では英米軍の爆撃を受けた。一九二三年には、ベルサイユ条約に定められた賠償金支払い不履行を理由に、フランス・ベルギー軍がルール地方を二年間占領した。二十世紀半ばより炭鉱が次々と閉鎖され、現在は情報・環境産業に力を入れている。

ハーレー・ストリートに戻る時間だ。ホバート・ハウスでの快適な仕事とか。

ホバート・ハウス？　聞いたことがありませんよ。

バッキンガム宮殿の近くだ。

バッキンガム宮殿のことですか？

それはもう古い。民主主義が起こったのだ。いやいや、国家社会主義ではない。それはドイツでだけだ。

私は戻り、大家に部屋明け渡しの通知をした。使うことのできない診察室の家賃を払う意味がないと思ったからだ。私の大家は私に、ゴードン・ラッセルの暖房器具をそのまま残して欲しがった。私もそうしたかった。それは全くの役立たずだったが、暖かげな赤褐色の光を放った——もし寒暖の違いが分からなくて、自分をごまかす目的に自分の目を使えたらの話だが。今でなく——過去の中で感じなさい。だから、もし現在が気に入らなければ、美しい繭を作って、ゴードン・ラッセルが放つ高価で外見ばかりの輝かしい光の中で、手と、心が幾らかでも残っていたらそれを暖めることはできる。ああ、その暖房器具は、家賃と賃貸契約の早期解約の代償の一部として納めてもらって構わない。

私は陸軍に入った。少佐として。

では、また元に戻ったのですね。

少し違う。戯言が増え、私が勇敢さだと思ったことは、泡にすぎなかった。私は、マーガレット、ハーバート、アーノルドによって吹き込まれ、炎となった誠実さの火花がどうなってしまったのかわからない。この第二次世界大戦の期間は考えるに忍びない。泡のような空言、戯言、信心ぶった文句は水面下に潜ったが嵐に揉まれることなく、そのため損なわれずに主導権を握る時を待ち続けた。私はきっと、何らかの品位の残りはまだ多少あるだろうと思っていた。それともそれはすべて「過去の中で感じなさい——私のためになったのと同じように、それは君のためになる」だったのか？

誠実さの火花はどうなったのですか？

戦争の直前に私は、「過去の中で感じなさい」の侵食的腐食的栄光の豪奢な消費に我慢できないことに気がついた。精神分析者にはユダヤ人や外国人や精神病質者が多い——実際甚だ非イギリス的だ——と警告を受けていたにもかかわらず、私はジョン・リックマン[69]に会いに行った。当時、彼ははっきりとものを言う、恐ろしいほどせっかちな喋り方をする人だった。私は彼を気に入った。私は大きな不安を抱えながらも、分析を開始することに同意した。驚いたことに、私にとって彼の解釈は、常識を思い起こさせるように思えた。それらは私に現実生活を思い出させた。私は、常識は十分に重みがあると思えなかったので驚いた。リックマンの解釈と彼の振舞いは、私には塵の山にしか見えなかったものの燃えさしを焚きつけた。『胡麻と百合』や『リシダス』、コールマン先生[70]の陽の当たる書斎、ギルバート・アンド・サリヴァン、「雨の日も晴れの日も爽やかな空気の日々よ[71]」、オックスフォード大学、ユニバーシティ・カレッジ・ロンドン、ジャック・ドラモンド、……灰……灰……ドラモンドと彼の妻子は、南仏にトレーラーで休暇に行っている間に殺された。その裁判は嘘の寄せ集めで、あまりに馬鹿げており、次々と話される「では、何が本当に起こったのかお話ししましょう」はミュージカル・コメディの繰り返し句のようだった——三人の遺体さえなければ。しかしながら、リックマンは殺人には慣れているようで、そしてそれはフランスでもイギリスでも、彼が住んでいたことのあるソビエトでも起こり得るようだった。

私はリックマンが、私を気に入ってくれていると思った。（なるほど！　そうだと思った——逆転移だ！）だが、気圧の高いところも低いところもある情動的乱流のようなものがあり、それがリックマンと私に関する限り、分

69…ジョン・リックマン（一八九一～一九五一）。イギリス人の精神分析者。イギリスの精神分析の先駆者の一人で、ウィーンでフロイトと共に仕事をしている。ビオンは一九三八年からリックマンの訓練分析を受けた。

70…ビオンの通っていたパブリックスクールの古典の先生。『ウィルフレッド・R・ビオン　長い週末——1897-1919』英国編第十六章参照。

71…一八七二年に書かれた『四十年後 Forty Years On』という歌の一節。学生時代を四十年経って振り返った歌で、数校の校歌にもなっている。

析の火を消してしまった。それは止んだが、私の精神分析以前の同僚たちが私に対して抱いていたかもしれない尊敬の火花も消してしまう前ではなく、私が自立するほど深く理解する前だった。

私は西部司令部への出頭命令を受けた。そのため、私は旅行券を使って西部司令部に行った。私は医療本部にたどり着いたが、そこで丁重に、本当はオールダーショット[72]に行くべきだったのだと告げられた。「だが……まぁ、陸軍ではよくあることだとご存知だろう」大佐はそう言って、私に退室を命じた。時間と金の無駄に怒りがこみ上げたが、私は給与をもらっているのでこれは私の時間と金ではないことを思い出して慰められ、幸運なことにちょうど来たロンドン行きの快速電車に乗り、ベティ・ジャーディンに電話をしてクアグリーノ[73]でとても楽しい夕食をとり、翌日オールダーショットに「前進した」——軍隊では私は、どこにも「行く」ことはなかったのだ。今思い出してみると、私はその後何年も、楽しいという感覚を経験することは全くなかった。挫折感、徒労感、憤懣、そして恥辱感は、私とベティばかりでなく、私が属している社会にとって普通のことだった。

オールダーショットでは、全く見当違いのように、そして全く見当違いだったのだが、やる気のない分隊教練が行なわれていた。私たちは、軍団の名称は、Rが英国Royal、Aが陸軍Army、Mが医療Medical、Cが部隊Corpsだと講義で学んだ。講義をした正規軍将校は、一九一四年から一九一八年の戦争でRAMCを「すべての戦友から強奪するRob All My Comrades」[74]と軍隊全体に知らしめたような不規律は、一切欲さないと言った。私は、ああよかった、彼らは第一次世界大戦から何かを学んだのだ、と思った。衛生業務にも勇敢な人はいた。私には知っている正当な理由があったが、戦闘員の連隊に臆病者がいたように。同じく私は、自分がそうではないと知っていることで有名になりたくないと思うのと同様に、臆病者として悪名高くはなりたくないことを自覚していた。そして今、私は精神医学業務の一部を担うことになっていた——精神を扱うのだ。これは魂とは少し違い——それは従軍牧師の仕事だった——ただの精神だ、もし私の言っていることが分かれば（私には分からないのだが）。私たちは、戦闘中に仲間を指揮するのに適していると自薦他薦の候補者たちが、その仕事に適した特性（魂、気質、超魂、イド、自我、または超自我？）を持っているかどうか、当局に伝えなければいけなかった。内科医たちは、提示された物質的資格が示す仕事に従事した。選抜者側の体と心は適切であることが当然とされていた。私が何らかの個人情報を持っている唯一の人は私自身のみで、私が差し支えなく言えるのは、自分がどんな戦いにも行きたくないと分かっていることだった。

最初私は、将校選抜に関わってはいなかった。クレイグマイル・ボトム病院に出勤することになっている以外、誰も私に命令を下すものはなかった。そこの病院の誰も、私をどう扱っていいのかわからなかったので、私は「砲弾《シェル》ショックを受けた」患者を任された。

その最初の患者はポーランド人で、英語を全く話すことができず、軍隊ではうまくやっていないという話だった。彼とともに、通訳としてもう一人ポーランド人が来ていたが、彼も英語を話せなかった。その通訳は圧倒的に明るい気質を持った男で、明らかに協力的だった。しかしながら彼は、おでこを叩いたり、似たような身振りで、彼の同胞の気が狂っていることを明らかにした。私は、なんとか頭に残っていた学校で習ったフランス語とドイツ語をたどたどしく使って、患者が何を言っているのか知りたいと説明した。これで私の通訳は途方にくれた。彼は、このかわいそうな患者は「狂っており」「気がふれていて」「いかれている」ので、彼が話していることは戯言で、言っていることを繰り返す意味がないと、一生懸命説明しようとした。それでも彼は私に合わせたので、その患者がワルシャワにいたことがあるとまではわかった。そして、ナチスが……ナチスが……。この時点で彼は、自分のユーモアの感覚に圧倒され、爆笑して笑い転げたので、私はワルシャワでの自分の患者とドイ

72…ロンドンから南西に六十キロほど行ったところにある町で、英国陸軍司令部がある。
73…一九三三年にテレンス・コンランが開店したレストラン。一九三〇年代から一九五〇年代にかけて流行の最先端をいくレストランだったが、一九七七年に閉店した。
74…英国陸軍医療部隊（RAMC）の戯称。戦場で傷ついた兵の所持品が、病院に行くまでに頻繁に紛失したために、そう呼ばれるようになった。

ツ軍についての冗談は全くわからなかった——腹が痛くなるぐらいおかしいという以外は。通訳が笑い涙を拭き、私がこの気が狂った男の言うことを真剣に聞くという更なる滑稽さに順応しようとしている間、その患者自身は座ったままま、あからさまに嫌悪感を見せながら通訳を睨んで、いつまでこの三人組に参加していなければいけないのか探るように、私を見た。しばらくの間、通訳は笑いを抑制したが、なんとか患者の話を聞いたとたんに彼の笑いの感覚が暴走した。彼はそれまで気の狂った人の話を聞いた経験がなかったので、こんなにおかしいとは気がつかなかったと言い訳した。私は彼が、そんなに面白おかしく人生を過ごせそうなら、と精神科医になる訓練を始めはしないかと心配し始めた。私は病棟回診をしなければいけなかったので、機に乗じてこの「相談面接《コンサルテーション》」を終えた。

病院の上の人たちも、私同様、私が何をすべきなのかわかっていなかった。だが、私をそこで任務遂行中の少佐階級の他の軍医とは別扱いにする理由がないと思っている西部司令部は、この状況を心穏やかには見ていなかった。しかしながら、私は実際には、最高権威に接近して、彼らに私の影響力を振るえるよう、西部司令部本部にもっと近い病院に異動になると聞いた。私は、西部司令部は誰からも影響力を振るって欲しいとは思っていなかったと思う。私は、もしドイツ軍が万が一西部司令部に降り立ったら、司令部を構成する兵たちのあまりの惰性によって打ち負かされただろう、という変な空想をしていた——そして私自身、その蔓延した無気力さの例外ではなかった。

結局、私はさまざまなすべての部隊を訪問できる許可書を手に入れ、それにはある英国海軍施設を含んでいた。その正規軍海軍指揮担当士官は上等兵曹で、兵卒から将校に昇進していた。伝統的に、海軍将校は水兵でなく、社会的に高い地位にいる紳士だということを覚えておかなければいけない。英国海軍志願予備員であった将校は、下士官上がりの将校で、紳士でも水兵でもなかった——商船隊のようなもので、元水兵だが、紳士ではない。この指揮官のことを私はとても気に入ったのだが、彼は自分の立場を痛烈に感じているようだった。彼がどのような困難に面しているのか、まもなく一層明らかになった。彼の妻は、私は彼女も気に入ったのだが、生まれは良いので、それに関しては問題ないが……彼女は兵卒から将校に昇進した男と結婚した。そのため、彼女は社会的地位を失い、私の親愛なるインド人乳母《アーヤー》と同様、不可触民になってしまった。WRNS〔海軍婦人部隊〕[75]はATS〔国防婦人部隊〕[76]と違い、同じ規律規定の下になかった。そのためレン〔海軍婦人部隊兵〕には、この駐屯地でそうした人がいたように、観兵式で、駐屯地指揮担当士官に対して、親指を鼻先に当てて馬鹿にする身振りをしても、問われる軍事犯罪はなかった。これまでの海軍規律のすべての伝統を背にし、これからの特権としての純粋な紳士的伝統を前にして、このかわいそうな指揮担当士官は途方にくれていた。どんな〈国王の軍規〉[77]も、デブレット[78]も彼の指針にはならなかった。彼は、トラファルガー海戦のネルソン提督だった。[79]ネルソン提督はレディ・ハミルトン[80]のために何もできなかったし、ネルソンが失敗したことをこの指揮官に期待するのはとても公平だとは言えないだろう。それに、レディ・ハミルトンとは違い、そのレンは反対

75…一九一七年に設立された海軍婦人部隊。一九三三年に英国海軍に統合され、消滅した。WRNS兵はこのイニシャルからレン（wrens: ミソサザイ）と呼ばれる。

76…一九三八年に設立された国防婦人部隊。一九四九年には陸軍婦人部隊に改組された。

77…King's Regulations。一七三一年に最初に制定された軍隊に関する規則。女王が国家元首のときにはQueen's Regulationsと呼ばれる。

78…一八〇二年より貴族名鑑を出版し続けているイギリスの会社。

79…栄光と死を同時に受け入れなければいけなかったという意味。トラファルガー海戦とは、一八〇五年に行われたナポレオン戦争における最大の海戦。ネルソン提督（一七五八〜一八〇五）が指揮をとり、スペインのトラファルガー岬の沖で行われた戦いで勝利を収め、ナポレオン一世の英国本土上陸の野望を粉砕した。ネルソン提督はこの戦いの最中に戦死した。

80…レディ・エマ・ハミルトン（一七六五〜一八一五）は貧しい生まれだが美貌と踊りで貴族を魅了し、三十五歳年上のナポリ公使ウィリアム・ダグラス・ハミルトンと結婚。一七九三年に特使として援軍を求めにナポリにやってきたネルソン提督と出会い、恋に落ちて愛人となった。一八〇三年に彼女の夫が亡くなったが、浪費が止められず借金地獄に陥った。トラファルガーの海戦でネルソンが亡くなったときには、彼女に買った古い家を除いたすべての遺産は兄に遺贈され、国民英雄となったネルソンは国に彼女の面倒を見るように遺言を残したが、それも無視された。それから十年後に彼女は四十九歳で貧困のまま亡くなった。

の立場にいた。その指揮担当士官は、海軍婦人部隊将校の誰かが、この非社交的で有能な水兵である変わったレンに対応しなければいけなくなるだろうと思っていた。哀れな男。彼は、自分の話に耳をかたむけてくれる人を見つけ慣れていなかったので、私と話ができて喜んでいた。幸運なことに、その問題は私の精神仕事——精神分析？　精神療法？——に関わることではなかった。

　ロバート・ブリッジズは桂冠詩人〔王室付き詩人〕だったが、あえて詩人になって自分が詩人ではない、詩人とは生来のものだ——なるものではない——と悟る危険を冒すことを強いられた。彼が生来の詩人という生物が存在すると知っていたのには、正当な理由がある。彼は、生来の詩人だが桂冠詩人にはなれなかったジェラード・マンリー・ホプキンスと付き合いがあったからだ。桂冠詩人はなるもので、生まれつきのものではない。私は精神分析者になったが、私がそう生まれついていなかったことは、間も無くはっきりした。私は任務の視察旅行で、そのとるに足らないミソサザイ《レン》に存在しないも同然の尻尾を捻られ、苛立っているその〈英国《英国人》のライオン〉に会ったとき、私が何であるべきか、何をするべきか、想像できなかった。私は任務の視察旅行を続けた——それについては、私があの陽気なポーランド人と気の狂ったワルシャワからの生存者から逃れるための病棟回診について知っていたのと同じほどしか、私はわかっていなかった。

　ベティと私はある部隊を訪れた。そこでは将校たちと兵たちがショーのために練習をしていた。出し物の一つは人気の歌『ビヤ樽ポルカ』だったが、彼らはどうもうまくできていなかった。ベティは彼らに、リズムは一定のままにして、歌詞に与えられた時間内に詰め込もうとしていた振り付けの量は半分に削るように言った。彼らがその助言に従うと、その出し物全体が一気に活気づいた。その部隊もその指揮担当士官も喜び、感謝した。そのおかげで、司令部付き精神なんとかの私もまた来てくださいということになった。

　別の訪問時に、その部隊の指揮官とその妻が親切にも昼食に誘ってくれた。それはとても素晴らしかった——そして楽しかった。その妻は、ベティの暗褐色の髪を背景に映える、白髪の巻き髪をとても羨ましがった。どうもこれはとても流行っていたようで、ベティは流行の先端を行っていたのだが、幸運なことにこれは自然のもので、美容的まやかしではなかった。

その妻は、昔は歌を歌えていたのだと言った。彼女は少し歌ってみたが、彼女の声は、今はもう昔通りではないことがわかった。「だけどね、昔は歌えていたの」恐れ気もなく彼女は付け加えた。事実彼女は、『ザ・メイド・オブ・ザ・マウンテン』で主役を演じたことのあるロッティ・コリンズだった[81]。私は彼女に〈昔のこと〉を後悔しているか聞いてみた。「全然！ 一度お辞儀すればお金持ちになれたし、貴族と結婚できたし、愛のための結婚もできた。私はそれすべてやったのよ——なぜ後悔すべきと思って？」彼女は、それは羨ましそうに、笑いながらベティの髪を見た。彼女はベティが『ザ・コーン・イズ・グリーン』に出演していたのを知っていたが、彼女の羨望には笑いがあり、友好的でもあった。

81…シャーロット・ジョゼフィーヌ・コリンズ（一八八七〜一九五八）はイギリスの女優・歌手。芸名はジョゼ・コリンズ。母親で歌手・ダンサーのシャーロット・ルイーザ・コリンズの芸名がロッティ・コリンズのため、区別するためにそう呼ばれたのだと思われるが、個人的な場面では娘もロッティと呼ばれていたのだと推測される。

九

この司令部付き精神科医[82]の仕事はどうなったのですか？

私は司令部への手前仕事を続けないといけなかったため、私たちはあまり悠長に構えず、すべてが整然として見すぼらしい病院へと移動した。私は、ある人に何をしているのかと聞いた。彼は「作業療法」をしていた。これには、私がやるべきことに似ているような響きがあった。私は、自分のやるべき「作業」が何だかさっぱりわからなかったが、「療法」には少なくとも聞き覚えがあった。

「そうですか。でもあなたは今何をやっているのですか？」

彼はおどおどしながら、人形の洋服を縫っているのだと答えた。私は彼の鋼鉄製ヘルメットとライフルと銃剣と、他の装具一式を注視した。すべてが細心の注意を払って正しい順番で並べてあった。その病院には何も変なところはなかった。いずれにしても「軍」の部分には、何もおかしいところはなかった。

「これらは」――私はヘルメットとライフルを指差して言った――「人形の洋服を縫うのに使うのですか？」

彼は当惑したように見え、私ははっとした。つまるところ、彼は自分の装備に対してほとんど責任を持つことはできないのだ。そして私がこの点を主張すれば、嫌味のように見えるだろう。どちらにしても、軍記章をつけて私は何をやっているのだ？　西部司令部で安逸をむさぼっているのか？

次の部隊では、そこの指揮担当士官がいっしょに散歩に行こうと提案した。彼は、鳩を何羽か撃てば食事の配給量を増やせるかもしれないからと、銃を持っていった。

「だが奴らはずる賢いんですな。私がステッキを向けても全く構わないのに、私が銃を向けると――いやただ持っているだけでも――絶対に待ってやしない。だが私が隣の野原に移ったとたん、戻ってきやがる」

鳩でも銃とステッキの違いは分かる。彼らは将校階級の社会的象徴には敬意を示さない――死んで落っこちてくるほどは。私は、明らかに傷ついた羽を雛たちから遠ざけるように引きずっていた、雛を連れたヤマウズラを知っているが。ところで、私は、自分の階級や「司令部《コマンド》付き精神科医」という名誉ある肩書を正当化するにはどうしたらいいのだろう? 彼らの場合は、何もせずただ死に行くのみ。[83] 見渡《コマンド》して飛ぶのみ。

J・R・リース[84]が私に会いに来た。彼は准将の記章をつけていたので、私は自分の問題について彼に聞けると思った。彼は私の旧友なので、私は堅苦しく振る舞うことはしなかった。彼も同じだった。彼は、彼らがいかに非常にうまく陸軍司令官の注意を引き、支持を得ているか説き明かした。私は陸軍司令官に会ったか?「おいおい! 参謁できたとしても、私は陸軍司令官に一体全体なんて言えばいいのさ?」考えただけでも! だが他の者は、簡単で効果的なマトリックス検査を「売り込み」、陸軍司令官は熱意を持って受け入れてくれたのだ。

82…Command Psychiatrist。司令部付きの、他の軍医官へ専門的アドバイスをする精神科医。ビオンはクレイグマイル・ボトム病院で戦争神経症の患者を担当した後、すぐに西部司令部付きの精神科医に任命され、チェスターにあるデイヴィヒューム軍病院で任務についた。

83…アルフレッド・テニソンの詩『軽騎兵旅団の突撃 The Charge of the Light Brigade』への言及。「返事は不要　理由も不要　ただ粛々と死に行くのみ　死の谷と　粛々と　進み行くは六百騎」(中島久代訳)

84…ジョン・ロウリング・リース(一八九〇～一九六九)はイギリスの精神科医。スコットランド人精神科医ヒュー・クリクトン＝ミラー(一八七七～一九五九)がタヴィストック・クリニックを設立したときの最初のメンバーの一人。一九三三年より一九四七年までタヴィストック・クリニックの院長を務めた。世界精神保健連盟の設立者。

私の旧友が、私がより本領発揮できるであろうと、私をあまり重要でない部署へと異動させたとき[85]、驚いた者はいなかっただろうし、私は特にそうだった。そのため、一、二週間のうちに私とベティは西部司令部を離れ、ヨークにある地域部隊へと車で向かっていた。私は憤慨し、傷ついていた。かわいそうなリースにそれ以外何ができたか、私にはわからないし、どうでもよかった。私は首になったのだ。ベティは、気難しい負け犬と結婚したのはとんでもない間違えではなかったと、信じようとしていたに違いない。同じように私も、これが本当だという可能性でさえも認めたいという気持ちにはなれなかった。

惨めな旅。「取り上げないで!」彼女は、私が苛々して地図を見ようとすると言った。私は無礼だった。そして不安だった。やがて道中で一泊した。それはボスワースだったか？　それとも誰かがイングランド内戦で勝利した他の舞台だったか？　優等学位を取ったはずの歴史なのに、私はどうしてそんなに無知でいられたのだろう。もちろんその学位は、私がチェスターからヨークへと運転しつつ参加した歴史の一部分については、解き明かしてくれなかった。

私の上官となった二人の大佐は、彼らの人生の駐屯地が彼らに要求するように、礼儀正しかった。だが戦時には、長期間の協力の見通しを楽しく期待する理由は特にない。彼らはウィップマ・ウォップマ・ゲートにある宿舎を勧めた。いいや、彼らはどうしてその場所がそう呼ばれるのかは知らなかった。私はこれがある種馬鹿らしい発言だったと気がついた。精神分析者にありがちな無意味な好奇心発揮——というよりは、厳密に言えば私の、ゾウの子供の[86]、質問ばかりするくせに学ばない者の好奇心だ。ベティは私同様興味を持ったが、彼女も馬鹿らしい質問はしないと学んでいた。戦争が起こっているのだ。誰もそんなことに時間を無駄にできなかった——

ヨーク大聖堂はどうでしたか？　彼らは、死番虫からの損害を阻止したのでしょうか？

戦時にはヨーク・ミンスター〔ヨーク大聖堂〕の手入れはできない。

ビヴァリー・ミンスターは？

そういった古い観光名所に行く時間はなかった。そして私たち皆にとって幸運なことに、それら二つの古代イギリス人と私は一緒に仕事をしなくてよかった。私は第十一装甲師団とそのホバート大将を訪問しなければいけなかった。それはヨークからかなり離れた場所だった。

師団本部に出頭後、私は、自分の表の最初にある部隊の大佐に会いに行った。私は部屋に入り、敬礼した。なんとなく見たことがあるような……彼は私の知り合いに似て……そうだ！　彼の名前はウィリスだった。私はＤＳＯを受章したばかりで、メルリモン・パラージュの近くで、ある人と話していた。彼は視力不良で海軍から傷病兵として免役されたばかりで、動転していた。その視力は戦車部隊の将校任命には十分だと認められた。だが陸の船は、彼にとっては意味がなかった。英国海軍がすべてなのだ。

彼は私を覚えていなかったが、彼は私が知っていた同じウィリスだった。前回は私がチャタムの英国海軍兵舎を少なくとも一週間利用していたおかげで、彼はくつろぐことができた。今回は、私は彼が私のことを高く評価してくれていると知っており、私は自分を認められたく感じていたので、喜んだのは私の方だった。

私は、考え方として、能力が低いために良い戦車部隊の兵になれそうにない者を除去するということだと説明した。自分の配下の兵に関して真剣に熟考した将校の意見に反して、マトリックス検査の結果を押し付けることはないと、私は強調して付け加えた。彼は安心したようだった。彼は私に、彼の副官と詳細を詰めるように提案した。そして私は気楽な話題へと持っていくことができると感じた。

「前回会ったのは、私が第五大隊にいたときだったね」私は言った。

85…一九四一年にビオンはヨークにある地域部隊に異動になり、陸軍の心理選抜テストに関わった。

86…ラドヤード・キプリング（一八六五〜一九三六）による、一九〇二年に出版された『なぜなぜ物語 Just So Stories for Little Children』に収められた「ゾウの鼻が長いわけ」の主人公で、好奇心旺盛な故に痛い目にあうゾウの子供。

彼は驚いて見上げた。「ビオン！」彼はロビンソン・クルーソーがフライデーに出会ったときに感じたであろう安堵[87]――それは私の方もだったが――の声を上げた。渇いた土地で、大きな岩の影に入れたように。

従軍医師として非戦闘員の中で過ごしていると、〈理解してもらえないと〉空虚な気持ちになったりしますか？

終戦時に兵役に別れを告げる前に、私はもう一度だけそのような心安まる機会を持てた。軍医という非戦闘員の経験への決別は、私に安らぎをもたらさなかったし、もたらせなかったが、私は知りすぎるということが可能だとは気がつかなかった。知識の投与量は、魂が制御できる持久力や抵抗の度合いによって、調整されるべきだ。

我ある、ゆえに我問う。答え――「はい、知っています」――が、死に至らせる病気なのだ。知恵の樹[88]が死に至らせるのだ。逆に言えば、バベルの塔の建築の成功ではなく、その失敗が命を与え、生き、成長し、活躍するための精力を起こし、養うのだ。セイレーンが歌う歌、そしていつも歌った歌は、宿への到着――道のりではなく――が報酬であり、ほうびであり、楽園であり、治癒であるという。

ウィリス大佐はどうなったのですか？

あぁ！　もちろん。「そうさ。同じだ。メルリモンだったかな？」騎兵連隊（装甲、と呼ばれているが[89]、私が気づいた装甲のある部分は、心の状態だけだった）を率いる正規軍大佐であることについては、聞かない方がいいだろう。

「私は騎兵隊――前は義勇騎兵団だったんだが――に隊外勤務になったんだ。正規軍将校のように奴らを引き締めるためにね」

個人的には、君には厳格さが足りないと思うよ、ウィリス――君は海軍すぎる。「騎兵隊はどうだい？」

「歩兵隊よりいいよ。でも、戦車が打撃を受けたことを奴らは、『奴の戦車は奴の下で撃たれた』[90]なんて馬鹿げたことを言うんだ」

たのだ。

というよりも、視力不良という理由で熱心な若者を追い出しただけだと思ったときに、彼の海軍が打撃を受けたのだ。

「もちろん奴らはホバートのことはあまり好きじゃない」。(それには私も気がついていた。)「彼は根っからの技術者で、自分の大隊を閲兵するときに、正規軍騎兵将校がするようにきちんと行なうのではなく、つなぎを着てスパナを持って戦車の下に潜り込むのさ」

「ああ、兵たちが嫌がるのは分かる気がするね」

「ところで、君はなぜ医学を選んだんだい?」

「話すと長くなる――自分でもよくわからないんだ。私はこの戦争があまり好きじゃない」

「ホバートも同じだと思うな――前線にいたいのさ。私だってそうだったが、いるべき前線はほとんどなかった」

「マジノ線にとっては、ボッシュ[91]はちょっと動きすぎだったね」

「マジノ線が動かなすぎていたんだよ」

87…一七一九年に発表されたイギリスの小説家ダニエル・デフォー(一六六〇~一七三一)による小説『ロビンソン・クルーソー』の中で、ロビンソン・クルーソーは無人島に漂着し、二十四年間孤独に生活するが、その後近隣の島の住人が連れてきた捕虜の一人を助け、フライデーと名付けた。

88…旧約聖書『創世記』に出てくるエデンの園にある木。知恵の樹の実を食べると善悪の知識を得るとされている。この実を食べることは禁じられていたが、アダムとイヴは蛇にそそのかされて食べてしまい、エデンの園を追放される。

89…騎兵隊はもともと馬に騎乗して戦っていたが、一九二八年より機械化がはじまり、第二次世界大戦までには名前はそのまま、ほとんどが装甲部隊となった。

90…騎兵隊がまだ戦車でなく馬を使用していた頃、兵の乗っていた馬が撃たれたときに使っていた表現の名残。

91…ドイツ軍の蔑称。

「我々の昔の戦車のようにね」

「その通り。当時の時速四マイルの最高速度は今じゃ最低速度さ」

「ホイペットや[92]、我々が第五大隊で持っていたような重戦車は持っているのかい？」

「どちらも持ってない。一輌か二輌の戦車だけだ――ホバートが点検するのに十分なだけな」

いつでもどこでもイングランドはある――丸腰で[93]、裏切られ、「いじめられ、いかれ、いじいじしている」がその標語だった。私は〈支配階級〉の一人ではないのか？　何のために？　何かのスポーツの試合でフル・ブルーを得るためか[94]？　暴飲？　美食？　勲章？　何、私が!?　軍隊の兵器――戦車や、飛行機や、船――を要求して闘っているべきだっただろうか？　いや、いや、ただ過去の中で感じろ。〈体制派〉を支持せよ。そして今まで通り、そのままであるように。誰がイングランドを、ヨーロッパを、アフリカを、世界を「統治する」かなんて重要だろうか？　もしくは「誰が監視者を監視するのか quis custodiat custodes」[95]？

「昼食の時間に大将に会うことになっているから、そろそろ行かないと。大将ってどんな人？」

「とてもいい人なんだが、それが誰だろうと権力者たちをいらいらさせて、外国での仕事を得られないから辟易している。彼は、ドイツ軍がここに上陸するとは信じていないし、騎兵隊も信じていないので、どちらにしても時代遅れな戦車をいじくりまわす意味がわからないでいるよ」

「じゃあ彼らは馬のほうが現代的だって思っているのかい？　それとももっと絵になると？」

「私が君だったらそれは聞かないね。大将は結構気が短いし、戦争は彼と話すには不愉快な話題だ。まあ、幸運を祈るよ――楽しい昼食を。そうなるとは思わないがね――〈食堂〉はひどいから。それに、彼の他の参謀と違い、ホバートは何を食べようと構わないんだ」

私は本部に向かって考えながら歩き、着いたときには、それまで学んだことをまだ消化できずにいた。

「あぁ！　じゃあ君が新しい精神科医か。私は精神障害者はいらん――私の部隊には理知的な者が必要なのだ！」

「はい。それがこの検査の目的です」

「マトリックス？　私は、その検査が何を示すか知っているし、私が会ったことのある心理学者たちの多くは結構理知的のようだ。彼らは、私を筆頭に、常に賢明という訳ではなさそうだがね。ほら――何か理知的なことを言ってくれ」

「私は即座に検査を始めることができます」

「よろしい。部隊と話をつけてくれ」

「もちろん、戦車乗員はただ理知的なだけではいけません」

「私はマヌケは欲しくない。乗員は理知的でなければいけないのだ」

「もちろんです。でも……」。話はうまくいっていなかった。この会話の結果として「つべこべ言うな」と言われる危険が迫っているようだった。私は、〈心〉や賢い農業労働者に関する会話に関わる危険を冒すことをやめた。


その食事は私の空腹を満たすことなく、私の不安を膨張し、私は出発した。ウィリスから受け取ったような好意や協力の望みはなく、それは私の心の中にもなかった。実際、彼の連隊では、兵卒たちはほとんど良い教育を

92…第一次世界大戦中に英国陸軍によって使われたマークAホイペット中戦車のこと。後には軽戦車一般を指すようになった。
93…同名の歌『いつでもどこでもイングランドはある There' ll Always Be an England』からの引用。一九三九年にリリースされ、第二次世界大戦中に愛国歌として人気になった。
94…オックスフォード大学のスポーツチームでその貢献度によって与えられる賞の中でも、最も名誉のあるもの。その資格を得るには全国レベルであり、ケンブリッジ大学対抗戦に出ている必要がある。
95…この格言は古代ローマ時代の風刺詩人ユウェナリス（六十～一二八）の詩に由来されると言われる。もともとは「Quis custodiet ipsos custodes?（誰がその監視者を監視するのか？）」だが、一九世紀ぐらいから定冠詞を省いて使われるようになった。

受けた者たちで、私はウィリスには、いいものはそのままにしておかない理由はないと報告した。ホバートにはそういかなかった。

「何？　異動は全く必要ないと思うって？」彼はいらだった。私があまりに好意的に報告したという、単にその事実が、彼の疑惑を招いたのだ。彼が自分の師団について、全く良い印象を持っていないことは明らかだった。私は異動を推薦しないだろうが、私を異動させたい人を探すのはあまり難しくなさそうだった。その歩兵大隊は飛び抜けて良い結果で、今回だけは、その検査は私が聞き取りから受けた印象と矛盾しないと思った。ホバートは理知的な歩兵を持つのは構わなかったが、騎兵の知性には断固として不満気だった。

そして今、その陸軍精神科医（民間人）の主宰下での、司令部付き精神科医たちの会議についてだ。私にとって、私たちの知性の結集の閲兵式での目玉は、一つの報告書だった。「騎兵隊が馬を持っていた時代には、馬の精神年齢が五歳で、騎手の精神年齢が二歳の場合、その二者の合計は精神年齢七歳として評価される。ところが、騎手の精神年齢が二歳で、騎手が乗るのが無生物の機械であった場合、その合計精神年齢は二歳のままである。そして、それでは十分ではない」

これは、私にとって、面白くて啓発的な意見に思えた。司令部会議へは強制参加だったが、これのおかげでほぼその労苦の埋め合わせができた。私が聞いた話し合いが、戦闘のための小隊の選抜や、将校訓練を受ける兵卒の選抜に何らかの関係があるとは信じられなかった。遅すぎたのだ。戦闘員やその指揮官は育成されなければならない。もしその目的が食物の育成であれば、望まれた作物の成長をおおいに促す条件を選択するのではないか？「土地あれ」「ピーナッツあれ」と言うのは、科学的ではない。土地があるのであれば、いろいろと試してみるのが賢明だと思うだろう——その土地で何が育つのかを突き止めるために。その土地がドイツ国防軍を育てるのに理想的なまでに適しているようであれば、その土地の所有者が誰であれ、軍人でなく哲学者や詩人を育てるのに適している土地に比べて有利だろう。もしその土地が海に囲まれていて、陸と水の比率が正しければ、同様の強みが故に、水兵や英国海軍育成の目的が自ずと生じるだろう。

水兵や航空兵や詩人の集団の育成と養育に必要な最低条件を知ることは可能だろうか？ それとも彼らは、定石通りの詩の形が、時として、成長しつつある思想の芽生えを保護せずに窒息させることがあるように、殻だけ残して朽ちて死ぬだろうか。前イスラムの詩は、野営地やそこに前にいた人の叙述がほとんど義務となっているが、それがバッハのブランデンブルク協奏曲やキーツの『ナイチンゲールに寄す』や印象派絵画の成長に必要な最低条件を提供しているようには思えない。

すみませんが――「戦争が起こっている」のだと知らないのですか？

まさに詩人にぴったり！ アルジュナ、[96] 口論するな！ クリシュナは一番よく知ってるのだから！

96…インドの古代大叙事詩『マハーバーラタ』に登場する英雄。兄弟、親族を二分した戦いにおいて、友人となったクリシュナの助けにより勝利する。ヒンドゥー教の神クリシュナはアルジュナに、「躊躇を捨て、クシュトリア（武人）としての義務を遂行し、殺せ」と説いた。

クリフォード・スコット[97]とリックマンは二人とも、私が軍事訓練病棟を担当するべく、ノースフィールド軍病院に転任してはどうかと提案した。ピアース中佐は、それがもたらす結果に甘んじることに同意してくれた。彼は、リックマン、スコット、そして私と同様、衛生兵としては素人だった。彼は衛生兵の仕事について全く何も知らなかったが、彼の階級章は、彼がそれを知っているような印象を与えた。私はまだ、半分自分の責任で負わされたＤＳＯによって苦しめられていた。その上級精神科医は、砲弾《シェル》ショック（と呼ばれていた）病院に将校を任命しなければならないことに苦しめられていた。私たちは誰もシェルショックとは何か知らなかったし、私やオトゥール軍曹[98]のような軍人による想像の産物の外に存在するかどうかさえ、知らなかった。オトゥール軍曹は、アレンのような取るに足らない寄宿学校のスラム住人の「無言の無礼」[99]に耐えなければいけなかった。アレンは、その地のために命を懸けたがっているスラム住人によって愛されるのに相応しい土地出身で、まさに英雄になるに相応しいと思われていた。何千もの人間が『希望と栄光の国』[100]ではなく「あぁ、死にたくない、家に帰りたい」[101]と歌った。

ということで、ノースフィールド軍病院軍事訓練病棟。どうぞご自由に、ＤＳＯとレジオン・ドヌール受章者のビオン少佐。ちょうどあなたがやりたかったことですよ、洗剤《ヴィム》無駄遣いの風呂掃除屋の取るに足らないオックスフォード大学野郎。私も、横になったら美味しいご褒美をもらえると学んだ、ウィンザー城の小犬[102]のようにいい性格だったら、尻尾を振ってまったく問題は起きなかっただろう。

私はプログラム室に行った。ベティは、『ザ・コーン・イズ・グリーン』の巡業でロンドンに戻った。ロンドンは爆撃が続く中、演劇のような娯楽に相応しい場所には見えなかった。その図表には、「リハビリテーション」中の軍人たちが参加できる活動が、全て記載されていた。リハビリテーションが終わるということはつまり、自分の部隊への帰隊に向かっている者たちが、回復したということだ――何から？　自分の国のために戦うことへの愛情から？　あの特権あるオックスフォード大学野郎への愛情から？　それとも軍事訓練病棟への愛情から？　私はそれを明らかにするべきかもしれない。だが、これは三十五年たった後で、私が手にしたのは更なる質問だけだ。「確かにあなたがたは人だ。あなたがたが死ぬと知識も死ぬであろう」[103]。ヨブは嫌味な奴だった。どうりで彼は人気がなかったわけだ。

私はその図表に感心した――施設の数や、実際の時間表管理の芸当に。私は、それらの治療的活動には実際どれだけ効果があるのだろうかと思った。戦争が生じた後にそのような施設を整えるのは、遅いように思えるし、その戦争で戦っているはずの男たちは、一応「不具合が生じた」ことになっていた。それでも私は、「工学ワークショップ」「大工ワークショップ」「芸術ワークショップ」などという施設の名前は意味があるのだろうと推測した。私は、三、四人の兵卒が、窓際で布巾を物憂げに振っているのを見つけた。彼らは、「さよなら」と言って

97…クリフォード・スコット（一九〇三～一九九七）はカナダ人精神分析医。ビオンと同様メラニー・クラインの訓練分析を受けた。

98…オトゥール軍曹もアレンも第一次世界大戦中のビオンの部下。『ウィルフレッド・R・ビオン　長い週末――1897-1919』戦争編参照。

99…軍規違反の一種で、上官の命令を無視したり、軽んじたりする態度をとること。

100…イギリスの愛国歌『希望と栄光の国 Land of Hope and Glory』。

101…第一次世界大戦中に塹壕で英兵たちによって歌われた歌『家に帰りたい I want to go home』より。

102…エリザベス女王の愛犬、コーギーのことだと思われる。

103…旧約聖書『ヨブ記』十二章二節より。

いるのではなかった。

『つかるるものみな』[104]と『輝く夏の日』[105]が私の大好きな賛美歌だった頃、私は落ち込んでいた。私は、ノースフィールド軍病院をそれ以上見たら落ち込むだろうと思った。私は彼らに、何をしているのか尋ねた。「伝令任務です」。私は彼らに、窓にはさよならと布を振って、病院の残りの者たちが何をしているのか見るために私と一緒に来るように提案した。

私はノースフィールド軍病院での経験について、別のところですでに述べたことがある。[106] 自伝を書いている今、私はかつての参加者として、今はいにしえの時の賛美者 laudator temporis acti[107] として、どう感じていたか、率直になれる。主にそれは、狭量でいることで何か貴重なものを成し遂げる機会が妨げられた、という後悔だ。ピアースには、それ以上期待することはできなかったし、彼には助けが必要だった。それはリースも同じだった。そのため、彼らの失敗は驚くべきことではなかった。最悪の失敗を避けるために、私が手伝えることがあったかもしれない。だが、私が彼らの失敗を強調し、彼らを更なる問題に陥れるとはっきり態度で示したことによって、私は彼らから助けを奪い、彼らが更なる失敗を犯すのに貢献してしまった。私の〈自己〉について、私はほとんど知らなかった。そしてピアースとリースについては、私は何も知らなかった。それは私の兵員と私自身と、四〇高地の泥の下にあっという間に沈んだ四〇トンの役立たずの鋼鉄の塊の間にあった関係[108]のようであった。参謀は、八月の四〇高地の天気と地盤状態について知っているべきだった。

どのようにしてですか？

彼らの情報将校《インテリジェンス・オフィサー》に聞いてだ。

情報将校はどのようにして分かるのですか？

その人の情報処理能力《インテリジェンス》ゆえにその仕事に選ばれたことで。クラフ・ウィリアムズ・エリス[109]はとても知能が高《インテリジェント》かった。だから彼は私に、下層土が沖積土に変わるのはどこだと思う、と尋ねた。一体全体どうして私・

が知っていよう。

あなたは聖書から〈洪水〉についてすべてのことを学びましたよ。それに地理ではベッカー・ショウから下層土について学びましたね。

私は、ベッカー・ショウのことは好きではなかった。どちらにしても、洪水や何かについて注意を払うことが、いつか私の命を助けることになるとは知らなかった。それに私はひどく恐れていて、五・九インチの榴弾砲弾や、九・二インチの榴弾砲砲弾ですらも、トーチカをひっくり返したように、私の戦車の上に降ってくるのではないかと思ったほどだった。

ピアースたちはどうなったのですか？

今ここで説明するには話が長くなりすぎる。ピアースはリースに、リックマンや私のような「知能の高い」人がその辺にいるのは危険だ、というのも、我々が軍事教育計画（と軍事精神医学全体）を粉砕してしまうか、でなければ〈お偉方〉の誰かが我々を狙い撃ちにし、彼ら――ピアースかリース――がやられるだろうと話し、

104…賛美歌『つかるるものみな Art thou weary? Art thou languid?』

105…賛美歌『輝く夏の日 Summer suns are glowing』

106…原註：『さまざまな集団での経験、その他の論文 Experiences in Groups and Other Papers』（一九六一）［ビオン全集第四巻］内、「治療における集団内緊張 Intra-Group Tensions in Therapy」（福本修訳『さまざまな集団における経験』岩崎学術出版社近刊）

107…古代ローマ帝国の詩人ホラティウス（紀元前六五～紀元前八）の『詩論』より。

108…第一次世界大戦時にビオンは戦車隊所属の将校だったが、四〇高地で彼の戦車は沼にはまり、沈んでしまった。『ウィルフレッド・R・ビオン 長い週末――1897-1919』戦争編第八章参照。

109…クラフ・ウィリアムズ・エリス（一八八三～一九七八）はイギリスの建築家。第一次世界大戦中にウェールズ近衛連隊の一員としてビオンの所属していた戦車隊と共に戦った。情報将校だった。

リースはそう言われるまでもなくわかっていた。

それで、どうなったのですか？

リースは、私たちが危害を加えられないような場所に私たちを異動させた。なので私は、もしも訓練病棟の兵卒たちが質問をしたり自分なりの意見を持ったりする癖をつけていたらどうなったか、決して知ることはない。彼らは想像が風のように自由に徘徊できる就寝時の静けさの中に、それを聞くことができたかもしれない。事実私は、私の突飛な考えがいくつかこぼれ出ていたと思う。

私はロンドンを通り過ぎる機会に、ベティに会いに行った。このときまでに彼女は、私の存在が目障りになると私は首を切られるという事実を、以前に増して甘受するようになっていた。昼食は美食的には素晴らしかった――スコッツでだ[110]――だが、二人ともふつふつと煮えたっており、そのため爆発しかねなかった。あまり生々しくない言葉で言えば、私たちは軍事の――医療でなく――将校選抜の責任者であるブキャナン＝スミスから、夕食への招待を受ける可能性を考えた。そして、私たちはノースフィールドの財政的混乱と、その原因となったリースとピアースの精神的混乱を暴露することもできた。だが……だが……

信義に欠けるからですか？

違う。「スミス」が名前についているスコットランド人《スコッツ》は誰でも、一六四四年[111]以来、反逆者の血が入っていることはほぼ間違いない。それに、どちらにしても、リースと他の一人か二人の素人軍人が築き上げた組織は、邪悪というよりは価値のある組織だった――少なくとも私たちはそう思った。過去の出来事を、さらに多くの知識の積み重ねに結びつくはずだったと思われる経験の観点から再考察し、基本的な事柄が不十分なままだと発見するのは、興味深いものだ。だが未知の、未発見のままの領域が一つあるという気づきは、経験と考察との食い違いに新しい辛辣さを与えかねない。

私はセルハーストという、郊外にある新しい任命地へと滞りなく「前進した」。この部隊の司令官はある元帥の一番下の弟だった。彼は正規軍軍人で近衛兵だったので、彼自身をその一部としている機械にも、彼が一時的に面倒をみなければならなくなった「一時雇いの紳士」の新参者にも威圧されることはなかった。彼には、人生やその中にいる人たちを改革しなければいけないという切羽詰まった欲望がなく、その人生を成り行きに任せる穏やかな能力は、精神医学の全く紳士的でない熱病の中でその前何年か過ごした私にとっては、歓迎すべき変化だった。

自分の劇団の巡業が終わったベティは、再びロンドンで満員の劇場で芝居をしており、スローン・スクエアにほど近いポント・ストリートで旧友たちといっしょに住んでいた。スローン・スクエアにある映画館には壊れた看板がかかっており、そこには「**ール、リーン、つろげる**」とあった――「ク（く）」が抜けたその看板はノーフォークにあるラーリンという村を思い出させた。ベティはセルハーストに一度か二度訪ねに来ることができ、彼女も私同様、面白く知的な私の大佐のことが気に入った。ベティは妊娠し、私たちは子供を持つ日を楽しみにしていた。それに戦争も、これ以上あまり長く続かないように思われた。

私は、トブルクで投降して捕虜になった将校で、その後第八軍によって解放された者たちの聞き取りを行なっていた。その中の一人は、私が陸軍省選抜局の精神科医だったときに行なった講義を聞いたことがあった[112]。「先生が何と言ったか覚えていませんが、とても面白かったですよ」。もう一人は、自分が降参したという事実をと

110…一八五一年に開店したシーフードレストラン。最もトレンディで華やかなレストランとして君臨した。

111…スコットランドとイングランドは長らく敵対関係にあった。当時両国は同君連合ではあったが、まだ別国だった。イングランドではチャールズ一世の率いる国王軍と、オリバー・クロムウェルの率いる議会軍が衝突していた。議会軍は一六四三年にスコットランド国民盟約派と同盟を結ぶ。これを受けて一六四四年に盟約派はイングランド北部に侵攻、国王軍と対峙した。この戦いは議会軍の勝利で終わった。

112…原註：彼は一九四三年三月三日から八月六日まで千四百名の人の聞き取りをした。彼が当時一人一人に関して書いたメモは、数行から丸一頁と長さ的には異なるが、未出版のままである。彼はすべてを三百頁ほどの本に綴じたが、その多くの頁には、ロンドン爆撃時に、ポント・ストリートの家の屋根に落ちた焼夷弾による火事の消火時に使った水のシミがついている。

ても受けいれ難いと感じていた。私はこれについて彼と話し、考える時間がないときに何をすべきか知ることは、非常に難しいに違いないと伝えた。私はアッサー[113]が降参せずに、心臓を撃ち抜かれたことを忘れたことがなかった。残された私たちは年をとる――アッサーは年をとらなかった。「なんといっても、もしあなたが殺されていれば、軍は一人将校が欠けましたし、あなたは逃げることも、自由になってもっといろいろなことをすることもできなかったでしょう」と私は言った。今でも私は、何をするのが知的なことだったのかを判断するため、残された私たちは長い間話し合うべきだったと思っている。

それでも、何が賢明なことだったのかという問題があります。

私は、四百人ほどの捕虜だった将校の聞き取りをした――おそらく彼らにはリハビリテーションが必要だという理由で。〔初版では改行なし〕

後になって私は、彼らが砲弾ショックにも、士気阻喪にも、窮境にも（トタン屋根の下に横たわって、砲弾が炸裂する度に、藁の先についた泥の塊が、律動的に揺れているのを見ていた私の経験[114]のように）陥っていなかったが、一人一人の性格によって違った反応をしていたということを学んだ。何年も後に私は、ある精神科医――ベトナムやその他の前線に行ったことのない人――が、捕虜になった人は皆「洗脳された」のだと言っているのを聞いた。「子羊の血で洗われた」[115]という方がまだ不快でないし、血は洗剤としてはありえないが、劣らず非啓発的だ。

私は、誰かが「よくなった」と感じたのは、彼らが助けを必要としているとわかってくれる精神科医（「私」だ、情けないことに！）がいたからだろうと思う。軍事訓練病棟にいる特権を持たないかわいそうな住人たちも皆、同じように、「私足す《プラス》リックマン」を、そしてノースフィールド軍病院「引く《マイナス》リックマンと私」を服用させられた。私は、彼らが皆よくなって、〈戦争終結のための戦争の第三部〉（核分裂期）では「英雄にふさわしく」元気になっていることを祈る。物理学者たちの言葉から判断すると、その戦争ではおそらく終結という目的を達成するだろう。「我々は非常におもしろい時代を生きているのだよ、親愛なるビオン」と年配の知り合いがよく私に言ったものだ。私は、これが死ぬのにも同じくらいおもしろい時代であることを祈る。

このすぐ後に当局は、私の大佐と彼の部隊が西部戦線に必要だと決定した。私はなぜだか突き止めることはなかったが、この頃にはもう、私の同期は「セルハーストで（もしくは送られていたとしたらブリュッセルやカンブレーやトンブクトゥで）何をやってるの」といった質問を私にしても無駄だと気がついていたに違いない。

ベティは最後の旅を一人でしなければいけなかった。自分自身に最後の寝る前のおとぎ話をして。それはとても勇敢で、とても心遣いが細かくて優しい二人の素敵な男の話。一人は彼女の夫だ。私は未だに、彼女の夫は本当に男らしい男で英雄だという慰めになる嘘を、彼女が失っていなかったことを祈らずにはいられない。何の意味もない世界の陳列箱に詰められた男で、人間らしくされる必要のある本物の魂がいると精神分析教会を騙して信じさせるために、精神分析用模造品で飾り立てられた男の、ただの人工的な像ではなく。もし帰る家を探している考えや感情や魂があったらどうするのだろう？「たとえ肉体は死んでも、魂は永遠に生き続ける」[116]『輝く夏の日』——あぁ、全く！ またなの、[117]ビオン——「陸の上を、海の上を。幸せな光が輝いている」[118]——私のためではなく君のために。私ではなく彼女のために『地獄のベルがリンリンリン』[119]。肉体は永遠に生き続ける。

113…第一次世界大戦時のビオンの戦友で、戦車隊の将校。彼の小隊がドイツ軍に取り囲まれ、降伏を迫られたとき、彼はそれを拒み射殺された。『ウィルフレッド・R・ビオン　長い週末——1897-1919』戦争編第四十章参照。

114…『ウィルフレッド・R・ビオン　長い週末——1897-1919』戦争編第二十五章参照。

115…聖書の中で、子羊はイエスのことで、その血で人の衣を洗って白くしたと言われている。

116…メンデルスゾーンのオラトリオ『聖パウロ』の『幸いなるかな Happy and Blest Are They』より。

117…プレップスクールのグッド先生に言われた言葉。『ウィルフレッド・R・ビオン　長い週末——1897-1919』英国編第三章参照。

118…賛美歌『輝く夏の日 Summer suns are glowing』より。

119…『The Bells of Hell Go Ting-a-ling-a-ling』は第一次世界大戦中にイギリスの航空兵によって歌われた歌。

十二

その英国空軍兵は辟易して、後ろにいる忌々しい将校たちを振り落とすように、がくんとトラックを急発進させた。それは短い飛行で、私はクロイドン空港で降ろされた。そしてサウスボーンへ、そして赤ん坊の元へ――それは明るい小さな子で、明らかに私を見て喜んだ。私の父母は、私が動揺しているのではないかと心配していた。私が赤ん坊を養子に出すことに同意するか？　もちろん手続きは必要だが……。私は憤慨するあまり、それが真面目になされた質問だとは思えなかった。相変わらず頭が悪く、飲み込みが悪い私が取り出したのは、私が買うことを許された軍需品のタオルの束――そして、何にも増して素晴らしい、チャックだ！　ベティがよく……やらなくてはいけなくなる仕事のために使うチャックを全く手に入れられないのは、とても不便だと言っていた――特に赤ん坊が生まれたら。いつ？　それは今だ。

人々は手を差し伸べてくれた。赤ん坊が最初の一年に必要な世話全般を一時的に提供してくれるところを知っている、と言う人もいた。「要らん」と私は言った。私は他に使う言葉が思い浮かばないようだった。

私は、魂《ソウル》に近いものを持った、男に近いものや女に近いものという、都市近くの偏狭な人々《ソウルズ》に加わった。私は、死が臆病者ではなかった私の配偶者を連れ去り、赤ん坊と八千ポンドを残していったときに、誰になればいいか、何になればいいかわからなかった。この八千ポンドは、私たちが「もしものために」と、私の給料から貯金したものだった。何のために？　もしも私が、ひどい事態を何とか切り抜ける判断力を持っていたなら、私はもっとうまくやっていただろう。事実、今になってみると、私が自分の意味を何かしら理解したのは、いつもひどい事で、嫌われていた事で、恐ろしい事だった。

その戦争は、終わったようだった。大口を叩くモンゴメリー[120]は、幸いにも大口以外のものを叩く方法も知っていた。彼は、ルーアンの橋頭堡を突破し、彼をフランスから追い出すために送られたドイツ軍の大軍を罠にはめ、空軍の助けを借りて、相当数のドイツ国防軍を叩き潰した。後になって私は、アメリカ軍の大口叩きの能力のおかげで、叩いて大きな音を出す事には長い歴史と賞賛に値する功績があるのだと知った。自分の胸を叩いても、音は出るが余韻は微かである。遠くから聞こえる太鼓音の勇気ある音楽は、注意をひくことが多い。ボクサーは、対戦相手の胸を太鼓のように叩くことで、相手の注意をとてもよくひくことができる。歌声のような音楽と合わせれば、広く反応を呼び起こす。その反応は人によっては致命的だ。私は、任務への呼びかけに応じて海外に行くことについて、ベティから同意を得ることができた——「君のことをそんなに愛せないよ、もし僕が名誉をいっそう重んじなかったら」[121]。何がベティを殺して、彼女の赤ん坊を殺しかけたのだろう？　肉体的な奇形？　無能な産科？　冷淡か無関心な当局？　それとも、彼女の夫が出発したときに大音量で叩かれた、男らしさの太鼓の虚しさが発覚したからだろうか？　もしくは、設定された精神医学的音調、精神医学的圧力波に何か間違いがあったのだろうか？　もしも神が、〈運命〉が、〈悪魔〉が、音に敏感な指揮者に、音痴で悪意のある、楽器で武装したオーケストラから、永遠に協和的反応を引き出すことを運命づけたら、その指揮者はどう感じるというのだ。

我々は第二次世界大戦に勝利したのだろうか？　私が気づいたのは、私が軍の賜金を使っていたことだけだった。私が知る限り、始めたときと同じ階級のまま終えた精神科医は私だけだったにもかかわらず。そして私は、

120 … バーナード・モンゴメリー（一八八七〜一九七六）はイギリスの陸軍軍人で政治家。第二次世界大戦中、連合軍の地上軍を指揮した。

121 … 一六四九年に書かれたリチャード・ラブレースの「ラカスタへ、戦に行く To Lucasta, Going to the Warre」より。名誉を重んじない男は愛に値しない、という意味の詩。

始めたときと同じように存在しないことで終えたのを自分自身に認めさせたことは、少なくとも誇りに思う。「女から生まれし人間は命短かし。」[122]彼はトルゲンマストの帆桁上の前檣帆のように昇り、小さな三角帆のように落ちる」[123]と、どこかの詩人が簡潔に描写していた。私は、ベティが実際に手に入れた名声を、短期間だったが楽しんだことを祈る。ベティの赤ん坊——私たちの赤ん坊——は、彼女の無一文で非成功者の父親が虹色の将来を夢見ている間に、煙たくススで真っ黒なスラウ[124]で手に入りそうな粗末な住まいを自分の母に与えた女性を頼りにし、面倒を見てもらっていた。

私は、戦勝記章を受章したかどうかを覚えていないが、恩義を感じている軍は、私が無価値さを何年も見破られずに終えたことを祝って、記章を必ずや与えたに違いない。「前夜の翌朝〔二日酔い〕」の鮮やかな悪夢の色を施した略綬を。

122…旧約聖書『ヨブ記』十四章より。

123…『イースト・アングリア人：サフォーク、ケンブリッジ、エセックス、ノーフォーク各州に関する題材における覚書及び質問 The East Anglian; or, Notes and Queries on Subjects Connected with the Counties of Suffolk, Cambridge, Essex, & Norfolk』(Samuel Tymms 編、Lowestoft 出版、一八七〇)の中、「サフォークの海に関する言い回し Suffolk Sea Phrases」に出てくるが、作者は不明。

124…ロンドン中心地から西方三十五キロに位置するバークシャーにある町。一九二〇年に建築された大きな工業団地がある。

十二

私は、アイヴァー・ヒースにある[125]——英国でいう最新設備付きの——田舎家が競売にかけられると聞いた。非常に有能な弁護士の最善の法的意見のおかげで、私はその家を八千ポンドで入札した。その弁護士は、後に弁護士の地雷である「職業神経症」にかかり「駄目になった」が。興味深い偶然により、私は宿泊先のドーセット・スクエア・ホテルで、二人の情報通で財政通の紳士の会話を耳にした。彼らは、ただの労働者の田舎家に八千ポンドも出した馬鹿者について、明らかに興味と驚異の入り混じった口調で話していた。これ以上の愚行はあるだろうか？　それに、そんな馬鹿者が、投げ捨てることのできる八千ポンドも手にできたとは、どういう世の中になったのだ？　この話には、不愉快ながら思い当たるところがあった。私は聞き耳を立てていた。事実、もしそれが聞こえなかったら私は難聴だっただろう。この家は、特に好ましい地域にあるわけでもなかった——電車の便も悪いし、バスに至っては話すほどのものはない。この馬鹿者はもしかして私か？　もしかした、私だった。

二つの事実が間違っていた。私には、八千ポンドも投げ捨てられる、あり余る財源はなかったし、バスには轢き殺されかけたので、バスの運行も後に話の種になった。私は会話に加わったが、それ以外の事実は正しかったし、私に当てはまった——合致とはいかなくても、それに近かった。

私は、私の赤ん坊の面倒を見てくれている家族がスラウから引っ越してきた日に、ドーセット・スクエアから

125…ロンドン中心部から三十キロ西方に位置するバッキンガムシャーの村。

アイヴァーの家に引っ越した。それはしっかりした家で、雨をしのぐには十分だった。その庭には立派なリンゴの木が何本かあり、世帯全体を養うのに十分な野菜を作れるだけの土地があった。私は、これから名声を得るべき成功した医師にはふさわしいが、苦い経験がそうだと教えたように、私のような失敗者にはふさわしくない、ハーレー・ストリートの家の中にある面接室を手に入れた。驚くほど短期間で、私は十分な患者がいることに気がつき驚いた。そして金銭状態が切羽詰まっていたので、私は平日は九時から六時まで、土日は九時から二時まで、働かなければならなかった。知恵を得るのは贅沢で、十分道楽だった。私は知恵を得るほど十分に学識があるとは言えなかった。そのような考えを、私は心から追いやった。

家の庭には色濃く紅葉した、旅人という名の植物の茂み[126]があった。私は、赤ん坊が私のことを忘れ、知らない男の不器用な腕に抱かれていると思い不機嫌にならなければ、その植物の存在について言及しなかっただろう。たまたま彼女がばたばたさせた手足がこの植物の葉にぶつかり、それは踊り始めた。その情景に引き込まれ、彼女は泣き止み、彼女のもがきが葉と一緒の踊りに変わった。私のことは忘れられ――ほぼ即座に許された。そして私たちは他のものを調べるのに移っていった。

私は、頑丈な自転車を手に入れた。警察で使用されていたそうで、故に重いものを運べるように改造されていた。それには荷台が付いており、航空機の操縦士がその席から得られるような途切れのない景色が見えるように、そこに赤ん坊を座らせることができた。私はそれにモーターを取り付けた。このようにして私たちは毎週土曜日、デナム村まで行きお茶をした。それは、美食的には大したお茶ではなかったが、そこまで行って帰るのは、私に感銘深い充実感を与えてくれた。私は、それがパーセノープにも同じように感銘深い感覚を与えていることを祈った。

パーセノープですか?

それは、子供が女の子だったら名付けようと、ベティと私が決めていた名前だった。あの出来事の直後、私は彼女の母親の名前をつけたいと思った。だが、私たちが一緒に過ごした人生の中で、最後に同意したものから生まれた名前でないといけないと思った。「そのころ、私ウェルギリウスは麗しいパーセノープに養われて……Illo Vergilium me tempore dulcis alebat Parthenope…」[127] 私がやらなければいけないことは、ウェルギリウスと同等に、その契約をどれも遂行することだけだ――もう一つの確実な失敗だが、これに関しては、私は構うわけにはいかなかった！

その週はあまり満足のいくものではなかった。問題の幾つかは明白だった。私は自分と家の住人を養うのに金が必要だった。もし十分な数の患者が私に面接して欲しいと思えば、私は彼らから報酬をもらえる……。何の報酬だろう？ 私の体の美しさだろうか？ 私の医学の知識だろうか？ 私は、二つの戦争を肉体的に切断されることなく存在し続けたという幸運があったにしても、どちらも持ち合わせていなかった。私の傷めた膝でさえ、スポーツでの名声を得ようとして手に入れた。負った更なる負債は、私の意識に押し入ってくることはなかった。その後に明らかになったように、それがこの国の他の人々の意識に押し入った以上には。

あなたたちは見事な大戦をしました――実際二つもです――ところで、このつまらないものについてはどうでしょう？ すみません、これは請求書です。

何だって？ 私はそれも払わなければいけないのか？ 一九一四年の八月には君はそんなことを言わなかった。

あぁ、でも言ったのです。国のために命を捧げよ！ ウィンザー城にいるあの頭のいい小さな犬のように。

126 … wayfarer。スイカズラ科のViburnum Lantana（ガマズミ・ランタナ）のことか。

127 … 原註：ウェルギリウス『農耕詩』第四巻より「At that time I, Virgil, was being nourished by sweet Naples…〔そのころに、私ウェルギリウスは麗しいパルテノペの地に養われて……〕」（小川正廣訳）〔訳註：ウェルギリウスの原文では「パルテノペ〔英語読みはパーセノープ〕」だが、英訳では「Naples（ナポリ）」となっているものもある。パルテノペはナポリの古称で、ギリシア神話のセイレーンの名前から命名されており、ウェルギリウスはその街とセイレーンの両方からインスピレーションを得た。〕

そうだ、だが彼は死ななかった。彼は、その後も尻尾を振り続けた。

そうですが、あなたは生き続けました。あなたがしなければいけないことは、同じようにあなたの小さな尻尾を振るだけです！

私が持っているのは尻尾の痕跡だけだ――それを振ることはできない。

そうですね。でもあなたの体の反対側の端には二つの大脳半球がくっついています。それを使ったらどうですか？

私は、私の両親と祖父母がそれを使ったのだと思っていた。

すみませんが、彼らは彼らの創造主を崇めるのに忙しいんです。

まあいい、わかった。請求書に載せておいてくれ。二つの大戦と勝利。後で払うから。

かしこまりました。宛名は誰の名前にしておきましょうか？　あなたの赤ちゃんですか？　それとも彼女のお子さんのお子さんでしょうか？

私はそのようなことは考えられなかったし、誰も――

さあさあ。オックスフォード大学ではいかがですか？

――私が脳を使わなくてはいけないなんて言わなかった。それに、どちらにしても、私はどうやって考えるというのだ？　特に君が邪魔をし続けるのだったら。

すみません。お嬢さんとお嬢さんのお子さんにしておきますよ。どちらにしても心配するには彼女はまだ小さいですからね。

ほら、三十秒――私はそれを言わなかった。彼は答えを待たずに消えた。そして、そのせいで私の週末は台無しになった。考えを強要されているときに、私はどうやったら痕跡しかない尻尾を振ることができるのだろう？

明らかに――へその上下、つまり尾部と頭蓋の両端を働かせるのだ。

十三

私は、バスが立派なブナの木の下で停まり、私がバスから降りたときに、今は幼児となった小さな姿がよちよちと懸命に走ろうとして私を迎えに来るときの満足感を、おおいに意識するようになった。彼女の目は、動きに必要な集中力と、それと同じだけ目的地に集中する必要性で必死なあまり、ほとんど閉じていた。ついにその危険な十ヤード〔約九メートル〕を達成し、その小さな腕は、やっとのことで私の首の周りにたどり着く。急いで週末の服に着替えると、自転車乗りだ。

この満ち足りた世界が全て、考えによって侵略され始めた。たわわに実ったおいしいブラムリーアップルをもぎ、芯を取り、薄切りにして、菓子屋が処分した大きなガラス瓶を一列に並べ、リンゴを硫黄に[128]つけてそれに詰める準備をするという平穏で魅力的なものが、疑いの気持ちによってかき乱されるようになった。それは私の面接室とその週の仕事の境界線を越えて溢れ出だし、私の私生活と家庭にしみ込んでいっていた。私生活はもはや私的ではなくなっていた。

その侵略は、撃退も封じ込めもできなかった。それに気がつくことを自分に許した時点で、それは侵略になる。不幸なことに、気がつかなかったとすることを選んでそれに成功したとしても、侵略でないことにはならない。それは、一九一九年に「勝ち誇った」連合国によって思慮深く規定された制限をドイツが破ろうとしている

128…保存剤として、硫黄を燃やした亜硫酸ガスをリンゴと一緒に瓶詰めにした。

ことを、この国が気づくのをやめたとき、明白なはずだった。もしかしたら連合国は、ドイツが包囲されていると感じるもっともらしい理由を彼らに与えなかったら、ワーグナーの曲やゲーテの文学作品[129]がナチスの暴力の表現にもはや十分ではなくなったと、気づかざるをえなかったかもしれない。国際関係論に関する憶測範囲への私の今の侵略は、家と仕事の生活で満足しておくという制限に対する私の抵抗を、解決はしなかった。

　リックマンは、私たちの戦時の経験が、私が更に分析を追求する可能性を妨げているのではないかと、ためらいがちに示唆した。これについては私も同意した。というのも、私はすでにメラニー・クライン[130]に話をする可能性を考えていたからだ。

　メラニー・クラインについては聞いたことがあり、一、二回遠くから観察する機会があった。彼女は綺麗で、威厳のある、ある種怖そうな女性だった。私の女性に関する経験は私に自信を与えるものではなかったし、良い結果を得られるという信念の成長を促すものでもなかった。それでも、私は彼女に会いに行った。私は、私が彼女の検討に値すると示唆しようとしたが、彼女はＤＳＯのこの上ない重要性を理解しなかったか、知らないでいることを選んだ——どちらかはわからない。私は、ＤＳＯが私の臆病さの表面的な覆い以上のものであると信じるには至っておらず、私の感情を持つことがどう感じるかわかっているから自分が臆病だという現実に全く疑いを持っていなかったので、彼女の無知は、彼女が私の男性的優秀性を信じないことによって増強されているのではないかと思った。要するに、私は自分の出願を支持する証拠を何も持っていなかった。それでも彼女は私を受け入れることに同意してくれた。私はどうやって面接料を払い、メラニー・クラインの精神分析理論——それは見たことがあったが、私が読んだものは不可解だった——を読み解くのか、見当がつかなかった。

　私の分析は普通の道筋を辿ったと思う。私はさまざまな心配事を話した。子供や世帯や金銭的不安に関する悩み——特に、そのような精神分析の面接代を払った上で、家や赤ん坊の面倒を見る金をどうやって手に入れるか。これに関して回想してみると、私の寄生者としての才能は、托鉢修道士に向いていたかもしれない——もちろん教会が、修道士が集めた、または隠し持っていた金を集める方法を持っていれば話は別だが。クライン夫人はずっと動じず不動のままだった。私はそれをとても喜ばしく思ったが、それは私の不満の放棄には繋がらなかった。よくよく考えてみると、私は、自分が適度と考える裕福さで生計を立てることを期待していた。なぜ、何を根拠に、社会が私の継続的な存在を必要としていると、私が考えたのかは謎だ。特に私は、今もそうだが、いかなる社会においても――社交的にも軍人的にも――適格でも望ましいとも思えないからだ。しかしメラニー・クラインは、世界に関する彼女の認識から簡単に逸らされることはなかった。それは人間の欲求や願望に左右されず、人が彼女に分析をしてもらいに来たときでもそうだった。

私は黄疸で具合が悪くなり、セッションに参加できなかったときも、面接代を支払わなくてはいけなかった。私が予約通りにできないセッションの代金は、私の患者たちに請求できず私に病気のつけが回ってくるので、病気や災難はとても高価な贅沢品だと悟るには時間がかからなかった。そのため、私は黄疸が「治った」――医者は治っていないと言ったが――と、そして予定通りに行くつもりだと伝える必要性を感じずに、予定のセッションに出向いた。クライン夫人はそのため不意を突かれ、私が来ないと思って別の予定を入れたために、私の面接はできなかった。私はアイヴァーに戻った。

私は彼女が予約通りに行なえなかった面接について私に請求したかどうか、次の勘定書を確認しなかった。それは私が不満を持ち続けたかったからかもしれないし、払い戻してもらう期待を全く持っていなかったからかもしれない。どちらかはわからない。

129…リヤルト・ワーグナー（一八一三～一八八三）とヨハン・ヴォルフガング・フォン・ゲーテ（一七四九～一八三二）は、ドイツの作曲家と詩人・作家。彼らの作品は、伝統的純粋ドイツ芸術の代表として、ナチスによって称揚され、ドイツ民族賛美に利用された。

130…メラニー・クライン（一八八二～一九六〇）は、オーストリア人精神分析者。ビオンは一九五三年まで彼女の訓練分析を受けていた。

私は元気になり、仕事と自分自身の分析に戻り、「二度と繰り返さない」と誓っては、いつも通り必然的に、私がやらないと誓ったことを、それが何であろうと繰り返した。私は自分の精神分析セッションに熱心だった。私は解釈を与えられても、たまにしかそれが正しいと思わなかった。それよりも戯言だと思うことが多かったが、私はその解釈を、証拠による裏付けがないクライン夫人の意見の一つの表現としか思わなかったので、議論する価値はあまりなかった。私が無視したり理解できなかったり反応しなかったりした解釈は、後になって正しかったように思われた。だが私は、なぜ自分が反駁したり無視したりしたときに思ったことと比較して、後からそれをより正しいと考えるのか、理由はわからなかった。最も説得力があったのは、私が知っていることやクライン夫人が言ったことと一致しているように思われた、私のパーソナリティについての解釈だった。彼女は、彼女の五感が気づかせた素材についての解釈を、私に伝えようとした。だが、彼女の方法が効果を発揮するには、私の受容力に依るところが大きかった。これは人間による他のどんな助けでも同じだ――受け入れたいと思う誰か、もしくは何かが必要なのだ。

この結論はなんと陳腐なことだろう！　なんと明白な事だろう！　そしてなんと絶え間なくその事実は明らかになり、かつ頻繁に無視されることか。だが教える側と教わる側の自発的な協力は、参加者が人間である場合、達成するのが難しい。メラニー・クラインの助けがあってさえも、私の五感が私に伝えるものを聞かなければいけないのが私自身であるとき、この陳腐な所見は通常以上にひどく抵抗するようだった。だが時間とともに私は、彼女でさえも私自身の五感や、私の五感が私に伝えるものの私の解釈や、矛盾した二者間の私の選択の代わりにはなれないのだという事実を、甘受するようになった。私は彼女の考えにいっそう従順になったわけではなかったが、自分の異論にもっと気がつくようになった。それでも彼女との一連の経験に関して、私が彼女に対して恩義を感じるものはあったが、それにかかる時間や金や必要な努力という重荷から解放されたいという願いもあった。

ついに、何年か後に、私たちは別の道を行くことになった。彼女は、私がまだ彼女から学ぶべきことはたくさんあると感じていたと思うのだが、終結に同意してくれた――おそらくＷＲＢ〔ウィルフレッド・ルプレヒト・ビオン〕はもうたくさんだと実感したこともあるだろう。

しかしながら私が、お互いに会うのはこれが最後で、もう自分は自由になったと思ったのは間違いだった。だがその物語については、今は言わないでおこう。

十四

私が非分析的意識を取り戻したとき、私には赤ん坊と、家庭と、妻ではないが地味で抜け目がなく献身的な女性と、私が同居に合意した父がいた。彼は私の母亡き後、運命に翻弄された責任ある生涯を共に分担してきた、亡き妻の記憶に取り憑かれた家に住みたくなかったのだった。私はまた、慎重で意識的な結論に自ら至ることなく、診療所を手に入れた。私には収入があったが、賜金も、もともと私に何かあったときに妻子を養えるように貯めたお金も、とうに底をついたので、自由になる金はなく、前途は寒々としたものだった。私の仕事は、私の住んでいる世界にとってはあまり役立たないが面白かったので、その埋め合わせになった。それでも、私は金儲けに専念したいとは全く思わなかったため、いつかは役に立つ日がくることを祈った。

私は、私の幼児の母親が我が子を見ることができ、土曜日の午後には三人で一緒に出かけてお茶ができたらという頻繁に呼び起こされる願いを、打ち消すことを学んだ。実際は違っていた。私が不幸せでないという事実にさえ、私は憤慨した。父は、自分か私か二人ともが改善すべきことばかり考えて、みじめになる誘惑に勝てなかった。私は、父がそう考えることは正しいとわかっていたし、それをわかっていることに憤慨した。だが何の改善だ？

妻。当然のことながら。私は精神分析者からそれを教わる必要はなかった。だがどの妻だろう？　私は誰も知らなかったし、ベティを思い出させられるのは嫌だったし、私を選ばないことを選んだあの女の子を思い出させられるのも嫌だった。

その冬は寒さが厳しかった。私がアックスブリッジからベイカー・ストリートまで乗っていた電車は、自動ドアだった。各駅でそのドアは開き、乗客が乗り降りする時間が十分あるように開けたままにしてあった。自分の行き先に到着していない人は、起きてから溜め込んできた温もりを失う時間が十分あることに気がついた。〈古き良き時代〉のハーレー・ストリートは、本物の医者たち、すなわち情に厚く高い技術を持つ専門家達《テクニシャン》で占められていた。私は技術的に熟練する機会でさえもかなり無駄にしたので、その中の一人とはいえなかった。だが、私はそのような一人であるふりをすることはできた。私の住所が印刷された便箋、私がヘイスティングスで砂の城を作って一等をとったときと同じだけ不可解な方法で獲得した、外科学の金賞。[131] 結局のところ、もし賞のおかげで賞をもらえるなら、集めない手はない。なので、この通り――ハーレー・ストリート専門医。

その間に、患者たちは来て、面接代を支払っていった。私の料金は少額だったが、私にとっては財産で、健康に悪い食事をとる――金銭的――余裕さえできるようになった。そのため私は貧困の痛みから、暴飲暴食の喜びへと逃げ出すことができた。

それでも今、私はかつてないほど麻痺して無感覚に感じていた。その何か変だ、変に違いないという感覚は、ある週末、家のそばの芝生の上に座り、赤ん坊が芝生の反対側にある花壇の近くを這っているとき、痛切に感じさせられた。彼女は私を呼び始めた。彼女は私に近くに来て欲しかったのだ。

私は座ったままだった。彼女は今度は、私の方に這ってきた。だが彼女は、自分のところに来て抱っこしてというように、私を呼んだ。

私は座ったままだった。

彼女はまた、這い続けたが、彼女の呼び声は悲痛になってきた。

131…本書「パーセノープ、ジュリアン、ニコラへの書簡」の一九七二年参照。

私は座ったままだった。

私は彼女が、彼女とパパの間にある、そのただ広い空間（彼女にはそう見えただろう）を横切る困難な旅を続けるのを見つめていた。

私は座ったままだったが、いらいらし、むかむかし、いまいましく思っていた。どうして彼女は私にこんなことをするのだ？　あまり耳に入らなかったのは次の問いだった。

「どうしてお前は彼女にこんなことをするのだ？」

乳母が耐えきれず、抱っこをしに立ち上がった。私は言った。

「駄目だ。言わせておけ。彼女に害はない」。

私たちはその子が辛そうに這うのを見ていた。彼女は悔しそうに泣きじゃくっていたが、距離を縮めようという努力にどこまでも固執していた。

私は悪に掴まれたように感じた。いいや。私は絶対に行くものか。ついに乳母は、驚愕の面持ちで私を一瞥すると、私の禁止令を無視して立ち上がり、彼女を抱きあげた。呪縛は解けた。私は自由になった。赤ん坊は泣き止み、母親のような腕の中で慰められていた。だが私は、私は自分の子供を失った。

私は未来の人生がないことを祈る。

私はベティに子供を作ろうと懇願した。彼女はそれに同意したせいで命を失った。

私はその子の面倒をみると誓った。それはベティに対しての約束ではなかった。予期せずも、自分への誓いだった。そのような底深い冷徹さを、自分の中に見出したのは衝撃だった。焼けるような衝撃だった。私はそれ以来、シェイクスピアの言葉をよく思い出す。「ニンフよ、汝が祈祷において、我が罪を唱えさせよ」[132]。

132…原註：シェイクスピア作『ハムレット』第三幕第一場より。

天才の別の側面——家族書簡

I　フランチェスカへの書簡

一九五一年

アイヴァー・ヒース、ザ・ホームステッド[1]にて

三月二十二日

親愛なるフランチェスカへ

朝のこの時間に手紙を書き始めるのはあまり賢明とは思えませんが、私は明日まで待てないと感じています。それにこれは本当の手紙ではなく、ただの走り書きです。明日きちんとした手紙を書こうと思います。

私は、月を覆っている霞がかった雲を強風が吹き流している中、歩いて戻りました。月は全く見えませんでしたが、銀色の草原と川を背にしたすべての木々を、深い灰色で際立たせていました。その間ずっと、そして今もなお、私が貴女といた夜の間そうであったように、えも言われぬほど貴女は魅惑的に美しく私の目に映っていま

す。そのように美しく魅力的でいてくださった貴女はなんと優しいのでしょう。私はここで切り上げないといけません。自分が言いたいことをすべて書きとめることができないと感じるときには、思考が自由に流れないので——朝の郵便に間に合うのか、そもそも聖金曜日[2]の朝に郵便を取りに来るのかといった、些細なことを考え続けてしまうときには特にそうです。

ですから、親愛なるフランチェスカ、明日手紙を書くときまでごきげんよう。どうか貴女のお母様によろしく、そして彼女に私から復活祭のお祝いの気持ちをお伝えください。

親愛なるフランチェスカ、神の恵みがありますように。

愛を込めて

ウィルフレッド

三月二十三日

親愛なるフランチェスカへ

……私の心は昨晩と来週の火曜日のことでいっぱいで、今現在のことに、全く集中できていません。今日が特別な日だったというわけではありませんが。心地の良かった朝は、その後、土砂降りになっています。私は天候が——どんな天候のことも——好きなので、むしろ幸運だと思っています。私のようにインドで生まれたことには、利点がたくさんあると思います。私にとって雨は、というか雨季《モンスーン》はもちろん大事件でした。私は八歳でイン

1…ビオンの自宅。この家のあったアイヴァー・ヒースは、ロンドン中心部から三十キロ西方に位置するバッキンガムシャーの村。ビオンは自宅からロンドン中心部にあるハーレー・ストリートにある仕事場に、ベイカー・ストリート駅とアックスブリッジ駅経由で通っていた。本書自伝部分十二章および十四章を参照。

2…復活祭前の金曜日の祝日。キリストの受難と死を記念する日である。イギリスでは復活祭は金曜日から月曜日まで祝われる。

ドを離れましたが、乾ききった大地が雨で潤されるときの心躍るような匂いを、今でも思い出すことができます——この二か月は、ちょっとした努力ものでしたが……

土曜日の朝です。私はあまりに疲れていたので、三十分したら起きてもう少し書こうと思いながら、眠ってしまいました。その代わりに、私が眠りについたのはまだ十時半だったのに、起きたのは朝十時でした。休暇が始まるといつもこうなのです。私は普段は疲れを感じないので、疲れているという自覚はないのですが、仕事ができなくなり、それから深い眠りにつくと、気分が良くなります。私は今パーセノープ[3]と二人きりで家におり、この手紙を書く努力をしていますが、パーセノープから邪魔されっぱなしです。今度は何をしようかな？　から始まって、オレンジってどう書くの？　まで、彼女はなんでも知りたがります。二つのことを一度に行ないながら、他のことについて話す、それを全て同時に行なうのに、精神を分裂することを学ばなければならないようです。

私は、アラン・デントが人々にこれはぜひ観るべきだと強く推している『領事』[4]についての新聞の評論を目にしました。千秋楽まであと一週間なので、貴女がとてもいい作品なのでもう一度見ても構わないと思われるのなら、もし私が二人分の席を取ることができたら、ご一緒していただける時間があるでしょうか。アラン・デントの批評のせいで満席になるとはとても思えないので、私は火曜日に電話して予約することができます。

ボートレース[5]の日はかなり風が強いようです。私はテレビで見ようと思います（というよりは、貴女が映るかもしれないという、かすかな、でもきっと叶わないだろう希望を持ちながら、小艇群をしっかり見ます）。でも、今回はケンブリッジが勝つことは間違いないでしょう。もし風が雲を吹き去り天気が良くなったら、そうなる兆しはありますが、貴女はとても楽しい時間を過ごせるのではないかと思います。準備段階での高揚には、とても魅了されるものがあります。自分が競技に参加していたときでさえ、私は「ぴりぴりする」のを楽しんでいたものです。

パーセノープが質問をするのを止めて、「パパに聞こえないように」今は自分に向かっておとぎ話を語っています。そして沈黙は妨害と同じぐらい破壊的です……

三月二十四日

親愛なるフランチェスカへ

……そして私たちは、オックスフォードのボートが水没するのをちょうどテレビで見て[6]、私は貴女がその場にいないことを祈りました。そのような日では、小艇でさえも居心地の悪い経験だったでしょうし、「レースがなくなかった」ことに対する失望は言うまでもありません。テレビの映像はとてもはっきりしており、人々の表情ですら見てとれたので驚きました[7]。

月明かりがなんとも素晴らしい夜で、風が松の木々の間を優しくそよいでいます。フレッカーにこういう一節があります。

「いずこでも、松は話好きなゆえ」[8]

3…前妻ベティとの間の娘。本書自伝部分第十一章から十四章を参照。

4…原註：ジャン＝カルロ・メノッティによるオペラ。

5…一八二九年から毎年テムズ川で行われているオックスフォード大学対ケンブリッジ大学のボートレース。

6…この年のボートレースでは、風が強かったために波がたち、オックスフォードチームのボートに水が入って、レースの途中で水没した。レースは中止となり、二日後に再レースが行われた。

7…イギリスで定期的なテレビ放送が始まったのは一九三六年。この手紙が書かれた翌年の一九五二年時点でテレビを受信していたのは、イギリス全国でまだ百四十五万七千世帯だった。（出典：英国映画研究所 British Film Institute）

8…原註：イギリスの詩人ジェームズ・エルロイ・フレッカー（一八八四～一九一五）の「ブルマナ」（一九一三）より。「いずこでも松は話好きなゆえ、そしてあまたな昔話をそよぎ歌う For pines are gossip pines the wide world through, And full of runic tales to sigh or sing.」と続く。

この詩は、私がオックスフォードにいたときに初めて出会って以来、忘れられないものです。アーサー・ブライアント[9]と私は、在学中にたくさんの詩歌を覚えたものでした。でも私は第一次世界大戦中に覚えたものが多いように思います。私の最大の功績は一九一八年で、私たちの大隊には戦車は残っておらず、私と十二人ほどの部下が機関銃を持って前線の隙間を埋めなければいけなかったときでした。交替の前夜、ロイヤル・スコッツ連隊の大佐と一緒におり、話していたときに、ドイツ軍の夜襲が始まったことが明らかになりました。やれることはやったと、何かまともな話をしようではないかと大佐は言いました。ド・カヴァリーの随筆を読んだことはあるかね？ 私は読んだと伝え、ボッシュ〔ドイツ兵の蔑称〕がおそまつにも水浸しの砲弾穴の列や土塁を粉微塵に砲撃している間、私たちはロジャー・ド・カヴァリー[10]やウィル・ウィンプル、その他の登場人物について話をしていました。この少し後に大佐は殺され、私はまだやることがなかったので、持っていた『金の宝物』[11]から「快活の人」と「沈思の人」[12]を暗記しました。結果的に私たちは攻撃の側面にいただけで、夜の明ける少し前に交替しました。今はどちらも大して覚えているとは思いませんが、面白いことに、学校「で」ではないですが、学校時代に覚えたウェルギリウスはまだかなり復唱できます。私はラテン語の授業が大嫌いでしたが、ウェルギリウスの詩の響きは好きだったので、何編か覚えました。個人的に一番いいと思う『農耕詩』は授業では「やり」ませんでした。

復活祭の日曜日です。日曜日の夕食時に来る郵便を捕まえる前にもう少し書き足したいと思います。まだ素晴らしい午後は続いており、春の気配がそこここに溢れています。たくさんの鳥たちが鳴いており、私はこの庭であまり見かけないキツツキを初めて目にしました。愛嬌のある笑いのような鳴き声を出す緑色のキツツキは珍しくなく、うちの猫がいても気にせず、よく芝生に留まっています。

今日の午後は、ロジャー・マネー＝カール編集の本[13]に寄稿[14]するものの初稿の校正を終わらせようと思います。空がどんよりとしてきたので、言いたくはありませんが、今晩はおそらくまた雨になるでしょう。可哀想な祝日の人々！——これまで惨憺たる天気の続く復活祭でした……
親愛なるフランチェスカ、ごきげんよう。四日間がこんなにゆっくりと過ぎるものだとは知りませんでした。

三月二十六日
親愛なるフランチェスカへ
他に何もできないように、手紙を書く時間もないように思われますが、郵便が行ってしまう前に何かを送りたいと思っています。原稿を校正したり、他の分別あることをすることもできないでいます……
私は今朝、小雨がぱらつく中パーセノープを散歩に連れて行きました。ここは田舎の貧民街に過ぎず、しかも私が思うに一番ひどい類いのものですが、暖かく、鳥がさえずっていたので、とても楽しかったです。でも生垣が驚くほど育ちが悪いのです。いつもレディ・デイ[15]までには生垣は青々としていると思っていましたが、それほど寒い日が続いている訳でもないのに、全然そうではないのです。まるで雨が好きではないかのようです。

9…原註：アーサー・ブライアント卿（一八九九～一九八五）はイギリスの歴史家。
10…風刺的な特徴を持つ日刊紙スペクテイター（一七一一～一七一二、一七一四）に出てくる登場人物の名前。この出版物は本にまとめられ、十八、十九世紀によく読まれた。ロジャー・ド・カヴァリーは、もともと、スコットランド及びイングランドのフォークダンスの名称である。ウィル・ウィンプルもザ・スペクテイターの登場人物。
11…原題『The Golden Treasury of English Songs and Lyrics』。一八六一年に出版されたイギリスの名詩選集。
12…「快活の人」と「沈思の人」は一六三一年に発表されたジョン・ミルトンの詩。
13…原註：M・クライン、P・ハイマン&R・マネー=カール（編集）『精神分析における新たな方向 New Directions in Psycho-Analysis』（タヴィストック出版、ロンドン、一九五五）
14…原註：「言語と統合失調症者 Language and the Schizophrenic」［ビオン全集第四巻］
15…原註：三月二十五日。伝統的に受胎告知の祝宴として英語圏で祝われている日。

私は明日のことを考えて、実際他のことは全く考えられず、時折手紙を書く手が止まります。貴女が髪につけるリボンは青色かな、黄色かな、はたまた藤色かな（もし「リボン」が正しい名称であれば）、それとも何もつけてこないかな、などと書き連ね続けることはできません。そして——これは奇妙に思われるでしょうが——あなたは本当はどのような姿か、と。貴女が見せてくださった写真を見て、思い出さなければいけないほどですよ！　そして、とてつもない馬鹿者のように、口をぽかんと開けたまま見とれてしまうと思うと恐ろしいです。今ですら、私の心の目で貴女を見ると息を呑んでしまいます。

この取るに足らない書簡にあまりに時間をかけすぎましたので、これで封を閉じ、郵便局に持っていきます。

親愛なるフランチェスカ、待っていてくださいね。

三月二十八日

親愛なるフランチェスカへ

これは貴女に愛しているというだけの短い手紙です。私の頭に浮かぶのはそれしかないのですが、もし私がそれら五文字だけで紙面を満たしたら、あまりにつまらないものになるだろうということは、なんとも残念です。もし私がジョン・ダンで、貴女に『恍惚』[16]を書くことができれば、なんと素晴らしいでしょう。言葉にならないもどかしさに縛られている代わりに、『お手をどうぞ』[17]と流れ出すように言えるなんて、なんと嫉ましいことでしょう。

まあ、仕方がありません。ですからその代わりに、私はこう言わなければいけません。私はベイカー・ストリート駅で列車を長時間待ち、アックスブリッジ駅ではおそらく虚しくわざわざタクシーを待つことはせず、雨で息ができなくなったり、雪溜まりの中に飲み込まれたりすることなく、家まで歩いて帰りました。家に入るとパーセノープは大声で泣いていました。おそらく悪夢を見たのでしょう。どうして人は幼児期が「幸せ」だと考えられるのか、私にはわかりません。私にとっては、恐ろしいもの〔アーフ・アーファーなど〕[18]に悩まされ、悪魔に取り憑かれたようなひどい時期でしたが、それでも人は、それに対処する不屈の精神、無感覚さというか、はありません。次にお会いすることを切望してやまない以外には、私の周りの日常生活に気を留めるのさえ、非常に難しく感じています。昨夜は睡魔に襲われあまりに瞼が重たくなっていたので、今、朝にこれを書き続けています。こうして手紙を書くのには、とても時間がかかります。私は一語おきに手を止め、貴女のことを考えてしまうというか、貴女のことを夢見てしまうからです。

よく考えてみると、私はダンやモーツァルトになりたいとは思いません（おそらくその方が結果的には好都合です）。彼らでさえ、とても満足していたとは思いません。私の望みはただただ貴女といられることだけです。私はひどく退屈な男にはなりたくないので、他の何についても考えられないことがとても心配です。貴女がインド総督の妻になりたくないと聞いて非常にうれしいです。そのためにはインドを再征服しなければならないからばかりではなく。私の取るに足らない人生でさえ、非常に多くのことに時間が取られるので、私には私生活はないと思っていますし、貴女は仕事の他にも貴女を手放したくないと思っている多くの友だちがいるに違いありませんから、私は欲求不満を大いに感じながらも、鷹揚に構え、穏やかに落ち着いていることを学ばなければなりません。

フランチェスカ、私の愛する人、私は貴女を崇拝して敬慕しています。それが昨夜貴女に差し上げた詩の本[19]に託された思いだとご理解ください。人はただのデートだと思うかもしれません。私は、私の人生、私たちの人

16…ジョン・ダン（一五七二〜一六三一）による詩。

17…モーツァルトが一七八七年に作曲したオペラ『ドン・ジョヴァンニ』の中の一曲。

18…『ウィルフレッド・R・ビオン　長い週末——1897-1919』インド編第一章参照

19…原註：『ロバート・フロスト全詩集』ロバート・フロスト（一八七四〜一九六三）はアメリカ人詩人。［編註：その本には「28.iii.51」と手書きで記されてある。］

生、今貴女のものとなった私の人生が、私たちの周りの全世界、でも何よりも貴女自身が本物だと知っているようなものになることを願います。親愛なるフランチェスカ、これはとても真面目に聞こえますか――あまりにも真面目すぎるでしょうか？　私はそれすべてを感じています。感じるだろうと思ったのとは少し違ったように感じますが。私はわかっていたと思っていたのですがね……

三月二十九日

私の愛しいフランチェスカ

今夜、私は幸運なことに、ちょうどアイヴァー・ヒースに向かうタクシーに乗り合わせたので、全く待つこともなく、暗い霧雨の中を歩く必要もありませんでした。今夜はなんと素晴らしい夜だったことでしょう。『頌事』は非常に感動的な経験でした。そして貴女がいなければ私はそれを経験しなかったということが、私の幸福感をいっそう深くしました。貴女の存在は、私の人生に優しい喜びの光を注ぎます……

私が昼食後に落ち着いてこれを書き続けようとしていたとき、ケン・ライス[20]が電話をかけてきました。彼が私に話をしたときに、なぜ私は思うように言葉が出てこないと感じたのかわかりませんが、貴女が彼にもう話したのだと知ったとき、突然彼が言っていることは私の人生でひどく重要な事についてだと感じたので、私は耳元でぐらぐらする受話器を持つ手が震えないようにすることも、声の震えを抑えることもできませんでした。同様に、私自身誰かに電話をすることに怖気づいています。バッキンガムシャーの医務官である私の旧友の妻、メアリー・ホールには伝えましたが。私は第二次世界大戦前の彼の結婚式で花婿付添人をやりました。

明日貴女にまた会えるという考えの他は、私の心から消え去ったようです。私の胸の中にヘンデルの音楽の誇り高き愛が聞こえます。

　そなたの赴くところ、何処にも涼風が森の開けた地を撫で

そなたの腰かけるところに木が寄り添い木陰を作る
そなたの踏むところ、何処にも紅に染まった花が咲き出で
そなたが目を向けるもののいずれも栄華をなす[21]

これは、私にとって今も永遠にも一つのこと、唯一のことを意味します、私の最愛のフランチェスカ。肌寒かったですが、天気が良くて澄み切った、そして明日には何か良いことが起きそうな良い日でした。今日最後の郵便の時間が迫っていることに、はたと気がついたので、これに封をし、投函しないといけません。私の貴女への手紙は終わることを知りません――この手紙を投函したらまたすぐ私は次の手紙を書き出すことでしょう。でもとりあえずごきげんよう。私の愛しの恋人フランチェスカ、愛しています。愛しています。

四月一日

愛しいフランチェスカ

私の傍でパーセノープが絵を描いているので、私が何かを書けるかどうかは怪しいところです。彼女は私がいいと言うまでは、完全に永遠に口を開かないと誓ったものの、そのトラピスト修道士の誓いは、実際には絶対的ではなく、相対的なもののようです。ですから、もしこの手紙が支離滅裂で、付きまとわれて困っている調子だとしても驚かないでください。一瞬たりとも書いている手を休めると、それはお願いや質問などが噴出するきっかけになるので、手を止めることはできないのです。沈黙はこの頃よく聞くような「晴れ間」と同じぐらいの長

20…アルバート・ケニース（ケン）・ライス（一九〇八～一九六九）はイギリスの精神分析者で、一九四八年から一九六九年に急逝するまで、タヴィストック人間関係研究所で活躍、集団力学に関して一時期ビオンと共同で研究していた。
21…ゲオルク・フリードリヒ・ヘンデル（一六八五～一七五九）が一七四三年に作曲した音楽劇『セメレ』より『そなたの赴くところ、何処にも』。アレクサンダー・ポープ（一六八八～一七四四）の詩「牧歌」にヘンデルが曲をつけたもの。

さしか続かないのです。

私が起きたときには九時五分前だと思ったのですが、よくよく見てみたら、十時四五分でした。私は頭を枕につけた瞬間からぐっすりと眠ってしまいました。確かにかなり遅いです。私は昼食前にサザーランド[22]に電話しましたが、彼は外出していました――少なくとも、誰も電話に出ませんでした。でもトリスト[23]には繋がり、働きすぎることに散々愚痴を言いながらも、彼はこの知らせにとても喜んでくれました。

私の大切な恋人よ、貴女が貴女でいてくださることがなんと幸せなことか。貴女が私にとってどれだけ大切なのかは、言葉では言い表せません。何年もの間、それを表現する方法を探していくことができればと思っています。

一体私は明日指輪を見つけることができるでしょうか。私は、知らない人にはその秘密をすべては明かさないような指輪を探したいと思っています。貴女の心を温めるようにその中で炎が輝いていると貴女に感じさせるような、これをくれた人は素の私を、私だけを永遠に愛してくれていると感じさせるような、深い味わいのあるものを見つけられたら、なんと素晴らしいことでしょう。

パーセノープの沈黙は神業でしたが、それを享受する側としては、集中の助けにはなりません。実際に彼女が喋らないでいるときは、質問ばかりしているときよりもいっそう悪いのです。全身全霊で沈黙を守らんと苦悶の努力しているのを見ているのはとても辛いのです。

愛を込めて。

四月一日

私の愛する人へ

とても疲れ果てた一日でした。私の熱心なパーセノープのお陰で、私はエープリールフールを何度も何度もやらされて、すっかり疲労困憊してしまいました。その驚いたり、憤ったり、悔しがったりといった刺激は、演技力を要し、それは懸命に努力しないと私には無理です。

貴女が私の親族にどんな者がいるのかご存知ではないと言われたことを受け、私は、この手紙では、貴女がこれから一員となる、とんでもない家族についてお知らせすることに専念すべきだと思いました――ビオン一族です。まず最初に知るべき基本的事実は、私が知っている限り例外なしに、彼らは完全に狂っているということです。精神病院を避けるずる賢さを持っているだけに、いっそう手に負えません。全員はどうしているかわからないので、一番重要な人たちに集中することにしましょう。

まずは祖父のロバート・ビオンで、彼はインドで何かの宣教師でした。彼が「立派な人」であったということを証明するパンフレットが家のどこかにありますが、私は彼のことに関しては何も知りません。彼には三人か四人の息子がいて、その一人はバーティ伯父さんです。彼はアイリーンという人と結婚しており、インド鉄道で働いていて、一度私に心付けをくれたことがあります。そして、私の若いときに、私が知っている限り、永遠に姿を消してしまいました。あとは三人の兄弟がいます。一番上がウォルター伯父さん、そしてルパート伯父さん、そして最後が父です。皆すでに亡くなっています。彼らが狂っていることの証拠に、彼らはみんなケンプ家という家族の三人姉妹と結婚しました――ケンプ家はおそらく宣教師か、大工や内装業者が褪黄色のことを「オフ」ホワイトというような意味で、「オフ」宣教師だと思います。姉妹の一番上はウォルター伯父さんと結婚しました。彼女はヘレン伯母さんで、彼女の夫と同じぐらい狂っています。そしてアリス伯母さんがルパート伯父さんと結婚し、最後がローダという私の母です。みんな子供がいます。一番上のウォルター伯父さんとヘレン伯母さんから順番に始めますね。

22…イギリスの精神分析者、ジョン・デルグ・サザーランド（一九〇五～一九九一）。
23…イギリスの精神分析者、エリック・トリスト（一九〇九～一九九三）。

あ、忘れていました。他にも伯父と伯母がいますが、私は彼らには会ったことがないと思いますし、名前も忘れてしまいました。宣教師ですが、彼らの子供たち、マーガレット、ハーバート、アーノルドとはずっと連絡を取り続けていました。私が彼らのことを忘れた理由は、私が彼らのことが大好きで、彼らはみんなかなり正気なので、名前が同じという以外はビオン一族らしくなかったからです。私にとって彼らはいつも何か特別だったので、貴女の忍耐がそこまで持てばお話ししましょう。

大切なフランチェスカ。貴女の優しい存在を切望し考えて、また夢うつつになってしまいました。私の心の奥深くに刻まれているのは、ほんの些細な瞬間のようです。どういうわけか、ケトナーズ[24]から出て私がタクシーを捕まえに行き、振り返ったときに貴女が遠くで劇場の下に立って待っているのを見た瞬間のように。なぜそのような瞬間が私の目にはっきりと焼き付いているのか理由は見当たらないのですが、実際そうなのです。そして渋々にでもありますが、友だちを連れてきてあなたに紹介するときが待ちきれません。私の唯一の真に愛する人、私は貴女が誇らしくて仕方ないので、他の人に貴女を見せて、私は近くに立って言いたいのです、「ほら見て！　こんなに素晴らしい幸せを手にできるなんて、私は立派な男だと思わないかい？　私のフランチェスカのように美しい女性を見たことあるかい？　私の愛しいフランチェスカほど美しい女性を？」と。

ジャックス[25]からのお祝いの手紙と共に、貴女からの手紙が今朝着きました。私は読まずにしばらく手紙をポケットに入れておきました。「フランチェスカからの手紙だよ。私の愛する人からの」と長い時間自分に言っていられるように。

これ以上今、家族の歴史を語っても仕方がないですし、どちらにしても私は〈街〉[26]に行く準備をしなければいけません。たとえ貴女が欲しいと思うようなものを見つけるのに時間がかかったとしても、私は貴女にとても気に入ってもらえるような指輪を探したいと思っています。私を満足させるものに出会えるとは思っていません。それはわかっています。でもこだわりを持ち、納得できないものを買い急ぎさえしなければ、貴女のものですから私はきっと好きになるでしょう。

愛しい人よ、私はそろそろ切り上げなければいけません。フランチェスカ、私のすべての愛を込めて。

次に逢うときまで、ごきげんよう。

日付なし
私の愛しいフランチェスカ
あの集団から帰ってきたばかりですので、貴女への手紙を走り書きしようと思います。その討論は興味深く、常に私の弱点である読書不足により難しくはありましたが、喜ばしいことに私は、木を見て森を見失わない自分の能力によって、それを補いました。また一方では、私はその議論をまとめ上げて、それまで欠けていた意味や一貫性をもたらす発言ができたと思います。私の要点をすぐに理解し、その貢献の価値を素直に認めてくれるような集団に参加できるのはなんとも楽しいです。とても自己中心的かもしれませんが、私はそれが嬉しいということを打ち明けます。
今思い出したのですが、土曜日の朝、〈街〉に遅くまで行かなくていいので自由になりました――メラニー[27]が休みなのです。私が家を売りに出すのに必要なことを済ませたり、少なくとも、そのために部屋を片付けたりするにはいい機会でしょう。

24…一八六七年にオーガスト・ケトナーが創業したロンドンのフランス料理店。

25…カナダ人精神分析者エリオット・ジャックス（一九一七〜二〇〇三）。

26…ロンドン中心部のこと。

27…オーストリア人精神分析者メラニー・クラインのこと。ビオンは一九五三年まで彼女の訓練分析を受けていた。本書自伝部分第十三章を参照。

フランチェスカ、貴女は今日、本当に息を呑むほど美しかったです。今でも私の心の目であなたを見て心がときめいています。どれほど貴女に私の腕の中にいて欲しいことか。でもどれだけただ座って貴女を見ていたいか、私の愛するフランチェスカ。こう考えだしたらもう手紙は書けなくなってしまいます。めまいがするほど幸せで、「走り書き」するどころではなくなります……

私の大切な人、私はこの辺にしておきます。寝る努力をしようと思います。愛しい人に心から愛を込めて。

四月六日

愛しいフランチェスカ

すてきなスカーフをいただきありがとうございます。「すてきなスカーフ」といっても、私にとって何よりすてきなのは、それが私の愛しい人からの贈り物だということだということは、私にはよくわかっています。添え書きの方は、とっておいて、ゆっくりと一語一語噛みしめながら読みたいという気持ちと、破って開けてすぐに読んでしまいたいという気持ちの間で揺れました。私は行儀よく振る舞っていたと思いませんか？　お茶の時間も、ハーレー・ストリートに帰る間も、涼しい顔をして、落ち着いて、冷静だったでしょう。でもその後封筒を開けずにはいられませんでした。それでも手紙は、最初の患者と次の患者の間の休憩まで、私のポケットにじりじりと忍ばせておきました。それは賞賛に価する冷静さではないですか？　愛しい人よ、なんと愛らしい追伸！　私はどうやってハーレー・ストリートからアイヴァーに戻ったのか、その間を全く覚えてないのでわかりません。いつか私の知り合いが列車の中で私を見かけたら、一体全体彼らはどう思うでしょう？　愛する人よ、もし彼らが、私は恋に落ちているに違いないと思っても不思議ではありません。

大切なフランチェスカ、私は手紙を書くこともままなりません。スカーフについて考えるのに何時間も必要です。そして手紙について考えるのに何時間も必要です。貴女がお茶に座っていたときのあまりの美しさの詳細を一つ一つ大切に、ゆっくりと思い巡らす長い、長い時間が必要だと気がついたら、どちらのことも考える時間がないのです。貴女の肩にかかったスカーフ、貴女のイヤリング、書きながら貴女のことを思い出すだけで私の心臓は高鳴っていきます。私の心の中で私は、世界中の他の誰でもなく、愛しい貴女だけが与えてくれる贈り物が確かにあると感じています。痛みに近いほど深い喜びで私を満たす贈り物です。私は、タヴィ[28]が私にとって美しい場所になるとは思ったことがありませんでしたが、「そなたの踏むところ、何処にも紅に染まった花が咲き出で」……

……私はすべてのものを可能にすることができるものが、既に一つ存在すると思います。それは貴女と私の間には既に、この不安定で辛い世界の中でさえも、簡単に振り払うことのできない永続の愛があるということです。貴女が私の心の中で一番の人になったとき、その確固たる愛は、それなしでは何を建てようとしてもすべて徒労に終わってしまうような適切で堅固な土台なのだと、何かが私に知る勇気を与えてくれ、それに対して私は言葉では言い表せないほど感謝しています。今日、ハーレー・ストリートのマントルピースの上に貴女の肖像画を置いたときに、それが私が心底で感じたことなのだと悟りました。何かが私にはっきりきっぱりと、それが正しいのだ、そうであるべきなのだ、恐れるなと、囁いたようでした。愛するフランチェスカ、貴女なしでは私は何ものでもありません。

「ヒイラギに実がなるように悲しみは愚か者につきまとう——
おぉ！　愚かなことだ——愛を怖がるとは[29]」

28…原註：タヴィストック・クリニック、タヴィストック人間関係研究所。当時の所在地はハーレー・ストリートにほど近いビューモント・ストリート。

29…一九〇八年に発表されたエドワード・ジャーマン（一八六二～一九三六）のオペラ『愛は私たちに喜びを与えるものだ Love is meant to make us glad』より。

フランチェスカ、愛する人よ、貴女は私に起きた奇跡です。私が理解不能で、理解したくもない奇跡です。それが起こったというだけで私には十分です。

今は土曜日の夕方で、私はいつものように論文を前に座っていますが、書き進められずにいます。貴女のことを考えた途端、私はまた貴女に逢うことを思い、夢想に耽ってしまうのです。私は昨日起こった〈二杯目の紅茶〉の悲劇についてお話ししなければいけません。私が二杯目の紅茶を取りに席を立つ間、貴女と一緒にいられないのだと気がつき、苛立ったのですが遅すぎました。悲劇の始まりは、貴女をタヴィで最初に見かけて以来、欲しくもないお代わりのお茶にお金を支払うようになったことです。それというのも、お茶の時間を長引かせる言い訳ができ、それだけ貴女を長く見ていられますし、加えて、貴女と同時に湯沸かし器のところに行ける確率が二倍になるからです。ですから、私は機械的に考えもなく、いつも通りに振る舞い、当然のことながら、ただでさえ短い貴重な瞬間を失ってしまったことに気がついたのです。

……また間もなく貴女に電話するとき、我慢できかねるほど歯がゆいとわかってはいても、それを考えただけで嬉しくなりますが、そのときに明日のお茶の時間にホール家と約束すべきか、私は貴女に聞こうと思っています。スティーヴィ・ホールは私の旧友です。彼は私よりもかなり下で、彼のことは名前しか知りませんでしたが、ぎりぎり同時期に同じ学校に行きました。ですがそれ以来ずっと連絡を取り続けています。第一次世界大戦後、短い期間、私は彼の妹と婚約しました[30]が、今は彼女とは全く連絡を取っていません。自分の好きな人間について客観的になるのは難しいものです。その人が自分の結婚式で花婿付添人になって欲しいと私に頼むほど、私を好いてくれている場合には特に。私は、彼はきびきびした明るい人で、学校ではいつもとても優秀だったと思います――卒業する頃には監督生になりました。彼は自分の選んだ道でも非常に成功しています。読書好きで、興味深い人たちと交流していますし、息子たちをイートン[31]に行かせようとしています。私はイートンは賞賛に値すると思いますが、もし万が一そのような場所に行かせるお金があっても、絶対に志望しません。あまりに多くの子供たちを放置しているように見えますし、何と言っても彼らはまだ子供なので、保護が必要なのです。

昨夜、私は別の旧友に話しました。彼はジョージ・ミッチェルで、第一次世界大戦後、私が大学生としてオックスフォードに到着したとき以来の友人です。ジョージは独身ですし、外見もそのように見えます。私たちは一年に一度ぐらいしか会いませんし、会わないときには何年も会いません。彼は禿げ頭で、痩せていて、気難しそうで、やつれており、半分は親から受け継ぎ、半分はラグビー校[32]で身につけた、抜け目のない現実主義のようなもので満たされています。老ぼれの都市の大物のように見えると思っていただいて構いません。でも彼はそういう外見で生まれたのです。絶対そうに違いありません。どちらにしても、彼はオックスフォード時代まさにそうでした。ジョージと私は、当時私たちが学びの場に臨席の栄を与えたクイーンズの学監で、現在グラスゴー大学の哲学教授になったペイトン[33]のところに行って、哲学について議論したものです。当時彼の頭脳は私を威圧したものですが、以来私の方がもっとたくさんのものを持っていると思うようになりました。先週よりも前ですら、私はそう思い始めたのです。私たちの婚約以来、ご存知の通り、私は自分がとても顕著な人間に違いないと確信するようになったのでどうでもいいのです。彼は素晴らしい仕事で忙しくしています——ロンドン州会の野党党首ですし、(私が研修を受けた)ユニバーシティ・カレッジ病院の経営に関わった何かです。彼は株式取引をやっていましたが、金儲けが好きでないのでやめました。事実、立派な絵を時々買っているところを見ると、か

30…本書自伝部分第二章参照。

31…一四四〇年に創立された男子全寮制のパブリックスクール、イートン・カレッジのこと。英国一の名門校。

32…一五六七年に設立されたパブリックスクール。球技のラグビーの発祥地として知られる。

33…ハーバート・ジェームズ・ペイトン(一八八七〜一九六九)はスコットランド人の哲学者で、カント哲学研究の第一人者だった。

なり裕福ではないかと思います。彼は抜け目のない有能な取引の助言を、他では助言を得る機会がない人たちに与えていると思います。その教養のあるラグビー人はいい人ですが、荒っぽいものもいます――あえて言うなら、大学に行かなかった人たちを知っていれば、たくさんです。

愛する人よ、私は前の文章を書いてからこの紙の前に三十分もただ座っていました。貴女が、明日の朝ここに向けて出発する前に私に電話すると言われたときに、私がどれほどうれしく感じられたかを考えながら。これは貴女への手紙の追伸や追追伸のようです。私のために貴女に来ていただけるなんて、なんと途方もなく素晴らしいことでしょう。貴女は私のためにそうしてくれるのだと、信じようとして独り言を言っています。

親愛なるフランチェスカ。これを書くのに時間をかけすぎましたので、切り上げねばなりません。でなければ寝る時間がなくなってしまいます。貴女のことを想っています。

愛する人へ、おやすみなさい。

四月十日

愛しいフランチェスカ

とても遅い時間ですが、私はこの非常に短い手紙を送らないではいられません。愛する人よ、貴女の愛しい声を聞くことができて、嬉しかったです。一日の仕事は結構うまくいきましたし、ケンに会えて本当に結構楽しかったです。主として、私がどれだけ貴女のことを思っているか、私にとって、このような美しい女性が私のことを愛してくれていることがどれだけ素晴らしいことか、私が言わなくても、彼はわかってくれていたからです。それでも貴女に電話が繋がらなかったときには、私はどれだけ自分が貴女に逢いたくて仕方がないか、それがどれだけ辛いことか、突然思い知らされました。急に倦怠感を覚え、それからの時間は、時計の針が這うかのようにのろのろと進んでいると思いました。私は、家に帰って電話口に行かないといけない、貴女の甘い声を聞かないでいるなど、これ以上一秒たりとも耐えられないと思いました。それでも、賢明にも、いい意味での苦痛であるように、なんとか帰り道でファウラー[34]を読みました。愛するフランチェスカ、私の仕事は生き生きしてきています。私にとって無感覚でつまらない機械的な日課となったものが、今大きく弾けています。これも全て私の愛しい貴女、愛するフランチェスカのおかげです……

四月十一日

愛するフランチェスカ

またお休みなさいの手紙ですが、貴女にはおはようございますの手紙になるのではないかと思います。私はきちんと参加するには、まだもう少し霧中にいるように感じましたが、なかなかいい会合でした。皆が皆、鋭い知性を持ち、主題をしっかりと把握している五人という小さな集団の中で仕事をするのは、何かとても充実感を覚えます。でもまず、彼らはそれぞれ私たちの婚約をとても温かく祝ってくれ、もし私の心が今休んでいるところに私の心を追いやる何かが必要であったのなら、それを提供してくれました。まったく、私はすぐにでも精神分析を何か読み始めないといけません。でないと人は、貴女はとても変な選択をしたものだと思うでしょう。この集団で飛び抜けて優秀なハイマン先生[35]は、私たちはセント・ジョンズ・ウッドに住むべきだとしつこく言っています——彼女はそう言うだろうと思っていました。とても思いやりのある人です。

愛する人よ！　月曜日は大丈夫です。私が診る予定だった患者は五月まで来れないそうなので、心の暗雲が一挙に晴れました。月曜日の夕方七時半に時間を空けておいていただけますか？

34…原註：『現代英語用法 Modern English Usage』（ファウラー、一九二六）。〔訳註：イギリス英語の使用法、発音、書体に関する手引書。〕
35…ポーラ・ハイマン（一八九九〜一九八二）ドイツ人精神科医、精神分析者今夜のような短時間でも、私にとっては大きな慰めでした。フランチェスカ、貴女は一日仕事で忙しく、私は本当に貴女に会えるとは思っていませんでした。とはいっても、昨日の経験から、貴女を一目でも見ずに明日まで待たなければいけなかったら、私はとてもやりきれなく感じたでしょう。愛するフランチェスカ——貴女がどれだけ私にとって大切か。

貴女が子供部屋について話したとき、私はとても幸せに感じました。私たちの子供と考えただけで、言葉にできないほど甘美な気持ちになります。貴女のお陰で、私はパーセノープを取り戻すことができ、子供を持つということがどういうことか感じることができました。日に日にパーセノープが理解できなくなり、全く自分の子供でないような気がすることもあるということが、常にどれだけ辛いものだったか、想像できないでしょう。私の愛が貴女にとって大切なものだと、今ではわかりますし、それがわかって嬉しいですし、そうだなんて奇跡のようですが、貴女も私の愛を大事に思って下さっているのです。これを深く感じると同時に、貴女はこれよりもいっそう深い愛を、それは自分の子供への愛情だと知っているのかもしれないと考えると、私は際限なく幸せに感じます。

愛しいフランチェスカ、とても楽しい週末を過ごされますように。私は貴女のことをずっと考えています、幸せの輝きである私の愛する人。

四月十二日

愛しいフランチェスカ

私は家路につきながらあの家[36]の詳細の資料を読み、家のことをずっと考えています。貴女はかなりペンキを塗らないといけないと思いますか？　それとも引っ越してから自分たちである程度はできるほど、十分「住めそう」だと思いますか？　私はとても効率よく速く白塗りできるガソリンで起動するポンプとスプレーと、電動の塗装ガンを持っています。もし貴女が内装を趣味にしてもいいと思うのであれば、それらを使って自分たちででもきます。例えば一部屋私たちの好みに合うようにとか……でも、私はこんな風に話し続けるのをやめないと。でなければ、全く非現実的な夢の家ばかり想像して、私たちが手にするであろう本物の家を見たときにかなりがっかりしてしまいますから。

フランチェスカ、貴女の選んだ指輪[37]は、時間が経つにつれ、ますます申し分ないと思えてきました。貴女の手にとても似合っています。貴女はダイヤモンドにでさえも魔法をかけることができるようです……

四月十三日

愛しい人へ

いつものことながら、お茶の時間には圧倒されて、私はそのときもその後も何も言うことができませんでした。貴女からの手紙を持っていることは、私にとって、この上なく慰めになり、とても嬉しかったです。私からは小さな紙片しか差し上げられなくてすみません。実は私も同じことを思っていました——あの家を二人で一緒に見に行くべきだと。でも、貴女は仕事で忙しく走り回っており、すでにあまりにもお疲れの様子でしたので、私は今日貴女に会ってからそれを提案しようと思っていました。

私は嬉しい手紙を幾つか受け取っています。本当に心に触れたことの一つは、私たちに対する溢れんばかりの愛情と好意です。言うまでもなく、貴女を知っている人は私が何という果報者なのか、わかっているでしょう。

36…原註：レッドコートのこと。〔編註：フランチェスカと結婚直後に、ビオンは最初の妻ベティ・ジャーディンの死後に買った家を売り、サリー州クロイドンにある大きな家「レッドコート」に二人で移り住んだ。〕

37…原註：一七四〇年にフランスで作られたダイヤモンドの指輪。〔永遠に悲しいことに、これは一九七〇年代後半、おそらく一九七七年に、ローマで盗まれました。F・B〕

自明の理です。でも、貴女が褒められているのを耳にして、私の愛する人、貴女に対する愛情や誇りを感じるのは、何と素晴らしいことでしょう。私の事務弁護士はとても感じの良い手紙を書いてくれました。ジョン・ボウルビィ[38]はとても親切な言葉をくれましたし、今夜電話したサザーランドは、休暇から戻ったばかりだったのですが、タヴィのみんなが祝福している、と決まり文句ではないかのように言っていました。彼はまた、貴女を知っているタヴィの女性は皆、貴女のことが大好きなのだと言っていましたよ。ジョン・リックマンは祝福の言葉をくれました——貴女は彼のことをご存知ないですよね。そしてアレックス大佐は——元帥の弟で私の昔の指揮担当士官です——私たち二人に、彼と奥さんからのお祝いの、とてもすてきな手紙を送ってくれました。私はアレックスのことはとても好きです。いつもとても気があいました。彼は私たちの結婚式がいつなのか知りたがっています……

そして——結婚式はどうしましょうか？　アルバートホールやオリンピア[39]を披露宴のために借りるとなると、十分貯金できるまで式を延期しなければいけないかもしれませんよ！

私は今日タクシーの運転手に聞いたら、ヴィクトリアからハーレー・ストリート[40]に行くのに、朝だったら道が空いているので十分とかからない、代金は二シリングか三シリングだと言っていました。ですから、これで決まりです。ということは、うち（うち！）を八時十五分の代わりに八時五十分に出れば間に合うのではないかということだと思います。これは一週間にしてみればかなりの違いになります。でも私は気がついたのですが、以前（フランチェスカ以前）は、一週間に一度夜が遅くなっただけで週末には疲れて果てていたのが、すでに今は、今夜は塗りたてのペンキのように気分爽快です。私は貴女のこなしているすべての用事について、申し訳ないと思い、後ろめたく感じています。貴女が疲れているにもかかわらず、とても美しいのは、私にとって素晴らしいことです。貴女の「ひどいうぬぼれ」についてのお話を聞きたいです。私が言えることは一つだけ、あのフランス人のカーゾン卿についての言葉を引用することです——「途方もないうぬぼれ——もっともだ immense orgeuil– justifié」[41]。

愛する人よ、私の書きたかったことの十分の一も書いていないような気がしますが、切り上げないといけません。お休みなさい、愛しい人。

四月十七日

愛しいフランチェスカ

貴女の声を聞いてとても気分が良くなったので、私はこの短かい手紙をしたためずにはいられません。私はもうすでにお茶の時間が待ち遠しくて仕方がありません。貴女は、貴女が私のために紅茶をとってくると言うときに、どれほど私が嬉しくなるか、想像できないでしょう。フランチェスカ、私は貴女にしていただくことを愛おしく感じます。私はただそれに慣れていないのです。それだけです。私は貴女を見るとき、とても自分の目を信じることができません。でも、私の心が、私にそれは本当に真実なのだと教えてくれます。

フランチェスカ、私はリヴィエール[42]さんのパーティーをとても楽しみにしています。彼女はやや手ごわい女

38…ジョン・ボウルビィ（一九〇七〜一九九〇）は、イギリスの精神分析者で愛着理論の研究者。

39…アルバートホールとはロイヤル・アルバート・ホールのこと。当時八千人の収容力があった（現在は安全上の理由から五千人強）。オリンピアは一万人の収容力がある見本市会場。ここではもちろん冗談で言っている。

40…［編註：二シリングと三シリングは、現在の貨幣で十ペンスと十五ペンスに相当する。（訳註：二シリングは一ポンドの十分の一であった。）］

41…原文は「immense orgeuil – justifié」となっているが、本来は「Orgueil immense, justifié」で、フランスの元首相ジョルジュ・クレマンソーが、イギリス貴族院長のカーゾン卿の横柄さに対して皮肉って言った言葉。クレマンソーは、フランスの詩人ポール・ヴェルレーヌの詩「ヴィリエ・ド・リラダム」の一節を引用した。ここではビオンはもちろん皮肉を込めていない。

42…イギリスの精神分析者、ジョアン・リヴィエール（一八八三〜一九六二）のこと。

性ですが、私のことを応援してくれていますし、貴女と「公の場」に顔を出せば、私は自分をとても誇り高い男だと感じられると思います。きっとパーティーが終わるときには、より多くの人たちが、私は「とても趣味がいい」と思うでしょう。「私は賢いでしょう！」と人々に言って回らないようにしますね。でも、私が何をしたとしても、私は賢く見えると思いますよ。

私はこの寸書に長い時間をかけすぎたので、切り上げないとなりません。おやすみなさい。私の愛しい人、おやすみなさい。私の親愛なるフランチェスカ。

追伸：紙面右下の端に接吻をいくつかしてあります。少しひしめき合っています。

四月二十一日

親愛なる人へ

私は電話が鳴り、貴女の愛しい声が聞けるのを待っています。ですから、私からの手紙は期待しないでください。こういう状況では不可能なのです。時間を潰すためと、そして私の眠気を誘うために、私は、ビオン家のつまらない話を最後の頼みとすることにしましょう。実際に、それは貴女にとっても、眠気を誘う効果を発揮するかもしれません。手始めに、私は貴女に年上の家族を紹介しましょう——ウォルター・ビオン家です。

私の伯母のヘレンは手ごわい女性でした。気質的には親切でしたが、ウォルター伯父さんと結婚したことで、辛辣で気難しくなりました。私が思うに、彼女は天与の才能があり、亡くなるまで魅力的だったので、若い頃はとても美しい娘だったに違いありません。私の伯父のウォルターは、ビオン兄弟の一番年上で、気高く、教養もあり、ギリシア語で新約聖書を読むことが出来たと言われていました。実際には、彼は不快なつまらない男で、仕事においても、さもしさにおいても、幸せなほど無能でした。彼の無能な仕事ぶりのせいで、ヘレン伯母さんは、伯父のことを浮世離れしていると言い、そのため彼は聖人として崇められるようになる一歩手前でした。彼の気性は、彼の二人の弟たちにあからさまに見下されて悪化しました。弟のルパート伯父さんも父も、それぞれの分野で優れていましたし、ビオン兄弟について話すときには言うまでもありませんが、我慢のならない人たちでした。ウォルター伯父さんは、最終的にはインド政府の気象局の仕事につきました。一年のうち九か月間、太陽は半島全体を無慈悲な熱で照らし、そして残りの三か月は、突然土砂降りになり、その地を雨で水浸しにするにもかかわらず、そして局は断固として何があっても、私の伯父を一切昇進させなかったにもかかわらず、彼が気象局の被雇用者名簿に載っていることの効果はあまりにも強力だったので、気象局の予報は彼の無能の輝きで満たされ、彼が強制的に退職させられるまで、気象局は喜劇的な誤報の傑作だと賞賛されました。退職後は、アッパーノーウッドに住み、もし瀕死のアメーバにこのような言葉が適用できたとしたら、その精力を教会通いと、そして人を傷つけるような狂信を彼の家庭中に撒き散らすことに費やしました。その家庭には、私の可哀想な伯母と、今は幸せなことに視界から消えた、口うるさい私の従姉のベリル、そして被害妄想に苦しんでいた雑種犬がいました。私と犬は、このように家族の大げんかを引き起こすこととなりました。私の両親と私は、お茶に彼らを訪問しました。そのような家では、どんな気さくさも、十中八九惨憺たる結果に結びつくことをすっかり忘れ、私は犬に向かって、元気よく帽子を振りました。犬は直ちに、吠えたり、噛みついたり、口から泡を吹いたりする騒ぎを引き起こしたので、私の伯父は飛び出てきて、私が犬を虐待するのを許さない、と言いました。その騒ぎを聞きつけて今度は私の父が飛び出してきて、私がウォルター伯父さんに噛みつかれたと思い、伯父に向かって激怒しました。ヘレン伯母さんは、青ざめた顔で直立したまま、言葉を失っていました。そして私の母が姿を見せましたが、その時にはその光景は、あまりにも筆舌に尽し難い混乱状態でした——伯父の奇声、父の雷のような罵声、狂ったような犬の吠声、そして帽子掛を探している私——そのため、彼女は様子が飲み込めませんでした。私たちはひどく冷ややかな雰囲気の中でお茶をいただきました。それは、その日が非常に暑かったため、ありがたくない訳ではありませんでした。この二家族は、一年以上、お互いに話をしませんでした。

私の従姉のベリルは、インドでの幼児期から、実にひどい小さな卑怯者として知られており、彼女の兄のシリルとメルヴィンにひどく嫌われていました。自分の子供たちは皆一様に非常に優秀だと信じていたヘレン伯母さんは、ベリルには歌唱力があると主張しました。そのため、毎朝朝食の前に、彼女がか細い震えた声で、音程の狂った曲、それは確か『マーンの山』[43]といったと思いますが、を歌うのが聞こえてきました。それを聞いて、私の伯母は目に涙を浮かべたものでしたが、いつも夜明けの「練習」だけで、彼女はベリルの歌を他の誰にも聞かせなかったので、どこかで真実に薄々気づいていたに違いありません。

私は伯母が好きでした。彼女は――私はこれはすべて、私が二十一歳のときだったと言わなければいけませんが――夢中で、私にインドのことを教えてくれました。鳥たちの美しさは特に、彼女をうっとりさせました。「彼らはね」彼女はぴったりの言葉を探し、物憂げに手を振りながら、言ったものです。「それは豪華な葉を持っているの」。「羽です、伯母さん」私は物知り顔で訂正します。「ウィルフレッド」彼女は半分怒ったふりをして言い返します。「私を怒らせないでちょうだい。私が言いたいこと、貴方はよくわかっているわよね」。「はい、伯母さん」私は従順に答えたのでした。「わかっています。羽という意味だったんですよね」。伯父は、額にしわを寄せながら、座って『信仰の人生 The Life of Faith』[44]という無学者向け低俗宗教雑誌を読んでいます。私が知っている限り、彼は他のものは読んだことはありません。「ギリシア語原語」の新約聖書でさえもです。

可哀想なウォルター伯父さん。最後の最後、彼が八十何歳のときに、一時的に正気になった時期があり、彼は人生を無駄に過ごしたことを悟り、誰かれ構わず何にでも激怒するようになり、精神病院に閉じ込められました。私はいつもそれが不運なことだと思っていました。というのも、それは私が、本当に唯一、彼が人生で分別のあることを言うのを聞いたときだったのです。

彼の長男のシリルも、みなと同じく気が狂っており、独学で絵画を学びましたが、結婚するという十分な一般常識を持っていて、家名を傷つけたことに、とても優しい、どこかの店員の女の子と結婚しました。彼女は彼をアイルランドで教職につかせる分別があり、そこではもちろん、誰も何も変なことに気づかず、私が知る限り、彼はまだそこで野放しになっています。

メルヴィンは私が六才のとき、私の偉大なる英雄でした。彼は技術者となり、結婚し、その後ずっと退屈に生きました。

私がそろそろ退屈で眠くなりかけたとき……電話が鳴りました。ですから、私はこの退屈な話に戻ることはとてもできません。私の愛しい人、貴女の声を聞くことは、なんと甘美なことでしょう。私は家について、気持ちがとても舞い上がっています、本当に、とても舞い上がっています。そして私が、再び貴女に会えるまでどのように時間を過ごそうか考えながら、金魚のように口を開け、呆然とぼんやりと座っている間に、貴女がたくさんのことをこなしていると思うと、とても後ろめたく感じます。

これはいけません。私は続けられません。私はただ貴女の愛らしい顔を見て、貴女を夢みています。貴女に逢うのを切望しながら、貴女があの家の女主人になるのを見ることがどんなに素晴らしいか考えながら。フランチェスカ、私はそれが貴女にふさわしい幸せなものだと祈っています。そして、私はそれ以上は何も言えません。

長い休止の後、私は自分自身の気を引き締め、私の家族の歴史を書かなければ、決して眠れないことに気がつきました。ですから、あと情報を二つだけ書いて、ウォルター・ビオン家の記述を終わることにします。あの被害妄想的な雑種犬の他にも、猫がいました。私がほぼ忘れかけていたこの生き物は、犬とは違い、極度の抑うつ

43…原文は『マーンの山 The Mountains of Marne』となっているが、アイルランド伝承の歌『モーンの山 The Mountains of Mourne』のことではないかと思われる。仏訳は、ベリルの発音を再現しているかもしれないとしている。

44…ケズウィック・コンベンションというキリスト教派の雑誌。一八七四年創刊の月刊雑誌『キリスト教徒の神力への道 The Christian's Path to Power』が一八七九年に『信仰の人生 The Life of Faith』と名前を変え、週刊誌になった。

状態でした。猫については、これ以上何もいうことはありません。その猫は極度の抑うつ状態でした。

私の従兄のシリルは、たまにアイルランドから彼らを訪ねてきました。彼らはみんな、とても悪意のある騒々しい同じ調子で、お互いを嫌悪していました。ある日シリルが、ウォルター伯父さんは彼の父ではないと主張し——彼はまだそう主張していると思います——みんなを呆然とさせたときまでは。

これが私の伯父にもたらした衝撃はひどいものでしたが、可哀想な伯母に与えた精神的打撃とは全く比較になりませんでした。シリルは明らかに、まだ伯母のことは自分の母親だとみなしていたので、彼女は即座に、これの生理学的な含みは、もしも社会学的な、いやもっと悪ければ、神学的な用語に翻訳されると、彼女の道徳感にとても悪い解釈を招くと悟りました。それがどんなに彼女の魅力を引き立たせるとしても。

フランチェスカ、このことについてこれ以上書こうとしても無駄ですが、私は、自分はそれほどでなくても貴女を眠りに誘うのに十分書いたと思います。私の心と気持ちはすべて貴女のものです。私たちは素晴らしい冒険の出発地点におり、私は喜びで満たされていますが、これが最も神聖でかつ幸せなことだと感じています。私は克服しなければならない困難がこれからたくさんあるとわかっていますが、貴女と一緒なら、本当に喜んでそれらに直面できるでしょう。私たちは裕福ではないかもしれませんが、私は裕福でも全然幸せでない人を多く見てきましたから、貴女の家庭が幸福なものになるという希望に満ちています。

とても遅い時間になりました。フランチェスカ、なので私は貴女におやすみなさいと言いましょう。私の愛しい人、私は貴女を愛しています。

たくさんの、たくさんの接吻を込めて。

四月二十三日

愛しいフランチェスカ、

私はあまり遅くまで起きていたくないので、走り書き以上のものをお約束は出来ませんが、これは貴女へ私の愛を送るためのものです。今日はたとえ短い時間でも貴女に会えて嬉しかったですし、電話で貴女の声が聞けてとてもよかったです。でも私は、お互いが今感じているに違いない歯がゆさに慣れなければいけないだろうと思います――私たちどちらにとってもそれは簡単なことでありません。その感情は不愉快ではありますが、もしそれが存在しなければ、なぜそう感じないのか本当に不思議なことでしょう。

私はすでに来週の土曜日を楽しみにしています。私たちが初めて一緒に出席することになりますし、それは小さな集まりですが、私は楽しいものになると思います。二人で組んで行動することを学ぶというのは、何か心躍るものがあります。

私は月曜日にはいつも気が張ります。私はまだ毎週の慌ただしさに身体がついていかないと感じ、ほとんどいつも身支度や何かに時間がかかりすぎて遅れそうになりつつ、週を始めます。そして多忙を極めるので、私はその日が終わるとほっとします。それでも、どう見えるかにかかわらず、たとえ私の論文が全く進まなくとも、私は患者にとっては良い仕事をしていると思います。ですから、せわしないのは私にとってそれほど悪いこととは思いません。

フランチェスカ、私は今朝、貴女からの愛の込もった手紙を受け取り、本当に、本当に嬉しかったです。そのおかげで私の仕事は楽になりましたし、手紙がなかった場合に比べて、はるかに良いものになりました。貴女の愛は私にとってこの世で最高の宝物であり、そして私にはそれがあれば、私がもっと何かを必要としているなどと貴女が思う必要はありません。私はいたって普通の男です、愛しい人よ。でも貴女の愛があれば、私は幸せな人になり、そして、誰もそれ以上のことは望みようがありません。世間が評価するような成功や見かけは、もしそれが現実になればなかなか心地の良いものですが、私はそれは、普通の満足や幸せのずっと後についてくる副産物だと思います。もし貴女にとって私が同様になれるのなら、私はこの上なく幸せですし、私たちはとても幸せな家庭の基盤となる全てを持ち、私たちよりも恵まれない人々に、ささやかな方法で、それを共有し拡散する機会を持つことになります。私はこれ以上に満足のいくものは知りません。

そして私の大切な人、すでに遅い時間なので、私はそろそろ切り上げなければなりません。まだずっと先のことのように思われますが、私は貴女に再び逢うことを楽しみにしています。私のすべての愛を込めて、フランチェスカ。朗らかでい続けてくださいね。

四月二十四日

愛しい人へ

私の見事な決意にもかかわらず、なんと素晴らしい夜だったかを貴女に伝えるために、これを書かずにはいられません。私は貴女がいないと存在できないようですし、どうやってこれだけ何年も貴女なしで生き残れてきたのか理解ができません。昨日のようなひどく不快な一日ですら、私は今までにないほど自分が良い仕事をしたとわかっていました。そして今日、貴女はいとも簡単に、私の心労を一掃してくれました。フランチェスカ、どれほど私は貴女のことを愛していることでしょう。そしてどれほど私は貴女と絶えず共にいたいと願っていることでしょう。

明日の夜の集団の会合は、貴女がこれを読む頃には「今夜」になっていますが、そこでは私は恐ろしく無知と後ろめたさを感じるに違いありません。というのも、私の患者との仕事は今までにないほどはるかに上手くいっているのですが、たった今、読むことも書くことも全くできないからです。

フランチェスカ、私はこの辺にしておかなければいけません。私は貴女に手紙を書き始めると、一行ごと、一語ごとに貴女のことを考え続け、睡眠不足で参ってしまうことになります。

すべての愛を貴女に、大切なフランチェスカ。

水曜日の朝です。おはようございます、フランチェスカ。お元気でしょうか。私はあまりにも貴女に会いたくて仕方がないので、私たちは家についての交渉をそんなに簡単に成り行きに任せていいものか、それとも、できるだけ早いうちに入手したほうが私たちにとって有利なのか、と考え始めています。もし私たちが契約を急ぐのなら、私たちが作業――掃除や修理や少しずつ物を運び込むこと――をし始めてもいいだろうということになります。どちらが貴女にとって良いでしょうか？

四月二十六日
愛しいフランチェスカ
列車のドアが閉まる前に、貴女の姿が通路に消えていくのが目に入ったとき、私は心の中で「私の愛しい人が行くよ。私の命であり、私の全てである人が行くよ」と思いました。愛しい人よ、愛しています。
そして、私は本当にそれが言いたかっただけなのです。それから、今夜がとても楽しかったおかげで私はとても元気になったので、明日仕事をするつもりなら寝ないといけないという考えを受け入れることがなかなかできないでいます……

四月二十八日
愛しい人へ
腹立たしい最後ではありましたが、貴女にとっては楽しいパーティーであったことを祈っています。私がもっと早く何が起きているのかに気づいていれば、あくまで帰ろうとしていたはずでした。ですが私が口実を考えつく前に、Tが送って行くとリヴィエールさんの前で言ってしまったものですから。「どうせ一緒に列車を逃すのならTとではなく貴女と一緒の方がいい」とはとても言えませんでした――後になって言いましたが。少なくとも貴女は問題なく家に帰れていたことを祈ります。私は貴女にまたすぐに逢えるという考えがあったから我慢できたのです。貴女がどうしていたのかわかりませんでしたが、貴女にとって楽しかったことを祈ります。

いつも通り、明日貴女に逢うことを考えて私は思考の迷路に入り込んでしまいました。貴女は今夜、美しかったです。リヴィエールさんは、貴女が音楽[45]を完全に諦めないといいわ、と言っていました。彼女は貴女をとても気に入って、私たちが来たことを心から喜んでくれていたと思います。どちらかというと私たちが恩恵を被ったと思うので、彼女が私たちを誘ってくれて、とても親切だと思いました。彼女は精神分析の世界では大物の一人ですから、彼女から招待を受けたというのはとても光栄なことなのです。シーガル博士[46]は私の年代の精神分析者たちの中で天空に輝く星です。精神分析の世界に言えることが一つあります——私たちはみな変人かもしれませんが、知性的でも興味深くもなさそうな人には、私はほとんど会ったことがありません。私は、私たちの社交の機会が、自分たちの満足のいくものになると思います。私は常に子供たちが教養のある人々に囲まれ、興味深い会話の音に慣れるような、知性的な家庭を望んできました。きっと今、貴女を通じて私の願いは叶えられ、そして私は貴女も私と同様に、社交生活を家庭生活と同じほどきっと幸せに思えるだろうと、感じていることを祈ります。

今日はとても愉快な日だったと思います。レッドコートでお会いしてから、一秒一秒が楽しさで満たされ、一秒一秒に人生の一分の分量が詰まっていました。愛しいフランチェスカ、貴女と築く家庭を心から切望してやみません。あなたのおかげで私はあまりにも幸せなので、どう生きたらいいのかわからないほどです。親愛なる愛しいフランチェスカ、愛しています。

四月二十九日

私の愛しいフランチェスカ

私は家に急いで帰り、入浴もし、明日の夜貴女に渡す手紙を書きたいだけなので、私は自分の決意を翻しているわけではありません。

そんなに急いで何を言いたいのだろうと貴女は思われるでしょう。それは、ただ私は貴女を愛しています、というだけです。愛しい人、貴女のことを愛してやみません。貴女が私にしたこと、そして今もし続けていることは、ただただ素晴らしいものなのです。私はただとても幸せなのです。言い表せないほど幸せなのです。私の頑固な心配性という硬く凝り固まった鎧の鉄板でさえ、貴女に逢うたびに少しずつ剥がれていくようです。今日何をしたのかほとんど覚えていませんが、一瞬一瞬が楽しかったです。ただ貴女が私のそばにいてくれたおかげで。

私はレッドコートに引っ越すのが、待ち遠しくて仕方がありません。私たちが家を探そうと思いついたのが何年も何年も前のように思えますが、暦の上ではたいして日は経っていません。

愛しい人よ、言いたいことがあまりにたくさんありすぎて時間が足りないので、手紙を書くのを終わらせて、どうしようもないことだと諦めないといけません。今週をどのように乗りきるのか見当もつきませんが、明日の夜を心待ちにしています。私は貴女なしでは半分欠けているように感じます。リヴィエールさんのパーティーはとても楽しかったです。彼女は貴女を気に入って、一瞬にして私がとても幸運な男だとわかったようです。彼女はいつも私のことを好意を持って見てくれているみたいです――彼女は結構気難しい人なのです――が、昨日彼女は、彼女の私への高評価は、貴女が私の求婚に「はい」と言ったことで証明されたと確信したのではないかと思います。それに、自分でも私は結構立派な男だと思います。でなければ、私が貴女と婚約できるはずがありませ

45…フランチェスカはオペラ歌手を目指していたが、その夢をあきらめ、ビオンと出会ったときにはタヴィストック人間関係研究所で研究補助員として働いていた。

46…クライン派のイギリスの精神分析者のハナ・シーガル(一九一八~二〇一一)。

んものね？　そうに違いないと思います。事実、それについては全く疑いはありません——今は。

フランチェスカ、私の愛しい愛しい人よ、ごきげんよう。おやすみなさい、私の大切な人。

五月一日

私の愛する人へ

愛していますと言うだけの走り書きです。それを言うためだけに特別に手紙を書くなんて馬鹿げているかもしれませんが、それを言わないと、とてももどかしくなるのです。それに馬鹿げているかどうかなんて気にする必要が、どこにあるでしょう。ですから、私は貴女を愛しています。愛しています。

恋人よ、今夜はあまり働きすぎないでください。誰かが、仕事が手にあまるときにはやるな、と言っていました。私も貴女も今、山のようにやらなければならないことがあります。私は今日は早く床につき、寝るつもりです。貴女もどうか私のために同じようにしてください。

愛しいフランチェスカ、貴女が鞄に鍵をかけていなければ、これをいくつかの接吻とともにその中に忍ばせます。

五月一日

愛しいフランチェスカ

貴女の声を電話越しに聞いて、もどかしく感じました。もどかしかったですが、同時に甘美でした。貴女を私の腕の中に抱きたい——でもほら、受話器だけです。気がおかしくなりそうです。

私はちょうどパーセノープが眠りにつく前に、家に帰り着きました——彼女はお腹すいたと大騒ぎしていました。食欲旺盛な年になったのです。彼女は「パパの寄宿学校について」話して欲しいと言いました。ですから彼女がまた何か食べて、そして眠りにつくまで、私は学校の演奏会のことを説明しました。こうやって顔を合わせると、たびたび存在する遠慮の壁があるように感じることが多いので、私は少し悲しくなります。彼女は週末にはより寛いでいるようですが、平日にはまた断ち切られてしまいます。そのせいで、私は私が与えたいと強く思っている助けを与える機会がないように感じます。彼女は私に私の「大きい」子と呼んで欲しがるのですが、私はいつも彼女がまだ私の赤ん坊であって欲しいと思ってしまいます……

五月二日

私の恋人、フランチェスカ

私は私たちの結婚のことを考えていました。六月の初め頃がとても好ましい時期ではないかと思います。新婚旅行に行けるように日程を組めればいいのですが、私はそれはとても難しいと思います。仕事の観点から言って、私は八月八日までぐらいはずっと働き、夏休みは四週間にしなければいけないと思っています——通常五週間ほどですが。運が良ければ、クリスマスか春には新婚旅行に行けるかと思います。それまでには少し落ち着いて、私たちにとっての状況がどうなっているか、はっきりしていると思います。

結婚式と披露宴をするのに一番いいのは土曜日でしょうか？　招待状を早々に出さないといけませんね。私は、困難ではありますが、何よりも、私たちが大切に思う幸せを少し分かち合えるように、来てくれた人たちにとってとても楽しいものになるよう手配できれば良いと考えています。私にとってこれは、ずっと「私の最愛のフランチェスカ」と言えるようになる以上のことを意味します。

フランチェスカ、貴女に手紙を書くのはほとんど不可能です。一文おきに夢想に耽ってしまうので、何時間も費やした結果が、この中身のないただの哀れな殴り書きです。私はありとあらゆるやるべきことを細かく考えるべきだと思うのですが、どういうわけか、そういうものは私の頭からすっかり抜けてしまっています。私はある種の二重生活を送っています。一つは患者との、手元の難儀な仕事を維持しようとし、また、月々の帳簿付けや何かをこなそうとする生活。そしてもう一つは、私の大切な貴女という全てを夢中にさせる考えを中心に回っている生活。これ以上書いても無駄です、私の愛しいフランチェスカ、いつものごとく貴女を愛しているという以外は。

私のすべての愛を込めて。

五月三日

愛しいフランチェスカ

貴女の電話越しの助言に従うならば、私はまず六月九日と書き、そして少し間を空けてから、六月九日と書いて、残念ながらまだ発明されていない何か火のような物質で、感嘆符をいくつも書かなければいけません。そして、私は思うのです。これが夢であるなら、私が夢見た中でも最も長く最も素晴らしい夢だ。もし夢でなければ、私はどうやってこの気持ちを抑えていいのかわからない、と。あぁ、と私は思うのです。彼女は何と美しい、何と途方もなく美しいのだろうと。それに彼女は私と結婚すると誓ってくれた。なんと特別なことだろう！誰かと混同しているに違いない。どうしたらいいのだろう。もし私がどれだけ平凡でありふれた人間かを知ったら、彼女はとても幻滅するだろうか。そして私はとても悲しくなります。でも、貴女がごく普通の人を好きで、私が普通であることをわかっていて、それでも私のことを愛しているのだと祈り始めています。そうでしょうか？どうかそうだと言ってください。私の大切なフランチェスカ、私がどう感じているのか伝えることができれば。どれだけ気分が高揚していて、どれだけ神経過敏になっているか。私が仕事でぐったりしているときに、私がどれだけくたびれているか知っても、本当に私のことを愛していただけますか？でも今でさえ、貴女は私がどれだけ退屈でどれだけ面倒かを御存知でしょう。

私は、何とか新婚旅行を手配できる方法を考えようと思っています。あまり長い間待つことなく[47]二人だけで過ごせる時間ができれば、素晴らしく助けになると思うのですが、臨床実践は私たちの動きを非常に過酷に決める、とても深刻な関係です。でも私は徐々に形が整ってきていると思います。そのようなことは、可能性を探ればなんとか形になるものです。これは、一日十時間何人もの人の心配事に没頭するという過酷な務めを持っているときに、はっきりと考えようとしなければいけない、とても変な仕事です。そしてその人たちすべての休暇などは、私たちの決めたものに左右されます。その誰もが自殺したり、他のそれほど劇的ではない——ある症例ではもっと劇的な——軽率な言動に走りがちなことは言うまでもなく。私は長い間舞い上がっているので、そのかわいそうな人たちがどうしているのかほとんどわかりません。

愛しい人、私はこの手紙をこれ以上速く書けたとは思いません。ただ手を止めて、貴女がどれだけすてきに見えるか思いを巡らさなければいけないのです。私はのぼせ上がっているに違いないと思いますか？　でも私はそうではないとわかっています。これは単に、真面目に事実を述べているだけです。私は貴女の愛らしい顔を見るのが大好きで、私の腕の中に貴女の腕を感じるとき、とても誇りに思います。お休みなさい、私の大事な大事なフランチェスカ。私は貴女のことを愛しています。

五月七日

愛しいフランチェスカ

これはお休みなさいというだけの短い便りです。週末が終わってくつろいだ気持ちと、またいつもの週に戻るという不満とが、私の中でひどく交錯しています。私は貴女に手紙を書きたくありません——私は貴女と話を

47…原註：私たちは七年待った。一九五八年の夏にパリで一週間過ごした。

し、貴女を私の腕に抱きしめたいのです。また貴女なしで生きて行く技法へしんどい思いをして戻らないといけないと思うと、私は少し不機嫌になります……

フランチェスカ、週末は楽しかったです。それを少し味わっただけでも、私は人生が突然ずっとゆとりのあるものに感じられました。最愛の人、これを書き始めるやいなや、私は夢想に耽っていることに気がつきました。私はあと四週間をどうやって乗り切るのかわかりません。時々周りを見回しては、どうして私は夜中じゅう起きて徹夜で荷造りができないのかと思います。また、どうしてまだ誰か親切な人が来て、私たちが納得する値段でこの家の購入を申し出てくれていないのかと。でもそれは起こり始めるでしょう。私は最後の何日かをここでどうやって過ごすのか見当もつきません。幾つかのスーツケースに詰められるものに頼って生活し、立ったまま食事をしないといけないでしょう。恋しい人よ、どうやって貴女が集中することは言うまでもなく、仕事をこなせているのかわかりません。

私の愛しい人、とりあえずごきげんよう。貴女が骨折りにもかかわらず元気だと感じていますように。

私のすべての愛を込めて。

五月九日

愛しいフランチェスカ

……私はスティーヴィ・ホールに、私の花婿付添人になってくれるよう頼みたいと思っています。それに関して何かご意見はありますか？　彼は私の旧友で、多分私の一番古い友人です。

つかの間のことでしたが、二回貴女に会えてよかったです。最初のときは、私は貴女に会いに行くべきではないと思いましたが、貴女が私の手紙を取りに来ていなかったので、私がクリニックから出て会いに行こうと思いました。気分転換という口実ができました。そして貴女は春の息吹のように来てくれました。貴女を見ると私は、ほら私の恋人だよ、と感じます。そしてそれが本当に真実に違いないのだと感じ始めます。私は貴女を愛しています、大切な人……

そして今、貴女のことを考えてしまい書き続けられません。明日の五時まで待たなければいけないなんて、ひどく長い時間に思えますが、私たちは好きなだけお互いに会えるのですから、多くの人よりも幸運なのでしょう。今日、クリニックの誰かが、あの娘のしている美しい指輪を見て、と言ったと聞きました。それは貴女のことです。私だったら、あの指輪をしている美しい娘を見て、と言いますが……

五月十二日

愛しい人へ

今日会えてとても楽しかったです。短時間でしたし、私は苛立ってしまいましたが。私は間違いなく改善するでしょう。でも、小さな娘の生活そして彼女がどう成長するのかを中心とする不安だらけの六年間のせいで、私は不安に陥いる癖がついているのです――父親と母親を同時に演じようとし、憔悴を感じずにそうしようとする、深い衝動を我慢することができないのです……

五月一七日

愛しいフランチェスカ

電話でお話ししたので、私は貴女に愛していると再度伝える以外、急いで書くことは何もありませんし、それをするには言葉では十分ではないといつものように感じています。それをするには合唱団と、オーケストラとオ

48…ロンドン精神分析クリニックのことか。

ルガンが必要です。でもこの瞬間にはそれは無理です……

……私は、私たちが本当に幸せな人生と家庭を築くことができると心から感じるので、少し物怖じしています。私は真に価値あるものを築くためのものを何もかも持ち合わせているかのように見える、それは大勢の人たちが——愚かさと狭量の遺物のみを残してそれをすべて浪費してしまうのを日にしてきました。もっともひどい運命は、それがあまりにも劇的ではないがゆえに、いっそう悲劇です。ここで少々失敗し、あそこで少々失敗し、それが何百回か重なったら、うまくそのひどい運命にたどりつきます。ですから、私たちは頑張らないといけません。私がこれまでなんとかやってきた以上に、上手に私の役を演じるのには、貴女の手助けが必要です……

五月一八日

愛しいフランチェスカ

もし私に意志の強さがあれば、眠って朝起きることにただ甘んじるでしょう。でも私は貴女に電話をしないように気を配るのがせいぜいです。貴女がまだ寝ていないという希望があれば、電話をしたでしょう。でもその気遣いは、私が朝に差し上げる数行を書くのを我慢するのには十分ではありません。

何をするにもこんなに長い時間がかからなければいいのにと思います。そして睡眠には一番長い時間が取られます——人は何時間か眠らなくていけないので、それればかりは仕方がありません。さっさと寝て終わりというわけにはいきませんから。

思ったのですが、日曜日は、貴女がアイヴァーへの旅で疲れないのが一番ではないかと思います。やらなければいけないことはたくさんありますし、行って帰ると、たいした恩恵がないのにかなりお金がかかります。私は貴女に会えなければ鬱憤が溜まりいらいらし、むやみに怒りっぽくなることは間違いありませんが、貴女が少し休む機会を得られるのであれば、この僅かな犠牲を払うのは、私にとってもいいことだと思います。貴女がどうしたらそんなにたくさんの事をこなしながらも、気立て良くしていられるのか、私にはわかりません。貴女は、私が自分のわがままな考えに恥ずかしくなるほど、私を感嘆と羨望の念で満たします。今夜は怒涛のように過ぎ、私はあのつかの間の時間を、私だけでなく、貴女にとっても無駄にしてしまったと感じています。そして今、これを書きながら貴女の写真を見つめ、私はそれが本物の貴女だったらよかったのにと思っています。大切な人、すみません。でも私は、貴女が私に感じさせてくれるほどの気持ちを、貴女に感じさせてあげられればいいのにと思います。

さて、愛しい人よ、この手紙を渡したらそんなに長い時間待つことなく貴女にまた会えます。そして他に何もできなくても、少なくとも貴女を見ることはでき、それは本当に素晴らしいことなのです。

フランチェスカ、私の愛しい人、私の愛する人、とりあえずごきげんよう……土曜日の朝の列車の中です。私はまたすぐに貴女に会えると思うと、いつもながら心が躍ります。この列車はとても揺れるので、私は書くことができません……

良い朝を、大事な人。

五月十九日

愛しいフランチェスカ

……披露宴で、どの招待客が顔見知りでない別の招待客と話をしたいと思うか、私たちはそのうち考えないといけないでしょうか。それともただ自由に歩き回らせて、他の人たちはなんと変わっていて、そのような風変わりな人たちを知っている私たちはとても変わった人たちに違いない、と思わせましょうか？　私は招待客の名前を事前にしっかり頭に入れるために、自分は名簿を持っているべきだと思います。そのような細やかなところまで配慮するのはいいことだと思います。というのも、その場ではそのような詳細はあまり重要に思えなくても、平凡な催しと良い催しの違いは、そのような些細な準備にあることが多いからです。

これを考えていたら、私はビオン家史の次の章を書く気になりました。なので始めましょう。よろしいですか？

ロイ・ビオンまたは「ノア」は、ルパート・ビオン家に属します。伯父のルパートは伯母のアリスと結婚しました。彼はビオン家にしては非常に裕福になりましたが、最後には全て失いました。彼はインドの藍農園主で、非常に裕福なまま人生を終えることができたのですが、国民会議派やガンディーへの不満が募り[49]、売って利益を得る代わりに、戦うことを選んだのです。彼は英国系インド人商人にありがちな無教養で、勤勉さや自分の楽しみ以外のあらゆるものに無関心だった、とても豪胆で誠実な人でした。彼の息子はユーストン[50]――ユーステスにしようと思ったのに駅名と混同したに違いありません――ケン、ロイ、ローリーです。彼の娘はグラディスという名前のおてんば娘でした。私は八歳でインドを離れてから一度も戻っていないので、彼らが英国にいたときのことしか知りません。

私が彼らに会ったときはいつも、豪華な雰囲気と言い表しようがない混乱という印象を受けました。ケンブリッジ大学のトリニティ・カレッジとオックスフォード大学のニュー・カレッジにふさわしい青年たちだったユーストンとケンは、自分たちの家族のことを痛ましいほど恥じており、体裁を整える悲痛な決意をしていました。ルパート伯父さんは、自分が息子たちの羞恥の元凶だという事実によく気がついており、おどけながら喜んでいました。彼は、社会的地位を真にあげるには、自分が手に負えない障壁だとわかっていました。私は十歳ぐらいのときに、ベッドフォードにある彼らの家で何日か過ごしました。当時ケンとユーストンは、ベッドフォードの貴族階級の若い女性二人に言い寄っており、必然的にその上品なニンフたちを招待することになる実家の恐ろしい性質については、必死に隠していました。私が覚えている限り、二人は身なりの良いごく普通の魅力ある女性たちだったに違いありませんが、それ以上私は何も言えませんし、ユーストンとケンが昼食の席そしてその後その女性たちの前で見せる引き攣りと、痛々しくぎこちない動作を観察するのは、その頃でさえ私にとって面白かったです。同様に伯父は私を観察していたに違いありません。私と二人きりになると、彼は世事に通じた一人の男からもう一人の男といった風に、私に議論を投げかけました。

「ところでウィルフレッド、お前は私の家が好きかね？」ここで彼は一息つき、椅子に座って苦しそうに肩で息をしながら、物問いたげに、その細めた小さな目で私を見ました。

「とてもすてきだと思いますよ、伯父さん」私は密かに、その豪華さによって畏怖の念に打たれながら答えました。

「ふむ──ユーストンは私に、あまり趣味が良くないと言うのだよ。もちろん私はそういうことはわからないが、どう思うね、ウィルフレッド」

「わかりません、伯父さん。僕はとっても、本当にとってもすてきだと思いますよ、伯父さん」

「ふむ──だがウィルフレッド、ユーストンに言わせると、トリニティではあまり高く評価しないらしいんだな。トリニティはとても洗練された場所だ、ウィルフレッド。彼らはお前や私みたいな人はそこにいらないんだよ。少なくともお前は受け入れられるかもしれないが、私のような者は欲しくないと思うね」

これは私には全く見当のつかないことだったので、私は足をぶらぶらしながら何も言わないでいました。彼は続けました。

49…イギリス人の藍農園主たちは農民に藍栽培を強制し、収穫物を安く買いたたき、高い地代を要求していた。一九一六年に、ある小作農家がガンディーに訴え、ガンディーと国民議会は非暴力不服従運動を繰り広げた。

50…ユーストンはロンドンにある駅名。ユーストン自体は「心」という意味のアイルランド系の男性の名前。駅名は、貴族の大邸宅のあるサフォーク州の村の名前から付けられた。ユーステスは「実り多い」というギリシア系の男性の名前。

「ユーストンは、私たちはもう一台車を持つべきだという。ロールスロイスやサンビーム[51]では十分でないとね。だが私は、お前は自分の車を持っているじゃないかと言うのだ。ウィルフレッド、どう思うよ。私は常にロールスロイスはいい車だと聞いてきたのだがね」

「もう一台あったら、それをどうするのですか、伯父さん」

「私もそれをユーストンに言ったのだよ、ウィルフレッド」

伯父は私に笑顔を向けました。

「じゃあ伯父さん、ロールスの後ろに牽引したらどうですか——ディンギー[52]みたいに、伯父さん」

私は会話を満喫しながら答えました。

「奴は私は朝早く起きるべきだと言うのだ。どう思うかね」

「僕は朝ゆっくりするのが好きです、伯父さん」

「ウィルフレッド、お前と私はとても気があうようだな。休暇中で仕事がないときに、早起きする意味があるのかね、と私はいつも言うのだよ」

と会話が続きます。

ユーストンはいい奴でしたが、私が知っている中でも最も顕著な劣等感を持っていました。その結果、戦争が始まると、彼は近衛騎兵旅団に入らなければ気が済みませんでした。近衛騎兵旅団はフランスにいましたが、二年ほどは出撃しませんでした——お馬さんの戦争ではなかったのです。

彼の戦いたいという願望は彼の劣等感を打ち負かし、彼は死体を埋めるのにも飽き飽きしたので、当時の陸軍航空隊に入隊し、最後には戦死しました。

ケンはとても顔立ちの整った男ですが、私はいつも、彼が自己中心的で、虚栄心が強く、不親切な、結構嫌な奴だと思っていました。彼は戦功十字章を受章した後に、シャーウッド・フォーレスターズ[53]の一員として戦死しました。

次はノアです。彼はコッカースパニエルの子犬のような顔つきの、夢見がちで、くるくると良く変わる表情を持つ男です。彼は藍農園の残骸を救出し、これ以上働かなくても十分だと思うほどの金を稼ぐやいなや、閉じてしまいました。どちらにしても彼は仕事には役立たずでした。彼はいつでも快適で知的でない人生があればいいのです。きっと彼は、彼に髭を剃らせ、服を着させ、それ以外は構わない人と結婚したのではないかと想像します。彼の妻の名前は忘れました。モウドだったかもしれません。

ローリーはイヴォンヌというユダヤ人女性と結婚しました。私には、彼女はうんざりするほど抜け目がなく、魅力のない女性に見えました。彼に何があったのか知りません。驚くべきことでもありませんが、彼らは離婚しました。どちらにとっても結婚したことは悲惨だったに違いありません。

グラディスは見た目も行動もジプシーのような、たちの悪いおてんば娘でした。一時期彼女は映画界に入り、『タイタニックの難破』[54]の群衆の一人として出演しました。グラディスがダンボールで出来たタイタニックの残骸の中に座り、『主よ御許に近づかん』[55]を心を込めて歌っているのを想像するのは、常に私の最も愉快な考えの一つです。彼女はどこかをぶらついているのではないかと思いますが、私は彼女と関わるつもりはありません。最後に彼女のことを聞いたのは、彼女の父親がウェストン＝スーパー＝メアで亡くなりかけているときに、彼女

51… 一九〇一年から一九六七年まで存在したイギリスの自動車製造会社。初めてグランプリレースで優勝した英国車で、数々の速度記録を樹立した。

52… キャビンを持たない小型ヨット。

53… ノッティンガムシャーとダービーシャーの歩兵連隊。

54… 『The Wreck of the Titanic』詳細不明。

55… 賛美歌『主よ御許に近づかん Nearer my God to Thee』。

が彼を放っておいたということです。彼女が去ったすぐ後に、私は彼に会いに行きました。彼は横になっており、心臓が止まりかけているときでした。彼は私に、医者は彼を診察して、老人ホームに行くべきだと言ったけれども、彼は一週間もしないうちに自分が死ぬと約束してくれない限りは行かないと言ったのだと話しました。医者はそれを約束できませんでした。医者は彼に、絶対に部屋を出るなと言ったそうです。医者が出て行くやいなや、私の伯父は、その何年か前に彼らのオーストラリア旅行中に妻が——何か長く辛い病気で——亡くなって以来、人生を楽しんでいなかったので、ベッドを飛び出し、タクシーに乗り込みました。彼は近くの葬儀屋に行き、自分の葬式を手配しました。「グラディスは取り乱すだろうから、彼女には頼めないのだよ」と彼は言っていました。

彼の元を発つとき、私はロンドンに戻る前に、本当に全て支払い済みか確認したほうがいいと思いました。そして私はその葬儀屋を見つけ、彼はとても動揺していましたが、全て手配が整っていると確認してくれました。彼は、私の伯父が葬儀代を値切って、ついには込み込みで二十ポンドで同意させたと、畏怖の念に打たれた声で話を締めました。かわいそうに。死体となる見込みの人と金銭について議論する間、専門家としての口先のうまさを保とうとするのは、気が動転するような経験だったに違いありません。私は伯父の泊まっているホテルに戻り、病院に戻らなければいけなかったので別れを告げました。彼は最期まで笑いの感覚を保ち、私の最期のお別れの当惑気味なきまり悪さを面白がっていたように思います。私はよい旅を、とは言えませんでしたが、彼の礼儀が適当だと許容したのは、それぐらいでした。

さて愛する人よ、私はこのたわいのない話をやめなければいけません。これは六月九日まで時間を潰す助けになります。私はいつも貴女を愛しています。

私の大切な人、ひとまずごきげんよう。

五月二十三日

最愛なるフランチェスカ

電話でさえも、特に貴女が電話線の反対側にいるときには、私をとても不安にさせることがあります。今は黒いプラスチックの受話器の代わりに白い紙と向き合っていますが、だからと言ってその違いが私の気持ちをそれ以上に冷静にも静穏にもしてくれる訳ではありません。

愛しいフランチェスカ、言葉というのは時にひどくもどかしいものであり、今もそうです。もし私が貴女が話す言葉を聞くことができたら、それはまた話が別です——もしそれが私の近くからであったら。

私は気持ちを落ち着けて、事務的なことを書かなければいけないと思います。とにかくやってみます。披露宴のことです。ジャック・ドラモンド[56]はとてもいい人です。彼はもちろん素晴らしい生化学者ですが、また、私が知っている限り世界中を旅しており、それも様々な条件の中でしているようです……

五月二十六日

愛しいフランチェスカ

帰りの列車の中で、パーセノープが私の煙草の臭いを嗅ぎたがりました。彼女はその臭いが好きではないと言いました。私が驚いた調子で、好きではないの？ と聞くと、彼女は言いました。好きじゃない、でももちろん、私は女性だから！ 彼女は至極真剣だったので、これが周りの他の乗客に引き起こした反応は理解できなかったでしょう。

56…原註：本書自伝部分第八章を参照。

……お伝えしたように、私はブラウンズ・ホテルを手配しました。これが一番いい取り決めだと思います。高額ではあるものの過度に贅沢ではなく、その一方で人々に、金を工面するこの方法を思いついた二人のために、みんなで金を出し合って支援しないといけないかもしれない、重要な慶事のはずがどうにも落ち着かない集まりになってしまった、と思わせてしまうほど、吝嗇ではありません。私は、もっとも無情な人たち以外は、誰もどちらか極端に至ったと思わないと思います。そして、そういう人が誰もいないことを祈りましょう……

六月五日
私の愛する人へ
私が貴女をどれだけ愛しているか、どれだけ貴女が膨大な量の用事をこなしてくださっていることに感謝しているかを伝える手紙です。私はさも何も起こっていないかのように患者との仕事に精を出し、自分だけひっそりとした場所にいるようだとひどく感じています……
この家の新しい所有者が今晩訪ねてきました。彼はとてもきちんとした感じの人で、ここを購入したことをとても喜んでいました。私は彼にはそう思うだけの理由があり、この家は彼に合っているのだと思います。私にとっては、近いうちに負債になると確信していたものを手放したことで、肩の荷がすっかり下りたようです。
愛しいフランチェスカ、愛しています。そして私が貴女のことをとても幸せにできることを祈っています。

六月九日
私の愛しいフランチェスカ
私からの結婚式前の最後の手紙は、単に私が貴女を愛しているというものです――そして貴女のお陰で私はこの上もなく誇り高く思います。

これがどれだけ大切なことか気がつくのは難しいことです。一九五一年六月九日。愛しい人よ、未来永劫、私は貴女を愛し続けます。これから何があろうとも、貴女が幸せでありますように。そして、私が貴女を幸せにできますように。

レッドコートにて

ボーンマス宛

七月九日
愛しい人よ
……私は真剣に精神分析の仕事を片付けたいと熱望していましたが、それを始めることに途方もなく気後れを感じました。私は精神分析に関する読書からひどく遠ざかってしまいました。とはいえ、今までそちらの方面に熱中したことは一度もないのですが。フロイトを除き、精神分析について明確に書き記す著者は稀で、いたとしても、最高の精神分析者とは限りません。それでも私は、今までに書かれたことを常に読み直し、少なくとも最上のいくつかは、心に留めるようにしないといけないと思います。幅広い読書も重要だと思うので、一体どうしたら精神分析の本も読むことができるというのでしょう。
……貴女とパーセノープがいないと、この家はがらんとしているので——この時間に彼女が起きているわけではありませんが——私は早々に床に入ります。

日曜の午後です。私はリックマン[57]についての短い記事を書いたので、明日郵送しなければいけません……型にはまらないようなものも書けたのですが、こういうものには決まりがあり、それを遵守しなければいけません——少なくとも、そこからあまり逸脱することは危険です。

ところで、私の大切な妻よ、この家は貴女がいないと寂しいです。これを書きながら顔を上げ、貴女がそこにいるのを見ようとしますが、悲しいかな、貴女はそこにいません。そして二週間は、待つのにはとても長い時間です。私の愛しい妻よ、手紙を書くというのは良いものです。私の親愛なる妻のフランチェスカ。あぁ、私がどれだけ心焦がれているか——でも、それは考えるに忍びません。

貴女方が楽しい日を過ごしていますように。こちらは気持ちの良い日です……心地よくそよ風が吹き、暖かく包み込むようです。そして、陽が燦々と注いでいます。もしボーンマスも同じであれば、貴女方が海岸で楽しい日を過ごし、羽を伸ばせたと感じることを祈っています。海にしっかり浸かってきてくださいね。私はそれが海水と潮気の刺激に耐え得る肌にしてくれると思います。パーセノープは海の中で大はしゃぎしていることと思います……

七月九日

私の愛しい妻へ

私の愛しいビオン夫人。私の最愛のビオン夫人はいかがお過ごしですか？　私が切手について馬鹿げたことをしたせいで、貴女が今朝、私が土曜から日曜に書いた手紙を受け取れないことを腹立たしく、悲しく思っています。でも、これ以上の遅延はないことを祈ります。

不公平にも、私は今朝、貴女からの手紙を二通も受け取りました。そしてあまりに嬉しかったので、急がずに読むことのできる、完全に一人になれる所に行きたくて、開封するに忍びませんでした。ありがとうございます、私の愛しい妻よ。手紙はとても嬉しく、面白かったです。手紙のおかげで、貴女が楽しく幸せな時間を過ごしていると信じています。

私は次の週末には何としてもボーンマスに行こうと思いましたが、貴女がホテル側と掛け合って私が泊まれるようにしてくれたとしても、多分それは難しいと思いますが、私は出費のことが心配です。ザ・ホームステッドの手続きが遅れ続けていることに対して、煩わされるのは理不尽だとは思いますが、私は心配なのです。

……私たちの娘についての貴女の知らせは、とても面白いと思いました——泳ぐのを阻む何ものとも同じく、彼女は寒さに震えたり鼻がぐずぐずしたりするのを、受け入れたことがありません。

親愛なるビオン夫人。ええ、私はこの肩書きはとても見栄えが良いと思います。貴女もです。お休みなさい、フランチェスカ——もしこれが貴女のところに夜に届くのであれば。

貴女を愛する夫より。

七月九日

私の愛しい妻へ

貴女の愛しい声は、魔法のように、本当に私に息吹を吹き込んでくれました……貴女の声を聞いたその効果のおかげで、私は自分の集団に関する論文[58]を取り出し、見てみることさえもできました。これは本当に骨の折れることなのです。私は、患者をきちんと精神分析するために——そして私は現在それをうまくこなしていると思います——このような展望にも集中することも必要だと思います。あまりに何か一つに熱中しすぎるのは良くな

57…原註：ジョン・リックマンは七月一日に死去した。

58…原註：『集団力動：再検討 Group Dynamics: a Re-view』International Journal of Psycho-Analysis, 33 (2, 1952)。また、メラニー・クライン他編『New Directions in Psycho-Analysis』（一九五五）［編註：『さまざまな集団での経験第四巻 Experiences in Groups; Volume IV』内「再検討：集団力動 Re-View: Group Dynamics」を参照のこと］

いと思います——分析のみとか、少し違うこと、全く違うことに。テニスのように動き回るボールを使う競技で上達したければ、ゴルフのように静止したボールを使う競技を絶対にしてはいけないと言われています。これはそれに似ていると思います。どちらにしても私は、集団療法に没頭した後には、その直後に自分は非常にまずい分析をしていると感じることがよくあります。もちろん、それは錯覚かもしれません。

私が話していたもう一本の論文は、私の会員論文[59]を発展させたものです。私は、これは本当に良い論文だと思いますので、発展させ、出版する必要が大いにあります。少なくとも夏休みまでは、私はそれに集中した方がいいかもしれません。でも、好調なスタートが切れるように、もう一本の方もつないで、心に留めておいても差し支えありません。自分の興味が、一つの題材からあまり逸れるのは腹立たしく感じます。

フランチェスカ、愛しています。貴女の声を電話越しに聞いてどれだけ私の気持ちが晴れたか、言い表せません。私は、貴女がボーンマスにいて、私がこんなに遠くにいることを考えると、ボーンマスが妬ましく、羨ましいです……

追伸：一九五一年六月九日より、貴女の夫です。それを書くのは、なんと満足なことでしょう。貴女の夫。私の最愛なる妻のフランチェスカへ。

七月十日

私の愛しい妻へ

今は遅い時間で、明日は朝早くて夜遅いので、これはとても短い便りにしないといけません。忙しさの唯一の利点は、願わくば時間が早く過ぎてくれることだけだと思っています。少なくとも、これは火曜日の夜です——でも本当に！　二日しか経っていません！

私は今ケン・ライスとの夕食から戻ってきたばかりです。私たちはメゾン・ド・フランスで会いました。いつもと違い、なかなか美味しい食事でしたが、どんなに私がその時間を惜しんだことか。私は彼のことが気に入っているので、申し訳ないとは思いつつ、現在、独身の日々が痛切に思い出されるので、ありがたく思いませんでした。

私は今日、患者を診る合間合間に、所得税を整理しようとしていました。全く、一体全体本当の仕事をする時間があるのだろうかと思います。そして、通常の所得税の支払いが絶望的に遅れており、疲労困憊していると、それこそどうしたらいいのかわからなくなります。後ろめたく感じますが、私はすでに週に五十時間も患者の面接をしており、それだけでもほとんどいっぱいいっぱいなのです。

私は、不本意ながら、この夏以降、どうしても面接料を値上げせざるを得ないという結論に辿り着きました。私の面接料があまりに少額であることは明白です。とても嫌なのですが、私のためにも、患者のためにも良くありません。私の半分も出来ない人が、私よりも多額の料金を請求しています……

七月十一日

私の愛しい妻へ

郵便屋は間に合うようには来ないだろうと思っていたところに来たので、私は貴女の手紙をポケットにしのばせて〈街〉に出かけます。

貴女からの早朝の出来事の話を読んで、私は自分に思い出させました。休暇とは、仕事とは違うと見せかけた仕事にすぎないのだと！

59…原註：「想像上の双子 The Imaginary Twin」［ビオン全集　第四巻］

言うまでもなく、週末についての貴女の提案には心を動かされました。特に、もし私が金曜日の夜にこちらを発つことができるのであればぜひ行きたいです。貴女から離れているこの耐えがたい合間を切り上げる役に立つでしょう。私はこんなに時間がゆっくり流れるとは知りませんでした。もしこれのせいで、残りの時間がいっそうゆっくりと流れるようになったらなんと恐ろしいことでしょう——もしそのようなことが可能であればですが。

私はインスティテュート[60]での会合に出ました。最初の四十五分は、さまざまな人がリックマンへ追悼の言葉を述べました。大半は堅苦しく、形式張っていましたが、マネー＝カールの弔辞は良かったです——彼は、タイムズ紙の追悼記事を書いた人です。

愛しい妻よ、私はあなたのことを愛しています。私は、いわゆる近況について書き続けたくありません。私はその会合をそれなりに楽しみましたが、ほとんどの時間を、貴女のことについて悦に入り、とても幸せな気分で考えていました。二人の人が私がとても幸せに見えると言ってきました。私は二人とも、それは貴女のお陰だと知っていたと、わかっています。これで私はとても嬉しくなりました。でも——あぁ、何と時間がのろのろと進むのでしょう。今日がまだ水曜日だと気がつくのは、あまりにも苦痛です。私は本当に二週間などあっという間に過ぎるだろうと思っていました。というよりも、自分がそれを信じるまで、自分にそう言い聞かせたのです。今ならもっと分別がありますし、私はそのふりをし続けられません……

七月十二日

私の愛する人へ

郵便受けに貴女の手書きの封筒が入っているのを見て一日が始まるのが、私にとってどれだけ感激することなのか、貴女には想像できないでしょう——そして、それが入っていないかもしれないと、郵便受けに向かうときの私の憂鬱感と不安を。私は自分に向かって言うのです。郵便配達は不規則だから、もちろん今日は手紙は入っていない。もしくは、彼女は手紙をしたためる時間がないかもしれない。もしくは、どちらにしても、どうして彼女は毎日手紙を書かなければいけないのだ？ そして、それにしても……あぁ！ あった！ ガラスのドアごしだけれど、何かが郵便受けに入っているのが見える。今私は、二人の患者の合間の短時間に、貴女の手紙を開けたばかりですぐにこの手紙を書いていますが、まだ最初の一文しか読んでいません……

あまり良くない天気が続いているのは、残念なことです。私は、太陽をたくさん浴び、新鮮な空気を吸ったら——そして、海で泳げたら——貴女にとってどんなにか良いかと思いますので。それに私がいないことが、全く貴女のためになっていないという貴女の言葉にも同意します。私は確かに、貴女に必要な薬なのです。私をたくさん、昼も夜も、永遠に。それを手配しないといけませんね……

さて、私は貴女と電話で話したところで、貴女に逢うという考え以外、全てが私の頭の中から出て行きました。正直、二週間がこれほどまでにうんざりするほど苦痛な待ち時間だと感じたことはありません。来週をどう耐えるのか、見当もつきません。これが私の我慢の限界に近いと思えますが、それでも来週のことを考えれば今までは十分容易だったのです……

七月十八日

愛しいフランチェスカ

今はまだ水曜日です。私はこんなに長く水曜日が続くとは、知りませんでした。そして私は、家が一生売れないのではないか、なお悪いことに、銀行と事務弁護士と不動産屋が寄ってたかって、すべての金をとってしまうのではないかと、最も不吉な予感に満たされながら、上の空で座っています。私は、これらすべてから何を

60…精神分析研究所（The Institute of Psychoanalysis）のことだと思われる。

学ぶべきなのかはわかりませんが、何か学ぶことはあるはずです。銀行の副支店長は、私に向かって言いました。「事務弁護士はみんな悪党ですよ。みんなです。貴方はあの家にお金を払いましたが、売主の方にそのお金が渡っているかは誰もわかりません」。私は、彼は事務弁護士に加えて、銀行も挙げるべきなのではないかと思いましたが、それは言いませんでした。

私は子供たちについて、貴女と考えを同じくしています。私たちは少なくとも、愛し合わない人たちが作ることの叶わないような幸せな家庭を築けるよう、最善の努力はできると思います。その努力が十分であるかどうかは、誰にも分かりませんが、でもこの考えに胸が踊ります……両親が子供の成長を助けるどころか、むしろ妨害することがよくあるのは悲劇です。そして子供はいつも常にとても無力で、調和のとれた家庭に貢献できることはほとんどありません。おそらく、無意識のうちにいたずらを始めたり、ぐずったりするのです。

私は患者のいない間に、集団の論文に関する仕事をいくらかしています。現在の時点ではまだよくありませんが、価値あるものに展開できる可能性があるのではないかと思います。これには可能性があります。いつものことですが、私は自分がやりたいことをすべてやる時間がなく、急に止めなければいけません。そしてまた、もしもっと時間があったとしても、私はきっと、時間のある人皆がしているようなことをするでしょう——時間を無駄にするのです。私はかなりの分量の仕事をこなしていると思いますが、十時間にわたって患者と面接してきたことを忘れがちで、なぜ頭がすっきりしていないのだろうと考えてしまいます。幸いなことに、私は怠惰でいるという素晴らしい才能を持っているので、そのおかげで過労にならないのだろうと思います。私は、リックマンは多分性格上、これを十分に重視したことはなかったと思います。そして彼はひどく自身を消耗してしまったのだと思います。彼は素晴らしい頭脳を持っていましたが、私は、この十年間で彼の能力は低下していたと思います。幸いなことに、彼自身はそれに気がついていませんでした。驚いたことには、それが顕著だったにもかかわらず、それについて口にする人たちはほとんどいませんでした……

……私は、もどかしさを我慢できなさそうです。あと二日が、あと二か月のように長く感じられます。焦心のあまり、土曜日が待ち遠しいと思えなくなりそうです。私は貴女のことを愛しています、私の愛しい妻よ……

七月十九日
愛しいフランチェスカ
手紙が届かなかったので、今晩貴女の声が聞けたのはとても嬉しかったですが、話すにはあまりに短かい時間でした。その上、貴女の声を聞くことに狂喜するあまり、貴女の言う鬱とは何のことだったか考えられなくなりました——貴女の声を聞いた途端に、一切頭から吹き飛びました。
……フランチェスカ、土曜日が近づくにつれ、私はこの長い待ち時間が耐えがたくなっています。本当に、貴女が私に何をしたのか、私にはわかりません。貴女がいなくては、私は何をするのも完全に無能なようです！ そして、きっと貴女は、家が不潔で、ぐちゃぐちゃだと思われると思います。
今日の仕事は満足のいくものだとは思いませんでした。私は、患者たちはみな私と同じく、休暇が必要なのだと思います。そして、すべての患者の経過を追うのは難しいです。終結が最も相応しくない患者ですら、みな治療をやめたがっているように見えます。私自身やめたいと感じているので、これに対処するのは簡単ではありません。

七月二十日
愛しいフランチェスカ
貴女がボーンマスを発つ前に届くように祈りつつ、走り書きをしています。これは私の愛を送るためと、貴女の旅が楽しく快適なものになることを祈るため、そして貴女はそう思っていなくても、間もなく**私**に会えるという並外れた喜びを経験することを、貴女に思い出させるためです！ それでも貴女はおそらく私ほど、わくわくするような全く途方もない喜びを感じないでしょう。私がそうなるのは、**貴女**に会えるからです。それは私にとって素晴らしくないですか？

愛しい、愛しいフランチェスカ。どれだけ私が「私の女性たち」（ハイマン博士が貴女のことを呼ぶように。私はそれが面白いと思います）に会いたくて仕方がないか。私たちの娘に、私から接吻をあげてください。

フランチェスカ、どれだけ永く貴女が不在だったことか。どうか列車の運転士に、さっさと動かすようにお伝えください。貴女に間もなくお会いしますよ。

七月二十一日

愛しいフランチェスカ

信じられないと思いますが、私はこの手紙をすでに三十分書いています。そして、昨夜はここまで書くことさえもできませんでした。

間もなく私は、愛しい妻に会うために出かけます……私はウォータールー駅で、乗客の波の間を突き進もうとしている自分を、ずっと考えています。あぁ、貴女は一体どこだろう。列車に乗り遅れていなければいいのだが。そろそろ貴女の姿を捉えてもいいはずではないか？　もし貴女が列車に乗ったのなら――本当に、貴女はなんと不注意なのだろう。貴女はこの列車に乗り遅れてしまったようだ。なんということか！　私が我慢できないということを貴女はわかっているはずなのに、もし貴女が――あぁ！――彼女は乗り遅れていなかった！　よかった！　私の大切な人。私の大切な、大切な人。この人混みを通り抜けるのに、なんと時間がかかることか。そして通り抜けたとしても、私は彼女に接吻することができないだろう。

フランチェスカ、絶望的です。私はもう我慢できませんので、ウォータールー駅へと出かけます。掃除をしておくとか、キイチゴか何かを摘みに行っておけばよかったです。あたかも学校の学期が終わるのを待っているかのようです。あるいは交戦中に前線にいて、休暇を目の前に殺されるかもしれない、それよりも悪いことに、つまずいて足首を捻挫し、そのために自分の番の休暇を取れなくなるかもしれないと考えているかのようです。それは、まあ、この世でたった一つのことのようです——フランチェスカに、彼女に会うこと。彼女が自分の愛する愛する妻であるときに。

これほど素晴らしいことは全く他にありません。それだけです……

一九五二年

レッドコートにて

メイデイ病院宛

八月十三日

私の愛しい妻へ

……私は、ますます自分がどれだけ幸せで幸運なのかを感じています。これが最も苦しい欲求不満を意味することであっても。

今日、私は嬉しい驚きを感じるとともに、安堵することがありました。私の患者――「例の」人です――が来て、以前ほど辛辣ではなかったのです。それよりも嬉しいことには、彼の父親が来たとき、開口一番に、その子の変化に彼も彼の妻も驚いていると言ったことです。彼は、その子が優しく、思いやりがあり、目に見えて責任感も持てるようになったが、以前はそんなことはなかった、と言いました。私は彼に言いました。私はそれを聞いて嬉しいです、というのも、もちろん私が見たのは不安や葛藤や憎悪であり、私は進歩していると推測はできますが、それは第三者の証人から言われるのとは違いますから、と。どうですか？　嬉しいと思いませんか？　私は嬉しいです。これは、この仕事の血の滲むような努力の甲斐が本当にあったと感じさせるようなものの一つです――これほど感謝をしてくれる両親に会うのは、いつもあることではありませんが。これで私の気持ちに重くのしかかっていたものもかなりおりましたし、私に「貴女はなんて賢い夫を持ったのだ！」と感じさせてくれるので、とても満足がいきます……

ところで、その患者の父親は、タイムズ紙の発表を見てお祝いの言葉をくれました。[61]フランチェスカ、私は書き続けるに忍びません。私が言いたいことはすべて、貴女のように賢く美しい妻と結婚した夫にふさわしい、落ち着いた立派な態度では出てこないからです……

八月十四日

愛しいフランチェスカ

……私の問題児と、今までで一番いい面接をしました。それには外部の理由があるのですが、と同時に、ここでいい仕事をしている印です。私の愛するフランチェスカ、これはすべて貴女のお陰です。貴女が私を愛してくれているという思いがなければ、私は誰も、何ひとつ、治癒することができないでしょう——特にこの一か月の私の心境では。私はひどく不安で、心配で、我慢できなくなるほど昼も夜も貴女を恋い焦がれていましたが、それでもやはり、私は自分がやらなければいけないことをできていますし、それどころかよくできていると思います。そして、私は非常に幸せです。愛しい人よ、私は貴女が自分の家族に囲まれ祝福されていると感じることを願います。私は貴女が、家族というものが貴女から奪うことのできない深い喜びと幸福の源だと感じることを祈っています。どれほどの心配や問題が待ち受けていようとも——私たちはそれらなしで済ますこともできないでしょう、きっと……私が貴女のことをもっと早くに知っていればよかったのに！　そして今、ジュリアンがいます、愛しの子が！　さあ、私は彼のことをもっと知っていかないと——そして貴女のことも。貴女は以前とは少し変わったと思うので。いずれにしても、この件についてよく調べていかなければ……

61……原註：ジュリアンは七月三十日に生まれた。

フランチェスカ 1951 年 6 月 9 日

ノーフォーク州リトル・コテージ
油彩画　W・R・ビオン画（原画はカラー〔口絵1参照〕）

レッドコートにある果樹園と給水塔
油彩画　W・R・ビオン画（原画はカラー〔口絵２参照〕）

レッドコート

ロサンゼルスにて 1976 年

W・R・ビオンの肖像画

油彩画　フラビオ・デ・カルバーリョ画　サンパウロ 1973 年（原画はカラー〔口絵 3 参照〕）

リトル・コテージから小麦畑を望む
油彩画　W・R・ビオン画（原画はカラー〔口絵４参照〕）

ロンドン　タヴィストック・センターにて 1976 年

一九五三年

レッドコートにて

アングマリング宛

八月四日

愛しい人へ

……心配なのは、その家でいつもと同じような仕事をする休暇にならないかということです。[62] 子供たちにとっては、貴女を独り占めに出来る機会があればとても助けになるでしょう。私はこの休暇を取り決めたことに対し、自分を呪っています。というのも、私も私の患者もやってはいますが、本当のやる気はないように感じるのです——まるで時間の無駄だと感じているように。どちらにしても、何人かは終了したので、私はやめたほうがよかったのではないかとも思います。私は開いた面接時間を、読んだり書いたりすることに使うつもりですが、少なくとも今日は、回復力も関心もありません。

……あぁ、フランチェスカ、私は貴女のことが頭から離れません。どうかパーセノープに私から愛と接吻と抱擁を、そしてジュリアンには、何だったか彼の言うそれを、あげてください。息子と娘がいるというのはどうも変に思えます。私は自分がもうかなりの家庭人なのだと強く感じます。

お休みなさい、私の愛する人。愛しています。でも私は手紙を書くのは嫌いです……

62…原註：私たちは海沿いの家を一か月借りた。

一九五五年

レッドコートにて

メイディ病院宛

六月十二日

愛しい人へ

こちらはすべて順調だということを伝えるための走り書きです。パーセノープがずっとジュリアンと一緒に遊んでいるので、ジュリアンはそれなりに静かにしています――もし静かというのが正しい言葉であれば。貴女のお母様は、ジュリアンが貴女はいつ帰ってくるのかと聞いたときに、素晴らしい返答をしていましたよ。彼女は、ママは赤ちゃんが十分大きくなるまで待たなければいけないのだと言いました。それは、事実であり、彼でも理解でき、満足もいくという、ありがたい美点がありました……

勇敢なフランチェスカ、私はいつも貴女のことを考えています。

六月十七日

愛しい人へ

……私はずっと考えてきましたが、ニコラは世界で最も美しい赤ちゃんであるという結論に至りました。[63] 気

63…原註：彼女は六月十三日に生まれた。

が滅入るのはこの入院のことです。今思い出しましたが、ジュリアンのときも同じでした――苦しい漠然とした長い待ち時間。

ジュリアンは私に、ママにいてほしい、そして――お仕事に行かないで、パパ、と言うのです。ですから、ジュリアンは私たち二人ともにいて欲しいのです。それはとても満ち足りた気持ちにしてくれます……

ジュネーヴにて[64]

七月二十四日

愛しい人へ

とても良い楽な旅でした。そしてもちろん、私は何よりも、貴女がここにいなくて――ニコラやみんなも――今まで以上に残念です。子供たちは喜んだでしょうし、もしジュリアンが目を開けていられたら、ロンドンの空港にひどく興奮したことでしょう。空港は広大な場所で、長い地下のトンネルをバスで行くのですが、それは私にマージー・トンネル[65]を思い起こさせました。受付ロビーの照明は素晴らしく印象的で、それは英国祭[66]の芸術家たちに負うものもあると思います。飛行機はターボジェット航空機で離陸も飛行も非常に滑らかでした。「振動のない」という宣伝ほどではありませんでしたが、それはとても安定していたので、私が以前に飛行に関して持っていなかった信頼感を与えてくれました。私たちはあっという間に、時速三百マイル〔約四八〇キロメートル〕で一万七千フィート〔約五千二百メートル〕まで上昇しました。二十分のうちに私たちはブライトンの上空に、さらに二十分でフランスの上空にいました。パリ――ディジョン――居眠り、そしてジュネーヴ空港の上を旋回しました。私はバスから放り出されたときまでには少し薄汚く感じましたが、全て順調に行き、間もなく、私の心もとなさは、英国流のもてなしを期待していたからだと気がつきました。私は四時までには荷物を受け取り、入国手続きを済ませました。もちろん、私は一体全体どうやってホテルに行くのだろう、そこには部屋があるのだろうか、と思案しました。そして、もちろん、全てがこれ以上ないほど簡単でした。タクシーが列をなしており――クロイドンとは違い――あっという間の道のりは一フラン五十（約三シリング）、そしてそこで、私はこんな時間にホテルが空いているのだろうかと思いました。部屋ですか？　もちろんです、ムッシュ、三〇九号室でございます……

……そして八時十五分に私は受付に電話をして、料金に含まれていた「カフェ・コンプレ」を頼みました。私が再び枕の上に落ち着くか着かないかのうちに、給仕が来ていました。二つの焼きたてのロールパンとクロワッサン、上質のバター、アプリコットジャム、そしてコーヒーとミルクがたっぷり。全てがとても新鮮で、美味しかったです。部屋には机があり、ご覧の通り、便箋などがありました。私が唯一手紙を書ける時間は、メラニーが私はまだ寝ているだろうと思っている今しかないようです――私が姿を見せた途端、彼女は私が論文の書き直しを済ませるまで離してくれないでしょうから。今でさえ、私はもう十分に寝ただろうという理由で、彼女が誰かよこして私を引きずり出すのではないかと思っています……

私は貴女がここにいなくて心から残念だと思っています。正直に言って、もし私がジュリアンとパーセノープの相手をしている間に、貴女はここにいてニコラの世話だけをしていれば、それは貴女にとって休暇になり、休養が取れるのではないかと思います。清潔さやもてなしや手際の良さだけでも、気分が高揚します。私たちは来

64…編註：国際精神分析大会 International Psychoanalytical Congress に参加するため。
65…リバプールのマージー川の下を通って対岸とつなぐトンネル。
66…Festival of Britain は一九五一年に開催されたイギリスとその功績を讃える全国博覧会。

年は何としてでも、このような休暇を目指すべきだと思います。[67] 私は私たちが、ファリングフォード[68]と同じほど楽な、いや、それよりもはるかに楽な休暇で、そこへの行き帰りも際限なくずっと単純で、心地のいいものを見つけられると確信しています。まだこの部屋から一歩も出ていませんが、私は英国は休暇の場所ではないと痛感しています——家に留まる以外は。でもそれでは貴女にとっては休暇ではありませんから。あぁ、どれだけ貴女にここにいて欲しいことか……

私は睡眠が必要なのだと、M・K〔メラニー・クライン〕に説明する方法を見つけなければいけません。そしてその時間を使って手紙を書くのです！　一日中精神分析をし、一晩中精神政治を、できれば窓はすべて閉め切り煙草に火を点けて、暖炉のある部屋の中でするなんて、私の性分の許容範囲を超えるものです。私はその淀んだ空気に葉巻きも付け加えましょう。そしてもしそれで部屋から人がいなくならなければ、私は十月の論文[69]を書かなければいけないと言いましょう。いずれにしても、これには幾らかの真実も含まれますから。さて、フランチェスカ、私はヘル＝ムッシュ、シェル・ドクトール・メドとかなんとかいう肩書きのドイツ人かフランス人の医学博士の相手をしに行かないといけません。私は無礼なように感じますが、彼もきっと安堵するでしょう。私のすべての愛を込めて、私の愛しい人。貴女のことは頭から離れません。それに、日曜日もほぼ半分終わりました。とてもたくさんの接吻を込めて。

七月二十四日

愛しいフランチェスカ

……貴女への手紙を投函するために下に行くやいなや、柵のところにエリオット・ジャックスを見つけ、その脇にはメラニーがいました。私たちは昼食をとりました。とても美味しかったです。アーティチョーク、見事に料理された子牛の膵臓、仔牛肉、あばら骨付き肉、豚肉のソーセージ、ウイキョウ、腎臓、牛ヒレ肉のミックスグリル。そして、キイチゴに、コーヒーのアイスクリーム。そして陽が燦々と降り注ぎ、涼風がそよそよと吹き、ローヌ川が私たちの眼前をどうどうと流れていました。

それから私たちはジュネーヴ湖の周りを何マイルか車を走らせました。湖は太陽の下美しく、洒落た服装の家族連れがたくさんいました。最も素晴らしい光景は噴水で、二七〇フィート〔約八十二メートル〕の高さまで水を噴き上げます――水力工学の偉業です。そして、午後の休息のためにホテルに戻りました……

そして歓迎会《レセプション》です。最高のホテルのとても大きなホールでです。千人近い人がいたに違いありません。さまざまな人々の集まりで、私のくらくらした頭でもアルゼンチン人、ブラジル人、そしてメキシコ人が一人いるのがわかりました――片言の英語を話す人たちや片言のフランス語を話す人たちがいましたが、みんな私の論説にとても刺激を受けたようです。そのうちの一人は、私の「不定期な」論説だと言っていました。私は、自分がまるで熱いバターのかかった詰め物入りのタラのように感じましたし、そのように見えていました。私はお酒を飲まなければいけませんでした。そして、もちろん飲めば飲むほど汗が出ました。多くの友人たちが、貴女がここにいなくて残念だと言っていましたよ。もちろん。私もそう思っています。何度も何度も。

M・Kとエリオットには興味が湧きます。二人の間には緊密な協力関係があることには疑いがありません。いいではないですか。この世界で失敗者でありながら、それから逃れられると思うのはいけませんが。やっと私たちは饗宴を後にしました。水面に映る景色、投光照明で浮かび上がる噴水、そして勢いよく流れるローヌ川は、とても美しかったです。お店も美しかったですが、とても、とても、とても高価でした。

67…原註：私たちはイタリアのガルダ湖に行った。
68…原註：ワイト島のフレッシュウォーター湾にある、詩人テニスンが住んでいた家。
69…原註：『統合失調症的思考の発達 The Development of Schizophrenic Thought』［ビオン全集第六巻］

私は貴女のことをいつも考えています。そして、記憶が新しいうちに貴女にお話したいことが、山のようにあります……

七月二十五日

愛しい人へ

私は少しだけ時間がありますので、この機会を掴んだ方が良いでしょう。M・Kとエリオットは会議に出席していますが、私は自分の論文を見直したいからと言い訳をして部屋にいます。それはそうなのですが、それよりも、大会に行きたくないという方が大きいのです。今朝の発表は思ったよりも悪くはありませんでしたが、それは私が亜麻布のズボンとテリレンのシャツを着ていたので、一層心地が良かったからなのか、発表された論文の素晴らしさなのか、私はどちらかは決め難い気がします。おそらく、後者よりは前者だと思います。どちらにしても、私は講義を聞くのが大嫌いです。統合失調症について、何も知らないくせに話し続けた馬鹿者の女性がいました。彼女は三十分間話すことが許されていたのですが、六十分の長さの論文を、四十五分に収めるようにまくし立てて読みました。そしてメラニーは自分の発表をし、聴衆の反応に喜んでいました。オーガスタ・ボナードさん（ブラナーさん）は、M・Kによると、私のことを魅力的だと思っているそうです。明らかに昔の魔法はまだ使えるみたいですね。ぶらぶらとホテルに戻る途中で店を通り過ぎましたが、ここでは面白くなくて高いもの以外は何も買えないと私は確信しました。この地のものだと、パーセノープに腕時計と、ジュリアンに鳩時計ぐらいですね。もしくは、私たちのために鳩時計だけを買えば、子供たちはみんな喜ぶでしょう……

私はお金を節約するために、昼食はビール一杯とサンドイッチにしておくことにしました。合計九フラン九十ですが、私の計算では一ポンドに近いのではないかと思います。

しばらく後です。さて、とにかく今は月曜の夜です。エリオットとメラニーと一緒に、エリオットの車で湖畔のレストランに夕食を食べに行って帰ってきたところです。午後には近くで雷雨があり、ここでも小雨が降りました。エリオットが私に電話をかけてきたのは午後六時十五分頃ですが、それまでには晴れて涼しくなっていました。数キロのドライブには特別なことはなく——広い四車線の高速道路からは湖が垣間見えました——レストランは控えめなものでした。それはなかなか美味しい少なめの食事でした。鱒のムニエル、仔牛のエスカロープ、氷菓子とコーヒー。地元の白ワインは、たいしたものではありせんでしたが、お酢ではありませんでした。これで一人頭二十五シリングですから、ソーホーのそこそこのレストランと同等だと思います。少なくとも私のビールとサンドイッチよりはましでした。私はそこでの会話はつまらなかったと今は感じますが、そう考えることに少し罪悪感があります。メラニーは非常に要求が多いです。多分彼女は非難ばかりされ、自分の人生に本当に幸せなものがあまりないからだと思いますが、私はいつも生気を吸い取られる気がします。どうしてそうなるのかはよくわかりませんが。彼女はお世辞を誘い出し、それを得て、それを否定して、そしてこういうのです。「でもどちらにしても、彼」（または彼女、またはそれ、または彼ら）「は本当にとても私に親切なの」。私は自分の論文について神経過敏状態にあることになっています。実際には、私にはそれはどうでもいいのです。でも彼女は私に自信を持たせたがるのです。後になったら、彼女は私が自分の論文にうぬぼれるのを止めたがるでしょう。

　でも、これについてはもう十分です。私は明日には貴女から手紙を受け取ることを祈っています。事実、今日は来るはずがないと分かっていながらも、私はずっと、来てないかと思い続けました。私は少なくとも十日は離れているように感じます。今回は二日前に貴女のもとを発ったばかりにもかかわらず……

　ジュネーヴのことがもう少し分かってきて、私は貴女がここにいなくてもそれほど残念ではありません——もし海外に行くのであれば、ジュネーヴが行くべきところではないことは、ごく明らかです。そして所得税の払い戻しがなければ、旅行と学会を混ぜ合わせるのは時間の無駄です。学会はロンドンで——休暇は海外で。

明日の二十分の発表をこなすために準備万端でいるには、私はここで止めた方がよさそうです。メラニーはニコラの様子を聞いてきて、貴女がどれだけみんなと仲が良くて、どれだけみんなが貴女のことを好いていたか、熱心に語っていました。私の妻が愛され、賞賛されるのを聞くと、私はいつも大きな幸福感を感じます——そして、メラニーに対しても、とても温かい気持ちを感じます。時として何らかの理由で彼女に対して少し頭にくることがあったとしても。明日は一日中大会に、そして夜はスイス連邦の州の歓迎会《レセプション》に、スーツを着て暑くて汗をかきながら出席しなければいけません。ですから、明日は長い手紙を書ける時間がないと思います。でも何かは、少なくとも論文発表がどうであったか、そして貴女をどれだけ愛しているかは書くつもりでいます……

七月二十六日

愛しい人へ

私はこれを朝食前に書き始めています。あとでは時間がないでしょうし、また、私抜きでエリオットとメラニーを大会に行かせるためでもあります。私は今、かなり疲れきっているような気がします。あまり関係ありませんが、私は私の友人が話してくれたマレーネ・ディートリヒの話を思い出しました。彼によると、彼女はとても美しい——ゲルマン的な美しさですが——若い男たちの軍団に囲まれ、その男たちは彼女のどんな些細な願いでも叶えるために素早く行動し——それが唯一彼らに許された動作だったのでしょう——侵入者になり得る人をすべて撃退しました。もしメラニーが思い通りにできたなら、そして彼女はよく思い通りにするのですが、彼女はクライングループ全体を誰から見てもかなり馬鹿馬鹿しいものにしたでしょう。私は「神経過敏状態にある」という口実があるので、一人で歩いて到着するつもりです。もちろん私は間違っているかもしれません。でも、そうは思いません。

間もなく下に行くので、私は貴女からの手紙を見つけることを祈っています。昨晩はまた雷雨があり、通りはまだ濡れています。ここでは完全に室内での仕事なので、涼しくいる方法としては歓迎です。山で休暇を過ごしているかわいそうな人たちが雷雨を好きであることを祈ります。

夕方です。歓迎会《レセプション》とアルゼンチン・パーティーのひどい夜が始まるまで三十分あります。まだ手紙が届いていないので、明日までは知らせがないでしょう。貴女と子供たちは、私の手紙を受け取ることに関して、私よりも幸運であることを祈ります。

午後はうまくいきましたが、少し気が滅入っています。というのも、私が話していた内容を誰一人として一言も理解していないことが、かなり明白だったからです。M・Kは、彼らは後になって理解するだろうと言っています。おそらく。最初にごろつきのBが、二十分の割り当てのところを二十九分話しました。そしてシーガルが二十分のところを二十七分話しました。そして、私は十九分話しました――少し早口で。討議では、Bが、極めて当然ながら、私の臨床素材について私を攻撃しましたが、それは私に自分の論文が何についてなのかを説明し、解釈の一部の一部を説明する機会を与えてくれました。そして、それは、それまで当惑していた人々に大きな違いをもたらしたと、一人か二人の人が言っていました。

私はこの地獄のような州の歓迎会に行くのが、どうにも気が進みません……もし行かなければ、私は実際無作法で愚かな気がしますし、何かを逃したような気になるでしょうから、不平をこぼしたくはないのですが。

フランチェスカ、私は行かなければいけません。貴女と子供たちのことを、いつも考えています。そちらはすべて順調なことを祈ります。私に代わって彼らに接吻してあげてください……

今はもう少し後です。さて、私は帰ってきました。そしてまだ十一時半なので、今夜の出来事を書き記しておこうと思います。歓迎会の部屋は、同じように美しい湖の景色を望む美しい庭の中にありました。軽食も飲み物もとても美味しかったです。会が終わると、私たちはそこにとどまり食事ができることに気がついたので、M・Kとエリオットと私はそうしました。そして、そこの料理は絶品でした。私はとても上手に調理されたシタビラメときのこ、牛ヒレ肉と野菜、そして、ジャックスと私の〈お腹〉を祝してクーペ・ジャック[70]。白ワイン＋赤ワインもすべて芳醇で、前夜に比べて一フラン安かったのには驚きました。そして私たちはアルゼンチン・パーティーに行きました。それは高層住宅内のアルゼンチン人夫婦の家庭で行なわれました。コーヒー、さらなるお酒、ワゴン一杯の異国風に盛られたフルーツサラダ、そして背景には、ジュネーヴ対岸の光が湖上に燃えるように輝いている窓外の景色。アルゼンチンの音楽に乗せて踊っている人もいました。そして、一人のスペイン人の精神分析者が、何曲かフラメンコの歌を歌いました。その光景は魅力的で、お腹が痛くなるような嘆きの声とギターをかき鳴らす音――それは、窓から見える湖や湖上の光と、床の上や窓際の席に輪になっている、まるでメキシコの展覧会のように見える女性たちと一体となっていました。メラニーは、フランチェスカがここにいなくてとても残念だわ、と言いました。私も、心の底からそう思いました。やっと帰ってきました。戻れてとても嬉しいです。土曜日の夜に発ってから貴女や子供たちから一言も受け取らなかったことに対して、とてもがっかりしていないとは言いません。貴女と子供たちのことをあまりに深く愛しているので、動揺はしませんが、もしかしたら、クロイドンの郵便局のせいかもしれません……

七月二十七日

愛しい人へ

私は九時にギレスピーの発表[71]を聞きに行き、その後の討議にも引き続き参加しました。そして手紙を取りに行ったら、電報を見つけたので衝撃を受けましたが、破いて開けてみたら、私の以前の患者からのものだったので安心しました。私は夜あまり眠れなかったのと、ここが眠っているように静かな街なのとで、眠くて仕方がありません。ここの学校に行ったシーガルは、常に蒸し暑くて曇っている、ひどい場所だと言っています。今のところは晴れていますが、でなければ彼女の描写そのものです。

ある人に、今日の昼食時間の集団療法に参加して欲しいと言われました。私は行きたくありません。私は一人きりで静かに昼食を食べたい気分です。

後になって書いています。ですが、私は参加しました。そして、これはそれについてほとんど知らない人たちとの、非常に混み合った居心地の悪い室内での昼食会だったので、私は自分が愚か者のように感じました。それでも私の話を真剣に聞いてもらえ、とても美味しいオムレツを食べビールを飲んだので、まだ良かったです。でも今、真夜中ですが、重要なことは、貴女からの手紙が届いたことです。大会の最後の論文の後に帰ってきたら、ありました。貴女は月曜日に投函したようですが、私が受け取るのに水曜日の夜まで待たなければいけなかったなど、本当に驚きます。でも手紙のおかげで私の気分がかなり変わりました。私は本当に心配でした。あの忌々しい電報が私にひどい衝撃を与えたのです。全てがいつも通りだと聞いてとても安心しています。そして、恥ずかしながら、貴女が私がいなくて寂しいということを、少し嬉しくさえ思っています。

話を戻しましょう。論文を聞きに行ったのは、主にマネー＝カールとローゼンフェルド[72]の発表を聞きたかったからです。マネー＝カールはとても紳士的で、エリオットは、イートン校出身者が言わば死力を尽くして話すのを、皆が観れたのは良かったと言っていました。ローゼンフェルドは大会の締めだったのですが、私は良かったと思いました。

私はエリオットが、M・Kとボー・リヴァージュまで車で行くのに加わりました。そこで私たちは、小さな桃

70…フルーツサラダを寄せたカップ盛アイスクリームのこと。

71…イギリスの精神分析者ウィリアム・ギレスピー（一九〇五〜二〇〇一）。第十九回大会では、「倒錯についてのパネル」で発表、後に論文化されている（Gillespie, W.H. (1956). The General Theory of Sexual Perversion. Int. J. Psycho-Anal., 37:396-403.）。

72…イギリスの精神分析者ハーバート・ローゼンフェルド。発表内容は「神経症および精神病患者の行動化の必要性についての探究」（後に『精神病状態』に所収）。

色のローレイン・ベゴニアの花の並ぶテラスでビールを飲みました。そして私は十分でホテルを片付けたのですが、そこでありがたいことに、貴女からの手紙を見つけました。私が正午の集団療法の昼食会の前に歩いて戻ったときには、電報の知らせしか見ませんでした。私はローヌ川の中の小島にある市場で美味しいさくらんぼ[73]を買う気力さえもありませんでした。

そしてエリオットは、M・Kと私をローザンヌはずれにある城まで運転して行ってくれました――車で一時間ほど行ったところです。これは、レイモン・ド・ソシュール氏[74]が大会の参加者――八百人から九百人――を招待した夕食会のためです。なかなか気前の良い催しのようですから、私はどんなものか興味があり、M・Kはド・ソシュール氏がやるからには、いい会に違いないから私は行くべきだと言っていました。さて、湖や月やモンブランを幹線道路から垣間見ることしかできない、何ともじれったいドライブの後、私たちはこの城がそびえる村に到着しました。この城はド・ソシュール氏の兄弟の持ち物で、一六〇〇年かそれ以前から一族のものだそうです。警察が交通整理をしており、駐車に関してはすべてまったく何も問題がありませんでした。そして、城の正門まで百ヤード〔約九十一メートル〕ほど歩いて行き、門をくぐると、本丸と高塔――巨大で実に荘厳なもの――のそびえる、真に見事な中庭に入りました。私たちは階段を登り、天井に家紋が描かれた大広間に入りました。ここから控えの間を通って、テラスまで歩いて行くと、そこには長い食卓が野外に設置してあり、月明かりの下、夕焼けに彩られた湖が眼下に広がりました。テラスは六十ヤード〔約五十五メートル〕ほど階段状になっており、小さな電球で飾られた木々の下に、客のために食卓が整えられていました。エリオットとM・Kと私は、控えの間のすぐ外にある、一番高い食卓に座りました――私はメラニーに、農奴が低い席に座るのだと言い、彼女を喜ばせました。食事は簡単なものでした――小さなチーズスフレ、冷製のパイ、それに魅力的ではあるもののあまり記憶に残らないような他のもの、そして氷菓子とコーヒー。美味しい白ワインと赤ワインはたくさんありました。唯一残念だったのはメラニーが椅子から落ちて怪我したことです。彼女は私が心配したほどには動転もしておらず、私は彼女があまり痛くなかったことを祈ります。彼女はよく立ち直ったように見えました。

祝辞はなかったのですが、ド・ソシュール氏は客の間を歩き回って、当然のことながら喝采を浴び、もちろん祝杯をあげていました。この時間までに音楽が鳴り響き、私たちはばらばらになり、室内へと移動しました。

大広間は略式ではあるものの綺麗に着飾った人々で賑わっており、私は間もなくその音楽は、とても明るい緋色の衣装に身を包んだ二人のスイス人が、小型でありながら力強いコンサーティーナ[75]で、伝統的なスイスの節を奏でているのだと発見しました。一人は地階の大きな正方形の広間に、もう一人は、同じ広間の上階まで壁沿いをぐるりと回る階段の上にいました。雰囲気は封建時代のようで、自然で華やかで、自意識過剰的なものは微塵もありませんでした。召使いたちは皆、まるで私たち客にスイスはなんと素晴らしい場所なのかを示すかのように、すっかり楽しんでいるように見えました。メラニーは私が感慨深くしているのを見て、こう言いました。

「あなたが何を考えてるか分かっているわよ。フランチェスカがここにいればよかったのに、と思っているのでしょう。私は彼女がどれだけこれを楽しんだだろうか考えていたわ」。私は、それがまさに自分が考えていたことだと認めるのに恥じらいを感じませんでした。あぁ、本当に、どれだけ貴女にここにいて欲しかったか！　特に、私たちが再び中庭に出て、その巨大な塔と本丸が投光照明で照らされているのを見たときには。そのどっしりとした石造りの階段、石の敷き詰められた中庭、そしてこの素晴らしい縦溝彫りのある、刎ね出し狭間のついた塔は、とても壮大に見えました。

今は午前一時を回ったところなので、この辺にしておかないといけません。明日の会議が終わったら、すべて

73…原註：ビオンの大好きな果物。

74…スイスの精神分析者（一八九四～一九七一）。父親は言語学者。

75…十九世紀にイギリスで発明された手風琴の一種。

終わりで、私の愛する妻や家族に会いに家に向かうだなんて、信じられません。貴女のもとを発ってから何年も経っているかのようで、言葉にできないほど、貴女に会えるのを心待ちにしています。

　それでは私の愛する人よ、とりあえずお休みなさい。東クロイドン駅に戻るまで、貴女に会えると、本当に信じられるとは思いません……

一九五九年

ロンドン、セント・ジョージ病院にて[76]

二月三日

愛しい人へ

面会時間ですので、私は貴女に手紙を書こう、少なくとも書き始めようと思いました。私はとうとう、なんと、大用を足すことができました。なんというから騒ぎ。私は便所に行ってはいけません。おまるを使う代わりに、特別に移動式便器を使うことができます。どうしてでしょう？ それは、私があまりに弱っており、僅かにでも激しい活動をしてはならないからです。もしこれが――看護実習生か、看護師かもしれませんが、によると――彼らが思うような病気であれば、私は五、六週間病院で治療しなければなりません。そうでなくても、私が理解した限りでは、同様に悪い違う病気です。私はこの二人を右手に一人、左手に一人つまみ上げ、しっかりとおまるに座らせてやりたくなりました。最後に、私は自分のおしりを拭いてはいけないことになり、二人のうちの一人がしました。もしかしたら彼らは代わる代わるしたかもしれません。私はこのスリルが、ある種人工的なパニックの究極の目的なのではないかと思います。でっぷりとした老女が部屋の反対側の人に面会に来ていますが、彼女は私がしばらく耳にしたことのない、とびきり濃厚な好色的艶笑をもって爆笑しています。おそらく彼女は私が便器に座っているのを見たのでしょう。夕食は卵の乗ったほうれん草と、全く焼き色のついていない

76…原註：インフルエンザにかかっているにもかかわらず、彼はハーレー・ストリートの診療所で引き続き患者を診ていた。二月二日の朝、ヴィクトリア駅で列車を降りた後、彼は意識を失い、救急車が呼ばれて病院に運びこまれた。

ジャガイモの揚げ物でしたが、味はそこそこ美味しかったです。私はタピオカと糖蜜のデザートは断りました。

心電図検査技師の男性が現れて、彼の仕事を行ないました。彼は、朝とほぼ同じで特に変わったことはないと言っていました。[77]病院の検査手順はとても徹底していますが、それはいつも少し融通が利かないと私は思っています。私は、もっと私の消化不良と昔の黄疸に注意が払われる必要があると強く感じていますが、誰もその事について質問しないのに気がつき、便通がないことに言及することで、彼らの注意を引かなければいけませんでした。同様に、洗われているべき頬の擦り傷が洗われていないことに気がついたのは、看護師長でした。しかし私は分析の仕事のおかげで、人が、見慣れている人工物ではなく、他の人々が何であるかへの現実的な接触に耐えられるようになるには、長い時間がかかるものだ、と納得しています。

ここの内科研修医は、救急病棟が貴女に人騒がせな伝言をして混乱させたと思うと言っていました。私は貴女に会えてあまりに嬉しかったので、その伝言が何だったかを尋ね忘れました。[78]どちらにしても、誰かが病院にいるときはとても心配なので、一つの警報が鳴らなければ、別の警報がなるのでしょう。とにかく私は糖尿病ではありません。そして今、私は実に健康だと感じています。私は、うさぎどん[79]の法則に則り、「お願いです、お願いです先生、どうか私を病院から追い出さないでください！」と嘆き悲しむ大騒ぎを起こすべきだと思います。そしてその間ずっと私は、私の愛しい妻や私たちの赤ちゃんたちがどうしているかと思っています。もちろん彼らは実際赤ちゃんにすぎませんから。そして貴女はとても優しく、明るく、愛情がある上に美しく見えました。私には貴女の経験している心労や心配が垣間見えてはいましたが。私は実際貴女は心配をしているに違いないと思いますし、それ以外は考えられません。もし貴女が心配をしていないのであれば、貴女は私の知っている勇敢な女性ではありません。でも私は、私たちがただ目の前の問題に集中して対処していれば、状況はそれほど悪くはならないだろう信じています。とにかく、他に私たちにできることはあまりありません。私は自分の身体状態についてできるだけ聞き出すようにしなければいけませんし、それに応じて生活することに専念しなければいけません。私はいつでもあまりに不注意すぎます――特に、食べ過ぎについては。

隣にいる年配の男性は、内科研修医の若い女性に、彼女の検査は彼を「喜ばせた」と言いました。いつでもどこにでも明らかに希望の光はあります！

私は子供たちがあまり取り乱していないよう願っています。私は彼らに、病院と病気が存在することを知らないままではいさせませんが、彼らがそれは人生の一部である（一部であってあまり大きい部分ではないと願います。彼らが医者にならない限りは）と学ぶことを祈っています。

私は貴女にこの手紙を送らないと思います。私の右にいる若い青年が分厚い手紙を看護婦に渡して郵送してくれるよう頼み、次の会話が実況されました。

看護師「わー！　すごく分厚い！　たくさんいい物が入っているのですね」

患者「そうなのです。やかんの蒸気にあてて開けてみてください！」

看護師「あら！　私の息でできますよ」

今は九時ですが、すべての電気がまだついたままなので、私は何時に消灯になるのかわかりません。おそらく私たちは五時半かもっと早くに起こされると思います。ですから、愛しい人よ、とりあえず私はお休みなさいと言わなければいけません。貴女が来るときに、できれば私は〈科学的方法〉についてのブレイスウェイトの本[80]

77…原註：彼の心電図は実際、常に不整脈を示していたが、それに対して満足のいく説明を受けることはなかった。
78…原註：「あなたのご主人がヴィクトリア駅で心臓発作をおこされました」。
79…ジョーエル・チャンドラー・ハリスが一八八一年以降発表した『リーマスじいやの物語』シリーズに出てくる機知に富んだうさぎのこと。
80…イギリスの哲学者R・B・ブレイスウェイト（一九〇〇～一九九〇）の『科学的説明：科学における理論、確率、および法則に関する研究 Scientific Explanation: A Study of the Function of Theory, Probability and Law in Science』のこと。クリス・モーソン編『W・R・ビオンの三論文 Three Papers of W.R. Bion』（岩崎学術出版社、二〇二三）中のブリトンによる解説参照。

が欲しいと思います――言い忘れないように書いておきます。神のご加護がありますように、私のフランチェスカ。

水曜日の朝です。二月四日。騒々しい夜の後、私は貴女にもう少し打ち明けて、心を軽くできたらと思っています。昨晩、内科研修医がやってきて私の具合を尋ねました。彼は、もし心電図の結果が良かったとしても、私はまだ「もう数日」入院していないといけないと言いました。これに私は驚きませんでしたが、私は「もう数日」がどれくらい延長されるのか知りたくなりました。彼は、私は体重がありすぎると言い、私の身長だったら十二ストーン〔約七十六キロ〕にすべきだと提案しました。

私はここにある〈科学的方法〉についての本を読み、なんと恐ろしくたくさんの戯言をこれまで読んできたのだろうと思わずにはいられません。私にはいつも、ある程度の、多すぎると思いますが、騙されやすさがあって、そのせいで、むしろない方が良いたくさんの戯言――本の中だけではないと思います――を鵜呑みにしています。私は自分が、その腐敗の洪水にさらに多くのものを加えないという自信をもっと強く持てればいいのにと思いますが、もちろん自信を感じていたなら、おそらく私は必要な自己批判に欠けることでしょう。

壁の清掃が行われました。それはつまり、患者たちの上に埃を払い落とすということです。タイムズ紙に、掃除の行き渡っていない壁の危険性について、そしてそれをするのは労働組合の仕事だという投稿がありました。実際にはもちろん、細菌学者たちや他の人たちにとって明白な「危険」が、ある場所から他の場所に移動されるだけです。とにかく、誰も悪くはなっていません。そして何年かのうちには、清潔に保つのは良いことだという考えは定着するでしょう。

アイルランド人の病棟清掃員は、私の右側の隣人の男性と散々下品な会話を交わしていました。彼は自分の四人目の赤ちゃんの写真を持っており、彼女はそれを見たのです。「もう結構です」が彼女の言葉に込められた意味でした。「あなたはたまにはちゃんと寝ないといけませんよ」と、彼女は彼に、病棟のこちら側全体にも聞こえるように言いました。

私は貴女がどうしているだろうと、心から思っています。とはいうものの、私は貴女がいつものように勇敢に明るくすべての事をやりこなすことを知っています。どうしようもないひどい心配や不安を心の奥底に抱えながらも。そして私は本当に貴女の助けになりたいのです。私ができることはしています。例えば、私の体重を減らす機会をつかむこと。それはここでは比較的簡単にできます。というのも、私はベッドにおり、私が食べられない美味しいお菓子についての考えに悩まされないからです。この病棟は今、清掃員訪問後のいつもの日課に落ち着き、私は心電図を待たなければなりません。

しばらくしてからです。心電図はありませんでした。どうやら前の心電図検査からまだ時間が経っていないので、再度行なう価値がないと考えているようです——何も示さないだろうからです。そのかわり、そしてこれは悪い知らせですが、その内科研修医は、次は五、六週間後になるだろうと言っていました。そしてこれは確かに打撃でした。私はそれをあなたに伝えます。もし仕方がないのであれば、私たちは二人で打撃を受けた方がいいからです……

今考えてみれば、この右側の痛みは、私が去年レントゲンを撮らなければならなかったものと全く同じものです。[81]

二月四日

愛しい人へ

少し前に貴女が出て行くと、本当に病棟から太陽が消えたかのようでしたが、手紙があるおかげで、私は今す

81…原註：このとき彼は脇腹の骨に二本ひびが入っていた。

ぐに書き始めることができます。愛というのはおかしなもので、あまり意味のないように見えるありふれた言い回しが本当に確かに正しいのだ、とそれは教えてくれます。貴女がいなければ、私は太陽についての言い回しが本当だと知ることはなかったでしょう……

　しばらく後です。医長のハンター先生が私に会いにやってきました。彼は私に簡単に説明し、私の心臓は問題ないと、そしてもし金曜日の心電図で問題がなければ週末には退院できると言いました。これのおかげで私はとても元気になったので、私はまた心電図の検査を受けなければいけないことを何度も忘れてしまっています。ハンター先生はまた私に会いに来ると言いました。明日は貴女に会えないので、私はただちにこの手紙を送ります。ハンター先生は、私に来週の仕事は休むように言いました。もし退院する前に私が幾らかでも考えをまとめられるなら、論文を終わらせることができるかもしれません。残念ながらこれは非常に複雑な主題で、そして急ぐあまり早計にしたくないのです。でも、私は考えを練り続けることは出来ますし、もし仕事の休みが六週間でなく二週間だとしたら、私は文句は言いません……

　二月五日

　愛しい人へ

　……私は明日の心電図の結果を前に、緊張し始めています！　咳をすると私の脇が「引っかかる」以外は、他の点では私の調子は良好です。これは痛みが後に残りますが、私は待ちきれなくなっているのです。私は痩せてきていますが、私の体重はきっと全く減っていないでしょう。私は私の論文について考え続けていますが、これは奇妙にもとらえどころのない主題で、そして考えが頭に浮かんでは消えています。現時点では私はそこに何もないと感じていますが、私はこれに慣れました……

82

二月六日

愛しい人へ

私は予期していなかった貴女の手紙にとても元気をもらって、泣きそうになりました。私は気分がずっと良くなりつつあるに違いありません。ポリッジ[83]と暖かい牛乳（砂糖なし）の朝食のせいでとても憂鬱になって、ベーコンとトマトを無性に食べたかったのですが——禁欲的に我慢していたのです。これは治療への私の貢献ですし、私は今の自分の問題は、十年前の黄疸の名残だとますます強く思っています。私は私の肝臓がすべての食べ物を栄養に変えず、未消化のものが毒として循環するままにしているのだと思います——ですから、何が起きてもおかしくないですし、そして常に他の何かが悪いように見えるのです。

……貴女のように、私も半分しか生きていないと感じます。とは言っても、私は貴女の手紙によって完全に生き返るまで、それに気がつかなかったのですが。私の風邪は結局おそらく治りつつあるという事実にもかかわらず、相変わらず私は日夜少し具合が悪くて寝込んでいながらも、ここに横になるくらいは十分生気があるに違いありません。

私の気分が落ち込んでいるのは主に、実際に家に戻るまでは、ここから出ると信じ難いからです。「あなたはここから出るには、厄介な人でなければなりません」と病棟の清掃員が言いました。「あなたが良い人なら、彼らはあなたを引き留めますから」。私は彼女に、私の「厄介さ」についてひどい話を広めるように言わなくてはいけません。

ところで私の愛する妻はお元気ですか？　貴女はとても勇敢でとても明るく、そして状況をしっかり把握して

82…原註：「結合への攻撃 Attack on Linking」International Journal of Psycho-Analysis, 40 (5–6, 1959): 125.［ビオン全集第六巻］

83…オーツ麦を水や牛乳で煮込んだおかゆのようなもの。通常朝食に食べる。

いますし、私は貴女が何もかもとてもうまくやってくれると分かっているので、自分もそれに見合う価値のある事が何か出来ればいいのにと心から思っています。そして確かに私は貴女に手紙を書きながら、素晴らしい論文を書きたいと思っています。でも論文を書き始めたら、悲しいかな！　素晴らしくはないのです。私は貴女に手紙を書く以外、そのような馬鹿げたことに時間を無駄にしたくはないのです。

私は私の反対側の角にいる、風変わりな年配の男性について本が書けるくらいです。彼は瀕死の痩せこけた年寄りのハゲワシのように見えますが、コオロギのように楽しく飛び回っています。秀逸な会話の内容を幾つか紹介しましょう。

看護師「一体全体寝間着の上着を何枚着ているのです？」

患者「三枚です」

看護師「そんなに着たら暑すぎますよ」（その通り。）

患者「信じられないかもしれないけれど、私はあなたのためにここで凍え死ぬのはごめんです」

看護師「（後で）一体全体何を食べているのですか？」

患者「鶏肉の揚げ物です」

看護師「でもあなたは食べてはいけないのですよ。あなたの糖尿病の検査をしているのだから。（ロッカーを見て）なんとまあ！　一体全体ここに何を入れているのですか？」

患者「食べ物です。そして鶏肉の揚げ物ももっと」

看護師「でもあなたはそうすべきでは――」

患者「それはあなたには関係ないことですよ、看護師さん。私がブライトンにいるとき、私は美味しい鶏肉の揚げ物を持たずして、競馬には行きませんよ」――など、など。

彼が今ちょうど、「彼ら」は寒気のために霧ができると言っているけれど、どうやって彼らがそのようなことを「する」（おそらく霧を作る？）か考えられないと言っています。彼はそれらの言葉を一切信じていません。
まったく、私はここに横になりながら、貴女は銃を持ってこなければいけないと思うところです。貴女の不安がどんなものだか知る一方で、このような芝居が続くのを見ながらここに横になり、完全に元気で適度に楽で非常に安楽な生活を送っていると感じていると、かなり気力が失せます。でも、私はいくらか仕事を始めることで自分の良心の痛みを払拭しなければいけません……

二月六日
愛しい人へ
いつもの通り、貴女が帰った途端に落ち込んでいます――もちろん何も新しいことではありません、他にどう感じられるものでもないので……
私は貴女がひどく大変だということは分かっていますし、私がそこにいて貴女を手伝うことができないのが辛いです……でも貴女と家族のみんなが私に何かをしてくれたおかげで、私は無駄に後悔したり、落ち込んだり、恐れたりすることに費やす時間が減り、一年前でさえ可能だと信じられなかった以上に、目の前の計画について考えることにいっそう時間を費やしています。

二月七日
……言うまでもなく、ハンター先生も他の人も来ませんでした。そして、これは月曜日まで何も起こらないということを意味します。腹立たしいことに、深刻でなくても、すぐに事態が深刻だと思い込む人がたくさんいます。そして私はその人たちに口実を与えたいとは全くもって思いません。特にまだ存在しており、さらに激しくなるであろう患者の激しい取り合いに関しては。それが、私が他に打ち込むことができないのであれば、出版に打ち込みたいと思う理由の一つです。私たちが会って話せないのが残念です——貴女がここに来ても、まず無理でしょう。でも考えを書き記す方がより簡単でより効果的かもしれません。

しばらく経ってからです。フランチェスカ——悪い知らせです。私は一向に何の知らせもないのが嫌になり、看護婦に心電図の結果がくるのはいつか聞きました。彼女は、結果は来ていると言いました——そして以前の病変しか示していないという希望は消えました。それは新しいもので、私はここに横になっていなければいけなくて、自分のために何もしてはいけません。言葉で言い表せないほど気が動転しています。もちろん私も貴女も、このようなことが起こるかもしれないと分かっていましたし、私が貴女に人生もこう遅くに求婚したときからそういう危険性はありました。もし賭けがうまくいかなければ、利益はすべて私のもので、損失は貴女のものになると。でも、私は貴女にとっても何かいいことがあると望んでいましたが、私は今、貴女を裏切ってしまった気分です。というよりも、私が貴女に求婚したときに、貴女を裏切ったと感じています。私は、何が起こっているのか分かった時点で、タヴィに近寄らないようにするべきだったのです。でも忌々しいことに、私は自分がいかに身勝手で、本当は自分のことしか考えていないのを知っているので、絶対にそうしなかったのです。でも、それは真実ではありません。そして、貴女がどれだけ私を幸せな気持ちで豊かにしてくれたか、貴女には知って欲しいのです。私は本当に、すべてを失ったと感じていましたが、貴女が私にしてくれたことはすべて、私を幸せで満たしてくれました——今でさえも、私が想像をしていた幸せをはるかに超えたものです。私の愛しい貴女、ありがとう。子供たちがお金を出し合って私にクッキーを買ってくれたことを考えるたびに、涙が溢れます。幸せでないからではなく、幸せだからです。それは、貴女がいなければ私が知ることはなかったたくさんのことの一つにすぎません。

私はこの辺にして、仕事にかかろうと思います。筋が通らないかもしれませんが、執筆ができることに私は大きな慰めを感じるのです。これをすることは、私の大切な家族のためには一文にもなりませんし、助けにもなりません。もしできれば私がするのは家族のために稼ぐことだけですが、でも、これはどういうわけか、大きな慰めになります。

これはとても悲しい手紙で、それを貴女、私の献身的な妻に書くのは忍びません。どれだけそれを私が分かっているか。でもそれが分かることは、どれほど私を幸せに感じさせてくれるか……

一つ慰めとなることがあります。心電図にもかかわらず、私は日に日に元気に感じていることです。そして、私が実際に立ち上がったときには——移動式便器に座らせられるときにこっそりと——私は足腰がしっかりしているような気がします。それも、ベッドや食事制限にもかかわらずです。私はもっとふらふらとして弱々しく感じるだろうと思っていました。

さて、面会についてです。私は、貴女はご自身と子供たちを大切にすることを、何よりも優先させるべきだと思います。私はここで大丈夫ですし、最も素晴らしい治療を受けています。至らないところはあるにしても——すべての我々哀れな人間の努力のように。ですから当分の間は、私は安全に、安全なところに詰め込まれています。私は貴女が私のことを愛してくれていることを分かっています。そして私が欲するもの、必要なものはそれだけです。貴女の心の中では私のそばにいてくれているのは分かっていますし、他にいるよりもここにいた方が賢明であれば、実際にそうしてくれることも分かっています。私は二人とも時には苦しみ、落ち込み、気弱になることもあるに違いないことは分かっています。でなければ私たちは人間ではありませんから。恥ずかしながら、この手紙の中で私はそうなりすぎたような気がします。でも、貴女がここにいることができないと常識が分からせてくれたら、私は分別を持つ努力をしましょう……

私はこの機会に、集団に関するすべてのものを見てみるべきかと思っています。それはとても価値のあるのではないかと思いますし、有用な仕事の始まりになる可能性があるかもしれません。もしそうでなくとも、それを全部捨て去るという、有用な決断になります。

貴女との面会の時間が近づいています。私はとても舞い上がっていたので、少し睡眠をとらないといけないと思いましたが、もし貴女が来る、そして貴女を待つという感動を逃したら、私はとても落ち込むだろうと思うと、眠れませんでした。私はただ貴女に言って、示したいのです——愛しています、と……

私の一番大切な人、とりあえずごきげんようと言いましょう——そして、貴女がこの扉を出て行った途端に、また次の手紙を書き始めましょう。これを書く利点は、私は時間があるときに考えることができて、貴女は本当の意味で二人きりでないことを忘れたり、そのために気が散ったりすることなく、読めることです……

二月八日

愛しい人へ

……私は、実際に触れることができる貴女の何かを持っていると感じられるように、貴女からの最新の手紙を再度読んでいます。私の前回の手紙がとてもつまらないもので恐縮です——私は、通常それ——そのときの「それ」が何であれ——に対して何ができるか計画を考えるのに気持ちを切り替えるので、長い間本当に落ち込むことはあまりないのです……

十分間の礼拝がありました。二人の女性を含めた六人の人が集まりました。『あめなるよろこび』[84]を歌い、そして朗読と「病人とその看護をするものへ」[85]の祈祷、そして『日暮れて四方は暗く』[86]を歌いました。そして彼らは出て行きました。私は彼らをひどく気の毒に思いました。彼らは元気よく、明るく、そして——それ以外に一体彼らは何ができるというのでしょう？　それでも私は何かそれ以上のことがあると感じました。そうでなければ全てが意味がありません。

今日の午後、貴女は何と素晴らしく見えたことか。そして私は貴女をとても誇りに思いました——そして自分のことを誇りに思いましたが、そうは言っても、もちろん、何よりもいい理由以外にそう感じる理由はありません——それは貴女です。

二月九日です。私は三枚ある毛布の中、二枚を取り除くよう彼らを説得したので、昨夜はとても良く眠れました。今朝、もう少し書きものをし、その解釈を確認しました——紙の上ではそうは見えませんが、かなりの仕事量です。でも私は明確に説明できていると思いますし、これに関しては、それが大きな問題なのです……

二月十一日

愛しい人へ

私はここにいます——強風の中、椅子に座って。そして明らかに私は執筆を始めましたが、この風《ドラフト》が収まり草稿《ドラフト》が終わったときに私がどうなっているかは誰もわかりません……

現在私は自分の論文に関して少し落ち込んでいます。忌まわしい気分です。とても素晴らしい見かけ倒しのものを追って堂々巡りをしているだけではないかと思うのです。科学的仮説と解釈の間に関連性があるという事実は、初めは心強かったのですが、誰でも知っている平凡な事を、私が気取った言い方で表現しているから、そう見えるだけなのではないかと思うようになりました。結局は明白なことだと一瞬閃めいて終わることになるのではないかと。

私はパーセノープに短い手紙を送り、ジュリアンとニコラにも送りたいと思っています。ジュリアンが一人で読めるような、そしてきっと彼がニコラに読んであげられるような手紙を書くように考えないといけません。

84…賛美歌『あめなるよろこび Love Divine, All Loves Excelling』。
85…「for the sick and all who minister to them」病人や介護する人のための祈祷の言葉。
86…賛美歌『日暮れて四方は暗く Abide With Me』。

二月十二日です。紅茶とトーストが届けられましたが、看護婦は私が何を食べるべきなのか分かっていません――トーストは二枚ですか？　三枚ですか？　マーマレードは？　私「いいえ、マーマレードはいりません。二枚だったか三枚だったか忘れました」。看護婦「あなた用に卵は来てないのですが、卵は食べますか？」私「昨日は朝食で一つ、夕食時に一つ食べましたよ」。看護婦「あら、では卵があるはずですね」。QED[87]となるのでしょうが、私には論理ではそうなるのだという考えは浮かびませんでした。私はここでのすべての贅沢を楽しむのには元気になりすぎているようです……

二月十二日

愛しい人へ

今日の午後は貴女が私のそばにいてくれて嬉しかったです。私はある意味あまり話したくなかったのですが、ただ座って、貴女の手を取り、貴女を見つめ、貴女が話すのを聞くだけでとても満足しました……

エリオットが夕方短い時間でしたが顔を出し、私は彼にメラニー・クライン・トラストの会議はどうだったか聞きました。彼はM・Kの本[88]を出版する企画が進んでいることを教えてくれました。交渉がうまく進んでいることを聞いて嬉しかったのですが、私は実際のところ、優秀な候補生を援助するために年七十ポンド出すという突飛な企画についてもっと聞きたかったのです。彼は、最終的には何か特別な機会のための限定された種類の、その場限りの募金になるのではないかと言い、それは大したものにはならないのではないかと考えているようでした。どちらにしても、彼もその基準を高く設定することで、ほとんど誰もその助成金をもらえないようにすることを支持しています……

二月十三日です。私の愛しい人、ぐっすりと睡眠のとれた後の、新しい朝です。私は時々、自分がオックスフォード大学の学監のような世捨て人になるべきだったと思うことがあります。ただそうであれば、私たちには十分なお金がなかったでしょう——どちらにしても私たちには十分なお金はないのですが、でもそれは、古代ギリシア遺跡観光旅行に行ったり、面白い本を読んだり、グラインドボーンに行ったりしたい人を誰でも苦しめるような、些細なことです。しかし深刻で不安になることは、まず生活するという純然たる必要性の圧力がゆえに、私は書かなければいけないと思うものがあるのに書けないという、ひどい欲求不満感です。明らかにそうせざるを得ない事情によって、書き物をしたり適当な本を読んだりすること以外不可能なここの滞在により、私は貴女や家族に会うことや側にいること以外の何にも、全く興味がないのだということが分かります。その次に来るのは、本当に読んだり書いたりするのと一緒くたになっていますが、患者との仕事であり、私はそれ自体をやりたいと思います。私は、すべての忌々しい金銭的な心配事や責任を回避できないことは分かっていますが、それらは確かに私の仕事能力を枯渇させていると感じます——忌々しいトラスト[89]の集まりや集団の集まり、協会[90]の集まりや、私が家で過ごす夜を破壊する、他のものほとんど全てからの破壊的な要求。家こそが私がいたいところで、休養でき、英気が養われ、私が考え最終的には書くことのできる個人的空間を得られるところなのです。私の忌々しい朝食が来たようです。私がゆで卵を好きで幸運でしたが、今回はゆで卵ではないかもしれません。鮮魚かもしれませんが、ほとんどの食事は十分に美味いと思います。（しばらくしてから）やっぱりゆで卵でした。でも、三枚でなく四枚のトーストでしたので、薄い食パンのスライス二枚分です。今日の看護師も、昨日の看護師と同様、私が何を食べるべきか知らなかったので、彼らは私に興味をなくしたのではないかと思いま

87… Q.E.D.: quod erat demonstradum「以上証明終わり」の意。
88… 原註：メラニー・クライン『我々の大人の世界、その他の評論 Our Adult World and Other Essays』（ハインマン・メディカル出版、ロンドン、一九六三）一三〇頁。
89… メラニー・クライン・トラスト。
90… 英国精神分析協会（The British Psychoanalytical Society）。

す。それが私をお払い箱にするという形だったらよかったのですが。看護師長は、今しがた私に少し熱があると言い、彼女はそれは風邪の名残りではないかと、不当にではなく考えています。もちろん、このせいで私は怖くなり、またどれだけ余計に病院にいなければいけなくなるのだろうと考えています……

（金曜の夕方です）……現在私は内臓を取られおろされた魚のような気分です。それで思いついたのですが――おそらく、「中身」を取られた食べ物ばかり食べていることが、それを食べている人に同じような影響を与えるのではないかと思います。夜勤の看護師がちょうどきて、彼女は私に「私は本当に惨めなのです」と言いました。「私もです。あなたは何に対して惨めだと感じるのですか?」と私は言いました。「私はこの病院やそれに関するすべてに嫌気がさしているのです」。それは、超感覚的知覚か投影同一化か何かのように聞こえました。どちらにしても、私はとても機嫌が悪いのです。そして、それについて書くのは時間の無駄です。でも、いつの時でも私の心の中には貴女の優しく勇敢な顔があります。いつも私の心に浮かぶように、そして今日の午後貴女を見たときのように。貴女の美しく愛の込もった優しい微笑みとともにです。それが私の気持ちを明るくしてくれなければ、状況が本当に悪い証拠です。私は実際に良くなっています。ハンター先生の回診のような治療をひどく多量に服用した後でさえも。そして、貴女以外、何ものも私の気分を良くすることはできないのです。

二月十四日です。バレンタインデーです、そして次回はこれよりもっと良い手紙を書けることを祈っています。私は昼食を二人の人と一緒の食卓で食べたところです。事実、そこまで行く十ヤード〔約九メートル〕、帰ってくる十ヤードは今のところあまり私に害を与えていないようです……（移動式の便器がちょうど、油のさしてない四つのキャスターの上で叫び声をあげ、唸りながら出ていったところです。そのことで、私は自分の油さしが欲しくなりました。）私は自分の何が悪いのかを彼らがはっきりと分かっていると感じられればいいのですが――それが本当に問題で、事実を知る以外、他はどうでもいいのです……

91

二月十五日

……私はほんのしばらくの間、自分の論文に行き詰まっているように感じます。これは興味深いです。こうなると私は他の着想があると気がつくのですが、たくさんのことが中途半端になり、どこの着地点にもたどり着かないという恐れから、それを追求することをためらうのです。と同時に、新しい筋を追うことは、私がそれ以前に述べたことと重要なつながりがあると分かり、実際に膠着状態の打開策となり得ることがあるのも事実です……

しばらく経ってからです。結局私はいろいろと考えましたが、ほとんど何も書いていません。そして書かれたものからは、私が言いたいことのほんの一部しか把握していないように感じられます。それでも、他に何も学んでいないとしても、少なくとも何かを書くためには、書かなければいけないということを学び始めています——書く限り何でも、どんな形でも、何とかして。こうすることによってのみ、何か意味のあることが現れてきます。

この天気の良い午後、私は貴女と家族のことばかり考えています。昨日貴女に面会できたのは思いがけなくうれしかったですが、とても混乱した形で私の心臓がどきどきしました。遠くから憧れていたとても美しい女性が、急に目の前に現れてどぎまぎしている若い男にふさわしいように。あまりに「遠すぎ」て好きになれませんが……

二月十五日

愛しい人へ

91…原註：そのときも後になっても分からないままだった。

……昨夜はとんでもなく騒々しかったように思います。眠りに落ちるのにそれほど時間がかかったとは思いませんが、新しい患者がひどくうるさいということに気がつくほどは目が覚めていました。でもこれは、ここがなんとうるさい病院なのかという私の気づきを引き立てただけでした。私が知る限り、このコーナー[92]では車の行き来が絶え間ないです。私はどうして彼らが私にフェノバルビタール〔睡眠・鎮静剤〕を与えるのかわかりませんが、確かに、この騒音に耐えるにはこれが必要です。そして建物の中の騒々しさも同じぐらいひどいです――蒸気が漏れ、様々な機械がずっとぎしぎしいっているような音がします。そして他の患者も以前に言っていましたが、どれだけ頻繁に、誰かが金属製の瓶や病人用の便器をすごい音を立てて落とすことでしょう。現在（朝食後）は、この場所すべてが月曜の朝の掃き掃除と、それに今到着したばかりのヘリコプター――素晴らしい雑役婦が操縦するこの見事なつや出し機――の音で大混乱に陥っています。考えようとしても無駄です。

しばらく経ってからです。フランチェスカ、ハンター先生が――[93]

92…原注：ハイド・パーク・コーナーのこと。

93…原注：手紙はここで終わっている。最上級医《コンサルタント》が来て、家に帰ってもいいと言ったのだ。

一九六〇年

レッドコートにて
ノーフォーク州トリミンガム、リトル・コテージ宛

三月二十五日

私の愛する人へ

貴女からの手紙を受け取りとても嬉しく、おかげで私は、貴女がたくさんの仕事をするだけでなく、気分転換ができて楽しい休暇を取れるという私の望みが、現実になるような気がしました。私は手紙を読んだ後で、まるで自分がノーフォークで実際に休暇をとったかのような気になりました……

私は、ギレスピーのパーティー以来ずっと話していたように、メラニーと食事に行く約束をしました。それは誕生日の贈り物の代わりになるでしょう。私は今夜その考えが浮かび、メラニーは映画館に行くのをやめて私に会うことにしたので、彼女にとっても魅力的だったのだと思います。もちろん私は今では先行きを呪っていますが、それは相応しい行ないで、いろいろと考慮したら役立つことになると思います。そのような社交行事がそう頻繁に、いつも最悪の事態になる戦いのように感じられなければいいと思うのですが、その食事はそう悪くはないでしょう。どちらにしても、私が本当のクライン派でないという考え――本当の他の何ものでもないのですが――が広まるのを防ぐ助けにはなるかもしれません。

……貴女から手紙や電話があると嬉しいですし、貴女から休暇がとても楽しいと聞いて心から嬉しかったです。雲雀の鳴き声について読んだときには、私もそこにいるかのように感じました……

三月二十七日

私の愛しい人へ

……ギレスピーはとても好意的でした。私はクライン派の人たちに囲まれました。リヴィエールも来て、研究会の中止を嘆いており、マンロー[94]もその嘆きに加わりました。彼女はクリニック[95]がどれだけ上手くいったかについて、興奮して話し続けました――欲しかったものがすべて手に入った、と。個人的には、いつもと何かが変わり得ると私には思えませんし、彼女が何を手にできたのかわかりません。このような場では、私も含めて皆とても思いやりがあって友好的なので、それはある種の慢性的精神分析的嫌悪からの反動なのかと思います。でもその温かみはそこにあり、それはとても伝染しやすいのです。私は自分のことも、何といい奴だろう、それに何と人気があるのだろう、と考え始めました。Sは私の論文をどれだけ気に入ったか、そして、どれだけそれが正しいか、とても正しいと思うか、言っていました。それは新たな――路地？――展望？――道？――を切り開き、それは確かにとても――あのー、とても正しいです。実のところ、彼女に理解できたはずがありませんし、私はなぜ彼女が急に私を圧倒しなければいけないのかわかりません。でも、私は彼女に言いました、何ととても――あのー、とても――あのー、なんと親切なのでしょう、彼女が――そして、そうだ、そうではないですか？――かなりの驚きです。私は非常に嬉しく思いました。しかし何が嬉しかったのかは、神のみぞ知る、です。私は冷ややかな気分でした。

M・Kは明らかにとても自信を回復できたようで、私は食事代を無駄にしたかと思ったぐらいです。私は彼女をプルニエ[96]に連れて行き、五ポンドかかりましたが、大した食事だとも思いませんでした。彼女は、いつでも私の本について私ととても喜んで話し合うと圧力を加えてきて、私は彼女に、もちろん、もし本当にうまくいっていなかったら――本当に？――もちろん私は喜んでお願いすると請け合いました。三十年前だったら私は喜んでいたかもしれませんし、昨晩聞いたことを三分の一でも信じたのなら、私が無理やりそうだと思わされたように、私は本当に愛すべき、頼りになる、価値ある人間なのだと信じていたかもしれません。そして私は三十年前と同じぐらい愚かです。別れ際にHの腕をそれこそ愛情たっぷりに握り、協会のために夕方の仕事をすることが全くできなくてとても申し訳ないと思っているけれど、日中のクリニックの仕事を何かできると願っていると言いました。そして彼は私に、君の調子はどうだい？　あぁ、素晴らしい！　そう見えるよ、と彼は言いました。私はその通りだと彼に請け合いました。そして、彼がどれだけよく見えたかを！　でもおそらく私はただ疲れているのです。しかし、電話でお伝えしたように、概して、私は自分に害を加えずに、自分にとって役立つことをしたということだと思います。ですが論文を書くのは悪くはないでしょう。でなければ彼らは、私がその多幸感を少しも飲み込めないほど、それを死亡記事のようにするでしょうから。

　私は今日書き物に取り組みたいと幾分思っていました。何よりも悪いことには、上手くはまった幾つかの考えがあり、書き留めておけばよかったのですが、そうしなかったことです。実際には、それが「アルファ」に関係すること以外は何だったか思い出せません。そして、その考えが必ずしも戻ってくるとは思いません。

　貴女が何をする予定なのか想像するのが少し難しいです。というのも、もちろん、私の拠りどころはその家への一瞥だけですし、現時点では、それが私と関係があるようには思えません。でも私は貴女が戻ってくるのが嬉しいですし、私の腕の中に抱きしめることを楽しみにしています。きっとその家に関して私の観点から欠けているものは、それでしょう。

　……私のすべての愛と九年前のたくさんのありがたい想い出を込めて……

94…ロイース・マンロー（一九〇七～一九七三）ドイツ人精神分析者。
95…ロンドン精神分析クリニックのことか。ビオンは一九五六年から一九六二年までここの院長（Director）を務めた。
96…一九三四年にロンドンにオープンしたフレンチレストラン。一八七二年にパリにオープンしたLa Maison Prunierを閉じ、かわりにロンドンに開店した。

一九六四年

リトル・コテージにて

ロンドン、ウェルズ・ライズ[97]宛

十二月二十九日

愛しい人へ

私たちはみんな居間にいます。パーセノープは書き物をしており、ジュリアンとニコラは本を読み、私は書き物をしながら電話が鳴るのを待っています。雪が雨に変わり解けているので、この部屋は心地よく暖かいですが、風がとても強くなっています。道はひどかったです——私は村の店に行く途中、湾曲した道で二回も転んでしまいました。二回目は、救助隊のパーセノープとニコラも同じように転んでしまいました。ジュリアンは自転車に乗っており、倒れませんでしたが、どうして倒れないでいられたのかわかりません。〔ジュリアンが「ブルンブルン」と言う〕音は本物のようでしたが、ブランズ・ハッチ[98]とは全く違いました。事実、いたってとても控えめでした。

私たちの部屋はとても寒かったので、私は電気毛布があって上機嫌でした。残念ながらそれを一定の温度に保つ私の調整能力は眠りによって損なわれるので、私は何度も目が覚めてしまいました。それは私が、寒さで震えておそらく震える能力を保っている間に硬直したか、（不注意にも「高」に設定してしまい）汗びっしょりになり、熱帯のジャングルの中を進みながら戦っている夢を見たせいです。私は八時過ぎには目が覚めましたが、他のみんなはまだぐっすり寝ていました。ですから私は朝食の用意にかかり、その騒音で彼らが起きるのを当てにしました。徐々に彼らは起きてきました。

私は貴女がどうしているだろうとずっと気にかけています――と思っていたところに貴女から電話がありました。私は貴女に、そちらの家はきちんと温かくなるようになったか聞くのを忘れました……

十二月三十一日

愛しい人へ

……今日は陽光降り注ぐ日で、満天の星が輝く夜になりました。空には雲が一つもなく、身を切るような清々しいそよ風が吹いています。カモメが野鳥用餌台の上を旋回するのを見ているせいで、私はほとんど論文に目を留め続けることができないでいます。私たちは野鳥用の餌《スウープ》をやりましたが、鳥たちが戻ってくるのにかかる時間は驚くほどです。そして彼らは戻ってきても、また同じぐらいの時間旋回し、凝視し、廻り、停空飛翔してからやっと一羽が降り立ちます――一本足だけで、そしてまた飛び立ちます。熱いレンガの上をびくびくと歩く猫顔負けです。

子供たちはみんな仲良くしています。昨夜はパーセノープがジュリアンに長い時間仏語を教えており、彼も彼女と同じぐらい熱心のように見えました。彼らは一時間以上それを続けていました。私が娯楽と思うものではありませんが、どちらも楽しんでいたようなので、なぜ心配する必要がありましょう? ニコラは根気よく几帳面に折り紙[99]を折り、とても上手に作っていました。

97…ビオン家は南ロンドンのクロイドンにあるレッドコートから北ロンドンのウェルズ・ライズへ引越しをすることになり、それに先立ち改装をしていた。

98…ケントにあるレースコース。

99…原註：紙を複雑なデザインに折る日本の芸術。

もしこのような天気が続けば、私たちはみんなとても健康でいるでしょう。私たちが過ごしているような時間を貴女にも分けてあげられればいいのにと思っています。私たちは長い睡眠時間を取っており、それは私たちみんなにとってとても良いようですが、休息が本当に必要な人――貴女です――は今まで以上にやることがあります。貴女が成し遂げたことを見たときに、貴女がやった甲斐があったと思うことを願っています。

私の仕事は終わりかけています。私は、これはまだきちんとした本ではなく、自分の考えを出して整理できるというがために書いているのだという結論に至りました。何も見せるものがなさそうなので、辛いですし、胸が張り裂けそうです。でも私は、そのように考えることは、自らを困難に陥らせることだと分かっています――人はただ仕事をするのではなく、「人に見せるためのもの」を得るために仕事するのです。そして、それはきちんとしたものを作ろうと思ったら、致命的です。

素晴らしい日没です――雲は特別に劇的ではありませんでしたが、実に澄んだ燃え立つ色で――ただただ輝いています。私はそれを私の愛と共に貴女に送ります。愛しい人よ、貴女のことをいつも想っています。貴女がしていることがどれだけ難しいか、どれだけ大変であろうか、私には分かっています……

一九六五年

リトル・コテージにて

ロンドン、ウェルズ・ライズ宛

一月一日

愛しい人へ

今日私たちが貴女に電話をしたときに、貴女の声が聞けて安心しました。貴女が明らかにひどい風邪をひいていてもです。貴女の具合が悪くなってから、全く手当がないか、ひどい手当しかないので、驚くべきことではありません。私は貴女と一緒にいて、家族は私なしでこちらに来させればよかったと考えています。そうしたら私が貴女の代わりにできたこともあったでしょう。しかし今になって後悔しても仕方がありません。

私はあらかじめ取り決めていたように電話をして、貴女のお母様から包一杯の苦悩を受け取りました。彼女はすべてを失ったと感じているようです、もしそのような馬鹿げたほど明るい表現を使うのが許されるのであれば。彼女からの報告により私は、貴女は自分のことを顧みないせいで肺炎にかかる可能性が大きいと感じました。さらに悪いことには、私は、貴女が「大丈夫」と言う以外、何も自分のことについて私に話さないだろうということを知っています。

今のところ、私たちは水曜日に家に帰るつもりでいます……私はその頃には貴女の看病をでき、貴女が私に看病させてくれることを祈っています。私は貴女があまりに自分に鞭打って、私や私のあらゆる仕事を憎まざるを得ないような状況に陥って欲しくありません。今夜貴女が電話してくるときには、今日以降はもう少なくともどこにも行かないと言ってくれることを願っています。私はもちろん、貴女はあまりにひどく具合が悪いためにほとんど考えることもできないせいで、いろいろと難しいのだろうと想像しています。

午後十時です。貴女がそのようにひどく遅くまで仕事をしているのは心配なので、これよりも前に電話があることを祈っていました。貴女の方の状況が分からないと、私も落ち着いて何かをすることができません。それでも、私は何に気が散ろうとはっきりと考えなければいけないことには結構慣れているはずです。私は確かに慣れています。でも、それが上達したとは感じていません。

それに、この引越しが私たちの家族にとって最初の家の終わりも意味するという感情は、貴女の作業を少しでも受け入れやすくするわけではないと思います。それでも、癒せないものは我慢するしかありません。

貴女が電話してくれたところです。貴女の声を聞くことがどれほど安心することか、貴女には想像できないでしょう。私は貴女の声は少しだけひどくなくなっているとさえ想像するようになりました。私が何かを心配しているというわけではありません――私はただすべてを心配しており、それはうんざりすることで、混乱することなのです。私は貴女が明日はウェルズ・ライズで寝られることを祈っています。貴女がまた自分の家を持ちつつあると、私は感じるでしょう。

ブロックウェル夫人[100]に、「ありがとう」と何度も何度も言いたい気分ですが、彼女は私が気が狂ったと思うでしょう。あのように豪気な人が貴女を助けてくれていると考えるのは、私にとって慰めでした。

……私は貴女のことを想っています。そして貴女がここにいて、この場所の静けさの中でのんびりできていればと思っています。強い風が吹きつける中を歩くのは、なんとも気持ちがいいです。とても質素で純粋に感じられます……

八月一日

愛しい人へ

……私たちは幸運でした。ニューマーケットまでは良い天気でした。そしてぱらつき始めました。それから本格的に降り出しました。ブランドンに着くまでには土砂降りになり、二十ヤード〔約一八メートル〕以上先は見えなくなりました。そして、それがすぐに十ヤード〔約九メートル〕になり、前の車がほとんど見えなくなったので、とてもゆっくりになりました。予定していた外での昼食よ、おさらばだ、と私は思いました。それはとても残念でした。というのも、ニコラがシックス・マイル・ボトムを過ぎたくらいから気持ち悪くなってしまったのです。そしてもちろん哀れな子供たち、パーセノープとジュリアンは、私が二人を黙らせないといけないほどひどく心配になってしまい、状況を悪化させました。雷鳴とともに私たちは、吐き気を催すような道のりを、スワファムから五マイル〔約八キロメートル〕ほどのところまで進みましたが、そこで晴れ始めました。私は彼らを全員そこの教会に急いで移動させ、屋根を見ました。[101] 二十分ほどで戻ると、彼らはみんな落ち着きを取り戻し、ニコラは顔色が良くなりました。私たちは旅を続け、四マイル〔約六、四キロメートル〕ほど後には日が照って、暑くなりました。私はカッスル・エイカーでお昼を取ろうと思っていたので、それはあまりに出来すぎでした。カッスル・エイカーでは、道は濡れてもいませんでした。私たちはそこの小修道院に乗り付けると、弁当を取り出し、雲一つない空の下、暑い太陽が照りつける境内の完璧な芝生の上でそれを食べました。私たちはみんな愉快で美味しい昼食をとりました。

そのコテージには四時半に着きました。小雨が降りもしましたが、ほぼずっと燦々と日が照っていました。そ

100…原註：私たちに、十七年間貴重な手助けを与えてくれた。

101…原註：素晴らしいハンマービームトラスのある十五世紀に建造された教会。〔訳註：聖ペテロ・聖パウロ教会 St Peter and St Paul Church のこと。ハンマービームトラスとは英国ゴシック建築の木造の小屋組みの屋根の構造で、非常に装飾的。〕

の庭はとてもきれいです。私はバラが満開になるだろうということを忘れていました……
……私は大工が、正面に防音の窓をつけるだけで壁に防音をつけないと、十分ではないことに気がつくことを祈ります[102]。家の前の騒音がほぼ無期限に鳴り響くことは明らかです。人々はウェルズ・ライズを掘り起こすのが好きなようです。

テレビがないので、家族で散歩に行く以外に何もすることがないという愚痴は多少あります。ということは、今までテレビを見せすぎていたのだろうかと私は思いました。確かにテレビがないとあまりせわしくなく、いつもより少しは平和な雰囲気ですが、それはあまり長くは続かないでしょう。私は、テレビに関連していそうな、精神的な能力の欠落が大嫌いなので、私たちの子供たちはその不快な道のあまり先まで行っていないことを願います[103]。

明日がすべて順調にいきますように。そして貴女が少しはほっとでき、家族がおらず、田舎での休暇を始められないという災難の埋め合わせになりますように。穴掘りの音がないので、大きな静寂の音で殴られるかのようです……

八月二日

愛しい人へ

……私たちは自分たちの持ち物を浜辺の小屋に持って行き、そこで落ち着きましたが、泳ぐには全く氷のように冷たい水でした……家に戻り、ハムとえんどう豆（無料[104]）とレタスの昼食を食べました……そしてぱらぱらと雨が降ってきて——ぱらり——ぽろりと午後九時まで降っていました。そして午後十時まで本降りとなり、私たちがみんな床につくまでバケツをひっくり返したかのように降って、雨水が屋根を叩き、雨樋を流れ落ちていました。今朝、私は六時に陽の光で目が覚めました。なんという好天！　曇り始める六時十五分までのことでした。七時半までにはぱらぱらし始めました。そしてぱらり——ぽろり——残りはあとでお話ししましょう。ですが、今のところ、そこまでです……

八月四日
愛しい人へ
……私は絵の具をあちこちに撥ね散らし、読書を進めましたが、何も書いていません。気持ちの良い朝で、浜辺は混雑していると言えるほど人がいました。私は家族のためにはテレビがない方がずっと良いと思います。これが転機になることを望みます。テレビはあまりに安直な道楽で、もっとはるかに価値のある他の楽しみの存在を完全に隠してしまいます。初日に軽く不平を言った以降は、子供たちの活動に「空白」は全くありません……

八月七日
愛しい人へ
貴女からの手紙が今届き、私はとてつもなく元気になりました。すべて順調にいっているようで良かったです、今のところは——「今のところは」や「今までは」という言葉で喜びの気持ちを修飾しなければいけないとは、なんと遺憾なことでしょう！
摘みきれなかったから、と苺畑が一回六ペンスで公開されています。ここの近くの畑は無料です。前日は村人

102……原註：ガレージを面接室に改装していた。
103……原註：彼は心配する必要はなかった——十九年後には、三人のうち二人はテレビを持っていない。
104……原註：えんどう豆を乗せたトラックが冷凍工場に行く途中、生垣に擦れて落ちたものを拾ったもの。

全員がそこにいましたが、パーセノープとジュリアンとニコラは一時間で十一・五ポンド〔約五キログラム〕もの美味しそうな苺を摘みました！

私はひどい不安感を持ちながらも、しっかり休養したと感じています――それとも、不安があるからそう感じるのでしょうか。私は不安が自分にとって悪いと確信することはありません――良い効果があるように思うことも多いのです。でも私は貴女がいなくて本当に寂しく感じます。貴女がどれだけたくさんのことを私や子供たちにしてくれていて、そのような愛情深い愛らしい妻を持つとはどれだけ素晴らしいことかを思って、喜びに震えていますが。そして、少なくとも私にとって、貴女のことを常に想っていることが救いです……

八月八日

愛しい人へ

私は、アミアンの戦いでレジオン・ドヌールを受章したのは、四十七年前の今日だったと、ちょうど数えていたところです。これは数ある無駄な事実の一つですが、もしできることなら、私は自分の人生を繰り返さないという思いを新たにさせます。誰にも尋ねられないのは、幸運なことです！

今度だけは私たちはよく眠れませんでした。それというのも――他ならぬ――ミドル・ストリートの交通量の多さのせいです！　えんどう豆を乗せたトラックが、昨日の日中ひっきりなしに轟音を立てていたのは気にならなかったのですが、夜通しそうだったのです。その轟音と前照灯《ヘッドライト》の明かりと、私たちの寝室の窓が大きく揺れる音――もしもこれが長期間、または頻繁に起こったら、このコテージの構造に影響が出るのではないかと思います。

……貴女は一体全体どうやったら、こちらに来る前に、それだけたくさんのことをできるのでしょう。貴女は金曜日よりも長くそこの滞在を延ばすべきではありません。さもなければ、ノーフォークでの休暇が全くなくなってしまいます……

私はあまり書くことはできていませんが、骨の折れる読書はかなりの量をこなしています。もし私が二本の論評を書き、片付けることができれば、私はもっと嬉しく感じると思います。

これをやることで、そういった仕事について何か学ぶことができますが、私はいつも「ああ、引き受けなければよかった！　そうしたらどれだけもっと時間があっただろうか！」と考えてしまいます。でも実際には、それは部分的にしか本当ではありません。私にとって最悪なのは、私がとても克服できそうにないひどい無力状態です。それでもマネー＝カールは先日、私がどうやったらそれだけ多くの仕事をこなせるのか理解できないと言っていました。ですから私は、自分がいつも感じているような恐ろしい怠け者には見えないようです。それは変ですね。でも貴女でさえ、何も終わらせられないと言います。ですから、多分これはただの病気です——自分はもっとずっとできるはずだと思わせる私たちの、少なくとも私自身の、誇大な気位の高さです……

八月九日

愛しい人へ

私は貴女の声が聞けて特別に嬉しかったです。特に、私のほうからは貴女に電話をしてはいけないと決めたので。私は貴女の、手元にある仕事から注意を逸らさないようにしたいという気持ちはわかりますし、貴女がそうしないことを分かっています。それゆえに私は貴女のことをとても誇りに思いますし、自分がかなり恥ずかしくもなります。私は時々、自分の問題は、貴女によってあまりに甘やかされているために、自分の恵まれた立場に甘んじていることで衰えていっていることだと感じます。しかし私はそれを少しも変えたくありません。そして私は、貴女がしてくれることや貴女の人となりのおかげで、さもなければそうであっただろう自分よりも少し良い人間でいるのだということを、分かっています。

私は今日私たちの小さな家族のことをとても誇りに思いました。デイズ家の人々は三時頃に来ました。それに先立ちパーセノープはとても美味しいレモンケーキを作りました。私がご飯にしようと言うと、子供達は静かにその場からいなくなり、いろいろな具の入ったサンドイッチの大皿を二皿持ってきました。（ニコラは「二つずつとってちょうだい」とお皿をみんなに回しました！）彼らは出すぎることなく、みんな賑やかに会話に加わりました。それはとても盛大で楽しかったです。私たちは庭のマーメイド・ローズの脇で食べました。

再び素晴らしい朝でした。私たちは「私たち」の場所に行き、海水浴をしました。いつものごとく風は冷かったですが、本当に眩しいほどの快晴でした。どういうわけか、その風は海水浴を興醒めにせず、むしろもっと楽しいものにしました……

私は、テレビがないことは本当にいいことだと心から思っています。家での楽しみに気づくのを邪魔するものはなく、これ以上遊びも読書もしたくなくなったら早く床につけますし、家で楽しく過ごせることを学ぶのは、他のものすべてを合わせただけの価値があると思います。

イワツバメが私たちの部屋に入り込み、出られないでいました。私はそれを捕まえて子供たちに見せました。それはとてもかわいい生き物で、あまり怖がっているように見えませんでした。みんなで感心して眺めた後、私はその鳥が飛んでいけるように空に放りました。そのツバメがどうなったのか知りたいものです……

八月十一日

愛しい人へ

いかがお過ごしでしょうか。私が貴女に最後に会ってから、とても長い時間が経っているような気がしてきています。そして、私たちが結婚して以来、貴女は今回最も長い時間、家族から離れていると思います。

今日はまた素晴らしい日でした。雲一つない青空の中、清々しい強風によって運ばれている陽炎を通して、眩しい太陽が輝いていました。私たちはいつもの場所で海水浴をしました。とても気持ちが良かったです。

今朝、壁を通して『ハッピー・バースデー』の歌が聞こえてきました。全くのところ私は、これはとても退屈で胸が悪くなる歌だと思います。おそらく私が嫌いな理由は、米国の一般向けサービスの一つに、誕生日を祝う恥知らずのところに特別な使いを送ってこいつを歌わせる、というものがあるからかもしれません。それを考えるだけでも私は頭に来て襟元が熱くなってきます（襟を付けていなくても）。

いつ貴女に会えるのかと言い続けても仕方がないので、言わないことにします。でも私たちはそれを考えています。パーセノープは、貴女が一生懸命働いている埋め合わせに、少しでも楽しめる時間があるといいわと言っています。それはどちらにしてもいい考えです——そして私たちはみんな彼女の言葉に喝采を送りました。私の一番大切な人、ごきげんよう。私たちはみんな、貴女への愛を感じていますから、優しい波が寄せてくるように、貴女もそれを感じるでしょう……

八月十二日

愛しい人へ

貴女からの手紙は、悪い知らせを運んではきましたが、それでも私にとっては大きな慰めになりました。貴女は安心して来られると感じるまでは来れない、と私は分かっています。そして私は貴女が二週間のうちにそこを離れることができれば驚異的だとは思ったのです……

私は、自分の本を書こうとするとアイスラーの本[105]の書評[106]を書きたくなったり、逆のことが起きたりで気が逸

105…原註：K・R・アイスラー『医学的正統性と精神分析の未来 Medical Orthodoxy and the Future of Psychoanalysis』（オックスフォード・プレス、ニューヨーク、一九六五）

106…原註：国際精神分析誌一九五二年第四十七巻二号に掲載〔訳註：一九六六年第四十七巻五七五～五七九頁の誤り。〕［ビオン全集第六巻］

れて、自分の本にあまり手がつけられていません。
私は私たちみなが一緒に時間を過ごして、お互いのことをもう少しよく知り合えたと思います。特にそれは、子供たちが貴女がいなくて寂しく、貴女がどれほどたくさんのことをしていて、私の面接室の改装のために貴女がウェルズ・ライズにいなければならないならばどれほどやるべきことがあるかに、気がつくことができているためです。彼らは掃除や料理をしなければならず、いろいろなことを学んでいると思います。貴女は、彼らが短期間にとても成長したのを実感できると思います。一週間ほど離れることで、はっきりと見えやすくなりますから。

そして、フランチェスカ、貴女はいかがですか？ 貴女は本当に、十月にはここに一週間来て、寝て休む以外何もしないべきです。そして、私はそれを書くやいなや、そう言うのは何と馬鹿げているのか、もし何もしないでいられるとしても、貴女が何もしないことは絶対にありえないだろうと気がつきました。でもそこに何かあると思うのです――貴女は子供たちが、自分のことに対してばかりでなく、貴女の仕事の中でも簡単なものに対してももっと責任を持つよう、彼らに判断をどんどん任せられると気がつくと思います……

八月十七日

愛しい人へ

私は今書かなければ、貴女がここに着いてしまうので、貴女に書く機会を失ってしまうでしょう――もう一つの失望ですが、貴女が言うように、これは考え方しだいです！

もちろん私はあの仕事にかかった時間には失望していません。逆に、それだけ早く終わることに驚いています。というよりは、なるべく予定通りに終わるように明らかに貴女が何とかしてくれたことに対して。私は、自分ではそういかなかったことは分かっています。私はただ貴女にここにいて欲しいだけなのです。貴女がいないとき、私は身にしみてそう感じます。でももし貴女が、私のためにそれだけたくさんの作業をしなければならないことを束縛と感じているのであれば、私はそれは嫌です。私は自分の面接室が、貴女が私のために作ってくれたから素晴らしい部屋なのだと感じることで、いい仕事ができると感じています。私の家庭も。私の家族も。すべて貴女が私のために作り上げてくれました。それは身が引き締まるような考えですが、と同時に、奇妙にも高揚させ興奮させるものです……

貴女に間もなく会えると思うと、私は幸せな気持ちになります。復活祭とクリスマスと夏休みがすべて一つに入り混じったような感じです。

子供たちは心から貴女に休暇をとって欲しがっており、もし貴女が、彼らは家をとても上手に仕切っているので、このままその良い仕事を続ければよいと彼らに感じさせなければ、彼らは真剣に傷つき失望すると思います。私もそうです。

……私はもし貴女が明日来られなかったら、あまりに失望してそれに耐えられないか、それとも貴女を待ち望む日がまた一日あることに興奮するあまりそれがないことに耐えられないか、心を決めかねています。教会の鐘がなっているのが貴女も聞くことができればいいのですが。その鐘の音は私の心の中で鳴っているに違いありません。

私の大切な人、とりあえずごきげんよう（今回は、とりあえずは少ししか続きません！）。

一九六七年

リトル・コテージにて

ウェルズ・ライズ宛

七月二十九日

愛しい人へ

ここへ来る旅はニコラにとってあまりに辛かったので、唯一できることは、彼女とジュリアンは列車で帰りなさいと今彼女に言っておくことです。でなければ彼女は帰りの道中を恐れるだけでしょう。イーリーに立ち寄れば万事うまく行くだろうと願って道を逸れた途端、彼女は再び気分が悪くなりました。ケンブリッジでの短い休憩や、イーリー到着前の朝食のための休憩、これは長かったのですが、そして再びイーリーで休憩をとり、そこで大聖堂に行き、その後かなり長い散歩をしたのですが、それでも駄目でした。彼女はずっと本当に気分が悪かったのです。そしてもちろん、彼女は休憩のことを謝り続けていました。私は、彼女が辛い時間を過ごしているという以外は、全く問題ないと言い続けましたが。当然旅はひどくゆっくりで、二時半ぐらいまで着きませんでした。それから私たちはみんなで海水浴に行きました。

……これは老化の兆候かと思いますが、私は子供たちが結婚して、ずっと幸せに生きて欲しいと思います。おそらくそうはならないでしょう。個人的なことにしても、国際的なことにしても、ローデシア[107]からベトナム[108]まで、ソビエト[109]から毛沢東[110]まで、何もかも全くうまくいっていないようです。異常ですよね。そしてうまくいっているとしたら、それは一部の人のみだと思いますし、彼らは単に忌まわしい人たちです。精神分析者は何を治療すべきなのでしょう。心から不思議に思います。

私は落ち着かなくなってきていて、何かしら「考え」を持ってもよい頃だと思い始めていますが、まだ休暇の三日目だと気がついています。貴女がここにいなくて、とても退屈です……

憂鬱な感覚の中私は、もともとのピルグリムファーザーズ[111]が米国に向かって発ったときに、彼らはどう感じていただろうと考えずにはいられませんでした。[112]控えめに言っても、最初は少し突飛だと思われますが、私はそうであるかどうか、確信が持てません。私は英国を離れることを本当に残念に思います。私があちらでどのように受け入れられるのか、全く自信はありません。それでも、私たちに語られた話が、人が思うほど、説明されたように簡単なものなのかどうかは、私には確信がありません。米国では確かに精神分析に対してかなり悲観的です。ここでも精神分析に対してもっと悲観的であるべきです。しかし私は、それに対してどうしたらいいのか、特に私がここで、または米国で何ができるのか、疑わしく感じています。それ以外にどう感じられるというのでしょう。そして、実際に行ってみる以外に、どうしたら分かるというのでしょう……

107…アフリカ南部にある元英国植民地。現在のザンビアとジンバブエ。北ローデシアは一九六四年にザンビアとしてイギリスから独立。南ローデシアは一九六五年に白人中心のローデシア共和国の独立宣言をしたが、原住民側が権力復帰を求めて内戦になり、一九七九年にアフリカ人の首相が誕生し、内戦は終結した。

108…ベトナム戦争（一九五五年から一九七五年）。

109…一九四七年より、アメリカと社会主義政権のソビエト連邦は冷戦状態にあった。ソ連の核兵器開発により両国間の抗争が深化。一九六二年にはキューバ危機で米ソ核戦争の可能性に直面、瀬戸際で回避。その後米ソ部分的核実験停止条約が結ばれたものの、冷戦終結まで、アメリカの同盟国、核兵器保有国として、イギリスは核の脅威にさらされた。

110…中国では毛沢東（一八九三〜一九七六）の主導下、文化大革命（一九六六年から一九七七年）がおこった。

111…イギリス国教会を強制するジェームズ一世の迫害を逃れ、一六二〇年にメイフラワー号に乗ってアメリカに渡り、移住した清教徒。

112…原註：私たちは一九六八年一月二十五日に出発した。〔訳註：アメリカ、カリフォルニア州に移住した。〕

八月二日

愛しい人へ

……私は確かにこのコテージが子供たちのためになっていると思います。今日までこれまでにないほど良い状態でしたが、それでも「退屈」は常に間近にあります。もちろんそれは私たちが国を離れるからだと言うことができるかもしれませんが、でも国を離れなければもっと状況は悪いだろうと思います。

……私はこの国を離れることについて、いろいろなことを考えています。どれだけ私が複雑な心境でいるか、尋常ではありません。私はとても寂しく感じるべきだろうと思いますし、ツグミやクロウタドリのさえずりを聞き懐かしくなるだろうと思うと、時々寂しくなります。でも、人々が米国人の裏切りや何かについて警告しても、私は人というのは似たり寄ったりで、ここにいる人だって、同じぐらい意地悪な性質（私自身も含めて！）があると思います。私は私たちが自由に話せる機会があることを願っています。すでに話し合っていること以外について何が言えるのかを知るのは難しいことですが……

ロサンゼルス宛

十月三日

愛しい人へ

貴女がそちらに行ってから何年も経っているかのように感じ、貴女がいなくてこの場所は少し侘しいです。貴女の旅が快適なものであることを祈っています。私は論文のことを考え気を揉んでおり、これ以上そうしなくてよいことがとてもうれしいです。

水曜日です。その「論文」[113]（もちろん私は読みませんでした）はうまくいきました。最初、私は誰も来ないと思いました――開始五分前には一人か二人しかいませんでした。しかし満席になりました。みんな（三人ほどを除いて）終わってからも残っていましたし、敵意のある態度表明もありませんでした。

……貴女からの手紙が今届きました。私は手紙を受け取ってとても安心しましたし、喜んでいます。貴女はとても疲れていたでしょうに、すぐに私に手紙を書いてくれたのは、なんと優しいことでしょう。私は心なしか第一次世界大戦中に感じたように感じています――私は家に手紙を書くことが耐えられませんでした。家のことを考えられないと感じたからです。しかし当時私はまだ十九歳でしたし、なんらかの言い訳はありました。私も貴女と一緒にいられたらと思います。貴女がこれだけのことを一人でやらなければいけないとは、考えるだけで胸が痛みますし[114]、貴女はきっと、話し合う機会もなく突然出てくる障害物すべてに対応することを、惨めな責務に感じているに違いないと、私も分かっています。貴女は時間がありすぎると感じる瞬間はありません――私はというと、あともう二週間待たなければいけないことが、永遠の時間に感じられます。

ジュリアンが電話をかけてきました――彼はラグビーでもうすぐ二回得点するところだったのに、二回ともフルバックに捕まえられたと言っていました。彼はそれがとても理不尽だと思っているようです！　私もそう思っていたことを思い出します。

私は「論文」はうまくいったと思います。もちろん私は直接話しかけました。「えー」が多すぎたような気がしますが、長い時間は話しませんでしたし、ご存じの通り、私はこの状況を楽しみませんでした。私は要点を話したと思いますし、今回は、大勢がその大意を汲み取ったと感じる人が何人もいました。どちらにしてもそのよ

113…原注：「負の能力 Negative Capability」、『注意と解釈 Attention and Interpretation』（タヴィストック出版、ロンドン、一九七〇。福本修・平井正三訳『精神分析の方法II』法政大学出版局、二〇〇二、所収）第十三章「達成への序曲あるいは達成の代用物」として発表。［ビオン全集第六巻およびクリス・モーソン編『W・R・ビオンの三論文 Three Papers of W.R. Bion』（岩崎学術出版社、二〇二三）の第二論文］

114…原注：家探し。

うになっていたかもしれません――参加拒否を含めて。クライン派はとても動転しているに違いありませんが、私は彼らにはそれが必要だったと思います。でも、およそ百三十人はいたに違いありませんし、そのくらいは誰でも期待する権利のある数だと思います。さらに、私が発つことについて何も馬鹿げた行動（悲しみの涙など）はありませんでした。ただ私による、物事がどう進むべきか、少なくとも私がどのようにそれを実行しようとしたかについての、自分の考えの率直な表明でした。私は「私たちの将来に続く」率直な話であったことが良かったのだと思います。そして、お話ししたように、彼らは最後まで聞いてくれました。

私はただ、貴女が不可能な仕事をする目に遭っていると感じないことを願います。私は貴女がひどく難儀なことを抱えているのを分かっていますし、貴女は私が、貴女の立てた計画に最善のことをして適応することはお分かりでしょう。お願いですから、どうか休みくつろぐ時間をしっかりとるようにしてください。すべてを心から追いやる時間がないと、これは一人で取り組むにはあまりにも重荷です。貴女の仕事のようなものでさえ、決断を下すのに頭をできるだけ冴えさせるために、「記憶と欲望」を頭から追い払う必要があると思います。貴女ができるのは、「貴女ができる最善」のみです――「最善」ではありません。ですが、貴女は言われるまでもないことは分かっています。

……ベトナム戦争によってこれだけ動揺している米国で、安心か、それなりに安全でいられるのかは、神のみぞ知ることです。そしてこの国は欧州共同市場に加入しそうにありませんし、115 最近の欧州経済共同体の報告によると英国は破産しています。どうして成功している欧州が、破産した英国を欲しなければならないのでしょうか。英国には、手に負えないストライキばかりしている労働者たちもいますので……

十月七日

愛しい人へ

……私はイシュベルのモデル[116]の第一回目をしました。それは約一時間十五分でしたが、大変な束縛でしたし、私は精神分析について話し続けたので、最後には疲れ切ってしまいました。彼女は私に見て欲しくないようでしたので、私は絵を見ず、どのようなものになったのかわかりません。

……私は「貴女を愛しています」という以外に、この手紙を書く理由はなく、そればかり書いてはいられませんから、少し問題です！　ジュリアンは座って『戦場』を読んでいます——貴女が私に頼んだあのウィリアム・メインの本です。私は彼が持って帰るようにトロロープの『当世の生き方』を渡しました。ジュリアンは、「バーチェスター」シリーズを嫌っていましたが、私たちのロンドンの地図の上で、アンソニー・トロロープがハーロウ[117]に行っていたことを知って驚き、それで読んでみようと思ったのです。彼がピアノを弾くのを聞くのはとても気持ちのよいものです。彼は、私が慣れているほとんどの男の子たちとは全然違い、非常に繊細に弾きます。それはとても心地よいもので、先週の火曜日以来初めてくつろいだ気分にさせてくれました。日々がこれほどゆっくり流れるとは信じ難いです……

十月八日

愛しい人へ

ジュリアンは行ってしまったので、私はまた書き始めています。彼が行ってしまったのでまた侘しくなるかもしれませんが、私たちは精神的にはそれほど離れていないと感じるので、奇妙にも慰められています……

115…欧州共同市場に加入申請をするか五月に下院で投票があり、大多数が申請に賛成したが、フランスがイギリスの加入を拒否したことで叶わなかった。

116…原註：イギリスの画家イシュベル・マクワーター（一九二七〜）。〔訳註：クラインの肖像画も描いている。エリック・ブレンマンの最初の妻〕。

117…一五七二年に創立された男子全寮制のパブリックスクール。イートンに並ぶ名門校。

貴女からの愛しい手紙が今朝届きました。私は貴女が二度目の訪問でも幻滅を感じておらず、むしろカリフォルニアに住むという気持ちを固めたと知り、嬉しく思います。どちらの家も可能性がありそうで良かったです。もちろん私は、私たちの友人が貴女に会えて喜んでいることは分かっています。私は自分の妬みをほどほどに抑えておく最大限の努力をしましょう。私は嫉妬深く妬み深い人が大嫌いです——彼らはとても退屈です……

十月十日

愛しい人へ

……私はとても感じのいい女性に家を見せたところです。彼女はとても気に入ったので、土曜日の二時半にご主人を連れて見に来るそうです。さて、私はこう言わないといけないでしょう。龍のようなお目付け役の私の妻がどうしたいのかわかりませんが、ああ！　悲しいかな、私はこの家を皿に乗せてあなた方に進呈したいところですが、これは私の妻の家なのでそれができないのです！　私は自分が、財務に厳格な夫という期待を満たすとは思いません……

十月十一日

愛しい人へ

貴女からの次の手紙でこそ、貴女が私からの手紙を何通か受け取っていると分かるといいのですが。私は、貴女の旅は誰にとっても、すべてが問題なくいったとしても、かなり心配の多いものだと思います。貴女が孤独感も抱えていると思うと我慢できません。というのも私はあまりに馬鹿なので、最初から貴女に手紙を送らなかったのです。私は貴女の愛と支えが、私にこの仕事を続けさせ、不安を耐えやすいものにしてくれていると分かっています。私はこの国を離れるという私たちの決断が、ここにいる同僚たちをかなり動揺させていると思います。私は今晩、（拡大版の）クライン派集団の質問に答えました。彼らがこの機会を持ったことをとても喜んでいたのは明らかで、またとても感銘を受けたと思います。実際私は、自分が言ってきたことは、すべての実践している分析者たちが新しい方向性を必要としているということだと感じています……

十月十四日

愛しい人へ

なんと素晴らしい知らせでしょう！　そして、貴女のすべての努力やひどい不安感の後に、どれだけ貴女が安堵を感じたことでしょう！　貴女に、私には出来ず、するのもままならなかったことを行なう勇気があって、本当にありがたいことです。ただ、私自身を公平に見れば、私はある種の勇気を持っていると思います。それは勇気には感じられませんが……私は貴女が本当にその家を気に入ったと感じて、貴女が欲しいものであったと感じたことを祈ります。私はその仕事を最優先と見なすと言いましたし、もちろん今でもそう思いますが、私は貴女がその家のことを知れば知るほど、貴女の家であると感じられることが何よりも重要だと思います。ここの問題は、これは面接の場所としては素晴らしいのですが、貴女がここに住んでいるからこそ、そして貴女がここに住んでいる限りで、私の家庭だと感じることです。フランチェスカ、まだまだやることは沢山ありますが、私は貴女が誇りに思い、幸せに感じていることを祈ります――そして、これは始まりにすぎません。でもとても大切な始まりです。

私はイシュベルのところから帰ってきたところです――肖像画を見ました。私は、自分が何か緊張した格好をしていると思いました。彼女は私をもう少し荒削りな感じにしたと言っていました――私の温和な表情の代わりに、仕事のことを話しているときのもっと緊張した表情にしたと。個人的には、彼女は礼儀正し過ぎて、私が思うように、私の不機嫌さが出ているとは言えないのだと思います。私は貴女がその絵を気にいるとは思いませんが、彼女は貴女が帰ってきたら貴女に見せると言っているので、ご自分で判断してください。

……私は英国を発つことについて、時折感じる心痛を除くと、自分がどれだけ無関心なのか驚いています。自分が悲しくないと感じるのは悲しいです。私はかつて自分の国や自分の友だちのもとを離れるのは不可能だと思っていましたが、どういうわけか状況は一転し、不可能ではなくなりました。それでも私は自分の態度が一変したからに違いないと思っています。

十月十六日

愛しい人へ

……今晩、ひどい火災のニュースを見ました――ロサンゼルスの近郊が燃えていますね。もちろん私はうんざりして、貴女がこちらにいたらよかったのに、と思っています。私はこの手紙を投函しますが、貴女がそちらを発つ前には着かないのではないかと恐れています。貴女がここで無事にいてくれれば、私は構いません。吠えるような強風で雨も降っています――強い突風が窓に吹きつけています。私はそちらの火事のために、雨が降ればいいのにと思っています……

労働組合に承認されていないストライキを行なっている者たち[118]の無分別な暴力は、私たちの合法的に構成された政府の弱さと釣り合うばかりです。保守党政府だったら、更に弱々しかったのではないかと思います。もし更に弱くなることが可能であれば。

今日私は、日々がわざと言うように進んでいると思いました。もし一日が一週間も長く続くのであれば、あなたの帰る日が近づこうとも無駄です！

今までになく激しく風が吹いています。私は切り上げて寝ないといけません。私のすべての愛を込めて、私の愛しい人。どれだけ貴女のことを切望していることか。そして、それを言うことが何の役に立ちましょう。わかりません。そして風は西から吹いているようですから、飛行機を遅らせることはないでしょう！　この風の音から判断して、このような天候では飛行機が飛び立つとは思えません……

私がしていることについて楽しいことをお伝えできなくて残念です。というのも、私は何も伝えることがないか、私たちが今にも悲惨な訴訟に巻き込まれるのではないかと恐れを抱いているからです。

十月十八日

愛しい人へ

美しく晴れ渡った日です。陽光が燦々と降り注ぎ、冷たく清々しい風、そして抜けるような青い空。私はこれを「お茶の休憩時間」に書いています。ちょうどふさわしく、工事現場で号笛が鳴りました。彼らはとんでもなくたくさんのお茶の休憩時間があるようです――私たちのような者たちが、効率改良のためにとずっと提唱していた改革です。鉄道のスト、船渠のスト、などなどがその結果のようですが、最終的にこれは重要な進歩に繋がらないかもしれませんし、もしかしたらすでに重要な進歩になっているのかもしれませんが、私には定かではありません。私たちがこれだけ非力だということは、残念なことです。

ところで、私の愛しい人はいかがですか？　私は貴女が帰ってくるのを待ちながら、猫のようにそわそわしています。私はあと何時間か数える勇気はありませんが、そうせずにはいられません。ですからもし私が貴女に会う前にこれを読んだら、どうか覚えていてください。私はひどく神経質になっているのだと。私は以前に恋に落ちることができていたなど考えられません。本当に、それはひどく不愉快で、と同時に素晴らしいのです……

118…九月から始まった船渠労働者のストライキ。

今夜のニュース[119]は最悪です。もし私たちが革命になることなく切り抜けられたら幸運です——もし今のこれが革命でないのだとしたらの話ですが。ガンター[120]が共産主義者について手垢のついた冗談を飛ばしています——まあこれが彼らのできる最善のことなのでしょう。

119…船渠労働者のストライキが行われている中、鉄道労働者との交渉も不調に終わり、ストライキの見込みが強まった。そこへ労働大臣のガンターが英国共産党に対し、「この冬を無秩序なものにすると策略している」と攻撃した。

120…原註：レイモンド・ジョーンズ・ガンター。英国労働党の政治家で当時の労働大臣（一九六四年から一九六八年）。

一九六八年

ブエノスアイレスへの道中

ロサンゼルス宛

七月二十八日

愛しい人へ

私は、おそらくブエノスアイレスに近づいている飛行機の機内でこれを書き始めています。素晴らしい快晴の朝で、三万五千フィート〔約一万六百メートル〕上空から見える限り、地上でさえそうです。飛行機に搭乗するため貴女のもとを発った後、私たちはそう遅れずに離陸しました——貴女と家族が待たなくて済んだといいのですが。私はほとんど寝て過ごしましたが、最初の一時間と少しは、景色があまりにも素晴らしくて見逃せませんでした。いくぶん目が覚めて、飛行機が遅れるだろうと耳にしましたが、まだ十分に時間はあると自分を慰め、つまらない廊下をうろつくよりは、機内でお腹を満たそうと思いました。私は午後七時であることに気づいたとき、少しそわそわし始めました。全ての便が遅れているので、乗り継ぎ便を利用の乗客は心配する必要がないと機長が言い、私たちは安心しました。ケネディ空港に着いてから暗く視界がとれない中、私たちは一時間半、上空を旋回しました。八時四十五分に、私たちは着陸しました。

私はものすごい勢いで飛行機を降りました。尋ねられる人は誰もおらず、混沌とした人混みばかりでした。出口で最初のパンナム航空職員を見つけると、バスをつかまえるように言われました——荷物は手配済みなので心配はいらないと。私は入口で待ち、そしてパンナムと表示されたバスを見つけました——私が米国で唯一見たことのある、目立たない表示でした。運転手は、「乗って」と言いました。やっと私が受付に着くと――職員と老婦人との間の果てしのない会話です。「六番搭乗口へ行ってください」。私たちは九時半には搭乗できるだろうと言われました。「ブエノスアイレス行きですか?」「搭乗券はお持ちでしょうか?」私はそれを見せましたが、彼は興味を失っていました。後になって、私は彼の態度を理解できました。人混みがひどく、暑くて騒々しかったのです。「お一人手荷物は一つのみです」。人々はどんどん受付に引き返しました。幸いにも私は、一つしか持っていませんでした。九時四十五分に私たちは搭乗を許され、私は席を取り、大型の旅行鞄については何もしようがないと思うことに決めました。十時に機長から遅延を詫びる案内が流されましたが、――十時十分、カラカスからの気象情報が入ってきたとき、すぐに飛びますと。十時三十五分、余分に燃料を積みこんだとき、すぐに飛びますと。十時四十五分、リオからの気象情報はまだ入ってきていないけれども、ただちに離陸しますと。十一時十五分、空路の決定はまだ入ってきていないけれども、私たちは――はい、貴女の予想通りです――私たちは出発しますと。十一時三十分、私たちは動きだしました。十一時三十一分、止まりました。十二時に滑走路へ移動。十二時十分、機長からの案内が入り、他の八機の飛行機が先に離陸しなければならないため、私たちは二十分遅れます――本当に申し訳ありません。十二時四十五分、滑走路をすごい勢いで滑走し始めました。離陸しました！　夕食がもうすぐ運ばれてくるでしょう。私は前菜を食べ、後に続くものは飛ばして小さなチーズひとかけらに替えてもらいました――パリのマキシムのもので、「なんとも豪華」。今午前十時で、私たちは広大な河を横切っているところです。誰もそれを知りませんし、気に留めていません。いくつかの街が現れてきました。街の名前は、軍事機密に違いないと思います。私たちは降下しているようなので、書くのをやめた方がよさそうです。

　信じられないかもしれませんが、私たちは確かに降下し、そして無事でした。グリンバーグ[121]が滑走路まで来て、私を案内してくれました――要人扱いです。私の旅行鞄はそこにあり、検査なしで一番に税関を通過しました。グリンバーグは車を掴まえ、私たちは出発しました。私はとても暑く、汚れていて、髭が伸びていると感じていました。

人々は、ここには他の国々のように先住民のインディアンがいないので、人種差別はないと言います——「勇敢なコルテス」[122]は、私の想像では強健で現代的な風貌をしており、誰が「勇敢」であるはずか、異論の余地を残さなかったでしょう。彼らは私に、この天候は——燦々と降りそそぐ熱い太陽——かなり例外的だと断言しました。いつもは雨が降っているのだと！　私たちはラプラタ川の河口を通過しました。それはとても立派でしたが、対岸は見えませんでした。

今夜、六時半に、グリンバーグが私を牛の品評会——世界でも特別のものです——に連れていってくれることになっています。そして早く寝る前に夕食へと。階上の私の部屋では、バスケットに入ったホワイトチョコレートに、砂糖でできた青い花のついたものが置いてあるのを見つけました。痩せさせません。それを見て、貴女はここにいるべきだと思い出しました。もしも絶えず思い出す必要があればですが。私には考えがあり、貴女がここに来て、これらの人たちとにかく話をすればいいと思うのですが、それについてはまた後で。

二人の女性従業員が来て、私の気づいた限り、私の部屋を完全に密閉していきました。通りにいる人々は裕福そうには全く見えませんが、多分これが日曜日に徘徊する浮浪者たちの群れだからなのでしょう。私自身はシャワーを浴びたので、それほど飛行機ぼけのようにも浮浪者のようにも感じていません。

121…アルゼンチンの精神分析者レオン・グリンバーグ（一九二三～二〇〇七）。
122…キーツの詩「チャップマンのホメロス」より。コルテスとはスペイン人探検家でアステカ帝国を征服したエルナン・コルテス（一四八五～一五四七）のこと。

後ほどです。私はちょうど一日の仕事を終えて、グリンバーグと出かけるところです。私は八時間の仕事を、疲れ切らずになんとかこなしました——確かに私は大多数の聴衆より疲労していなかったと思います。しかしそれは、彼らが私の話を聞かなければならなかったのに対して、私はそうではなかったからでしょう。

昨晩、彼らは私をバーベキューに連れていってくれ（昨日と今日は素晴らしい天気であったにもかかわらず、室内の——彼らはみな、湿気が高くて雨が降るはずだと言い合っています）、そして彼らは、私がはち切れそうになるまで、私に炭焼き肉を詰め込みました。今のところ私の身体に悪い影響はないものの、彼らが今夜私のために何を計画しているのか、見当もつきません。

みんなに私からの接吻をあげてください。そしてとびきり特別な接吻を貴女自身にとっておいて下さい。私がいつでも貴女を愛していることを覚えておいて下さい。子供たちに、できるだけすぐにでも手紙を書くと伝えて下さい。そして、ジュリアンには、彼の誕生日に私の特別な愛を送ると伝えて下さい。それが一年の三六六日あるとても特別な日々の一つになりますように。

私のすべての愛を愛しい貴女に。貴女が恋しいです……。

七月三十日

愛しい人へ

……昨晩の私の講義——およそ三百人が煙草を吸いながら詰め込まれていました——は十一時十五分に終わりましたが、二人の通訳をくたくたにしたにもかかわらず、私自身はまだ機能していました。ですから仕事の面で言えば成功だったでしょう。

……Cが現れ、私の賞賛者であると自己紹介しました。彼女は私を「とても簡素で、静かで、心休まる時間」のために、彼女の自宅へ招待してくれたのですが、私は彼女に礼を言い、全身の毛穴から感謝の念をにじませつつ、及び腰でその場を去りました。夕方の講義の後、彼女は私が話していたあらゆる症状を持っていると言いました。かわいそうに、彼女は正しいに違いありませんが、彼女はあらゆる重要な症状を疑いなく抜かしています。あいにく、もうあと七日間も仕事があり、もしもさほど時間が経たずに、拒絶された彼女の態度が苦々しい嫌悪感に変わらなければ、私は大いに驚くことでしょう。静かで心休まる家——私の足《モンピエ》！　フランスで言うところの……

八月二日

愛しい人へ

これは土曜日の午後七時半なのですが、私は頭のたがが少し緩んでしまっているようで、日曜日のように感じています。ビショップス・ストートフォードにある私が通ったプレップスクールで、日曜になると憂鬱に感じた気分に戻すかのような、精神的緩みの兆候ではないかと思います。こうした記憶は、なんと心の奥深くまで浸透することでしょう！　私は木曜日や金曜日には貴女に手紙を書きませんでした。というのも、木曜日には子供たちに手紙を書くこと以外は時間が取れず、昨日の夕方はモム先生[123]のお宅のパーティーに——彼は協会[124]の会長です——協会の訓練委員会の人たちに会うために参加したからです。その夜がなかなかうまく運んでいて夜中までには就寝できるかもしれないと私が思ったそのとき、私への表敬として熱意のこもった歌や踊りのショーが始まりました。それは全員が兄弟である五人の男性と、血縁ではない一人の少女で構成されていました。私は確かに、家族みなで五週間南米を回ることに、私たちというか私が賛成しなかっ

123…アルゼンチンの精神科医・精神分析者ホルヘ・M・モム（一九二二〜一九九七）。

124…アルゼンチン精神分析協会（Argentine Psychoanalytic Association）のこと。

たことを呪わしく思いましたが、おそらくそれでよかったのでしょう。まったく、私は自分が南米や、それどころか米国の地理についても何一つ知らないと気づき、少し驚いています。私は次の滞在先がパタゴニアだとは思っていませんでした。とにかく、そのメンバーたちは全員、名高いビオン博士に紹介されました。彼らはみな大学へ行った人たち――資格のある医師、歯科医、生物学者など――ですが、先に資格を取得するという父親との約束を果たすとすぐに芸能の世界に飛び込んだので、実務経験はありません。私は、貴女方が私と一緒にいることができたかもしれないのに、みんな一緒にロサンゼルスにいると、なんとも忌々しく思いました。

　私は彼らが使う楽器を見せられました。原始的な打楽器、先コロンブス期の横笛、イグアナの皮で背面を覆ったバンジョーの一種、美しい古来のギター。少女が青い衣装を着ている以外は、彼らは全員見事なガウチョ[125]様式の装束、漆黒のボタンのついた上着に黒い「ウェリントン」ブーツ、目にも鮮やかな深紅のスカーフか肩掛けのようなものを身にまとっていました。歌と踊りは、私の目と耳には、ごく普通の民族音楽のようでしたが、陽気さと優しさに溢れた、とても熱を帯びたものでした。私は王座――貴賓席――のようなところに席を与えられました。そこで私は、きちんと威厳を持って腰掛けるよう心がけました。ああ、貴女と家族がここにいてさえくれたなら！　と思いました（もうこれ以上は言わないことにします）。そして、若い精神分析者の奥方が少女に代わって上演に加わり、踊るために演奏を離れた打楽器奏者と一緒になって、学校と大学で習得した踊りを実に精力的に披露しました。（彼らは全員意のままに楽器を変えて、他の人の専門楽器を弾くことができるのです。）最後に私は、彼らの曲がたくさん入ったＬＰレコードを贈られました。彼らの直筆のサインが入った絵入りのものです。私は一人一人と、王室の礼儀でないにしても本当に「高貴」と思われる振る舞いで握手をし、終わりました。八時間の仕事の後、午前二時までには帰り着きました。

　今日私は、三十マイル〔約四十八キロメートル〕離れた、パラナ川近くのエスコバールにあるグリンバーグの屋敷に連れて行ってもらいました。十一時の軽食の後に昼食があり、六時半までには帰って来られたので、自分ではなかなかの一日だったと思っています。特に、道中三人の分析者が大声で、しかもとてもしつこくエディプス・コンプレックス[126]について、特に子供たちを殺してしまおうとすることで問題を起こし始める父親の影響について話しかけてきたので。私はただ、おお神よ、おお神よ、私が何をしたというのだと感じていました。しかし、私が目を覚ましたのか、でなければ事態が好転しはじめました。どんよりと暗い日でした——ロンドンで見るような暗い雲ですが、寒くはありません。その地域はパンケーキのように真っ平らでした——パンパスという大草原です——が、見慣れていないものの目には魅力的に映らなくもありません。私はたった今夕食をとっているところです。英国人の夫婦が、男性のほうは声の大きな人ですが、二席向こうにいます。彼は落ち着き払って「どうしようもないウェイターたち」の話をし、これらのどうしようもないスペイン系の連中に対して〈**英国国旗**〉の優越感を振り回しています。おかしなことに、そのことは私に劣等感を与えるだけでした。こちらのほとんどの男たちは、いずれにせよ英語が分かります。

……人々はブラジル、ベネズエラ、ウルグアイから、私の講義やセミナー、スーパービジョンを受けに来ています。グリンバーグの言うとおり、彼らは魅力的な人たちです。そして私も、彼は正しいと言わざるを得ません。彼らはまた惜しみなく謝意を示してくれるのです。

……次の手紙は直接手渡ししたほうが早いと思うので、これが最後の手紙になるでしょう。愛しています。貴女のことを考えることで私は励まされています……。

125…南米の牧畜に従事していたスペイン人と先住民の混血住民。一九世紀後半には職業・社会階層としてのガウチョは消滅した。
126…フロイトの精神分析用語。男子が母親に性愛感情を抱き、父親に嫉妬する無意識の葛藤感情。父親を殺し母親と結婚したギリシア神話のエディプス（オイディプス）王にちなんで名付けられた。ビオンは『精神分析の要素』（一九六三）で、心の構造としてのエディプス神話を論じている。

日曜日の朝です。郵便はまだですので、何行か書き足したほうが良さそうです。素晴らしく晴れた気持ちのいい朝ですが、昼食の誘いは断りました。少し自分の時間が必要なのと、同様に貴女との時間――あくまで心の中でですが――も少し必要だからです。時間が経つにつれ、ある種の「偉大な人」として歓待されるのはとても誘惑的で、自分の弱点への理想的な接近方法になると気づきました――真の状況は時間とともに自ずと明らかになり、彼らがこちらを求めているのだと明白になります――もし彼らがこちらなしではいられないと分れば。そして私は、それがロサンゼルスでと同様に、ここでの状況だと信じて疑いません。今思い返せば、そして他の方法でそれを見いだせたと仮定すれば、私は素晴らしい英国（理想です）に素晴らしい家（これも理想です）を見つけてそこに落ち着き、私を求めてくれるような外国の地に三週間の旅行をするという考えもありました。たとえそうでも、その考えは人生から美味しいクリーム（または現金！）だけすくい取り、嫌なものは他の人に押し付けるという偽りのものです。とても古臭くて、もっと儚い考えです……

八月六日

愛しい人へ

……宿へ戻って来るなり、私は貴女からの最初の手紙を見つけました。そして私は貴女がどう感じたかわかります。というのも、日曜の夕方までに私は、それだけの時間を決して持ちこたえられないと確信したからです。ですが、仕事は気晴らしになりました。とても「熱烈な」歓待を受け、私は今はもうそれに丸め込まれないだけの分別はあると思いますが、それは心地が良く、ロサンゼルスでの分析的「熱狂」の後では、気分転換になります。しかしながら、私はロサンゼルスの厳しい雰囲気が自分にとってはより良いものだと確信しています――もし私たちがそれに耐えられるなら。私は、貴女が過ごしている時間や貴女が耐えなければならない不安のことを考えたくありません。家族の近況が聞けて、貴女が彼らは必要な休暇を過ごしていると考えていることを嬉しく思います。奇妙な意味で、私は自分が必要な仕事をしているのだと感じます。英国では何かが仕事でうまくいっていませんでした――私の仕事だけではなく。私は、貴女もご存知のとおり、自分がそれが好きだというふりをすることはできませんが、仕方がありません。私はここの人たちが好きですが、私たちの苦い経験から学んだように、誘惑されるのを自分に許容することはよくありません。ですから私は、「新鮮さを保つ必要性」と「仕事」を口実にして、受ける招待を最小限にするように注意してきました。事実、私は日中とてつもない時間を睡眠に当てており、結果として夜もよく寝ています。一時間のセッションとセッションの間に十五分の休みを取るのは、うまくいっています。私はその時間に、コーヒーを飲むことに加えて寝ることさえできます。

……私は素晴らしい天気が確かにここにやって来たと思います。彼らはみな、例外的な冬ということで一致しています。一日か二日どんよりとした天気だった日は、ロンドンと英国について私が好きではないところを思い出させる効果を発揮しましたが。とはいえ、私は子供たちをロサンゼルスの雰囲気の中で育てようとは思いません。十歳以上の子供なら簡単に手に入るドラッグ以外に精神的な資源はなく、とにかく不十分です。

あと一、二分でセミナーの講義に行かなければなりませんが、頭に何も考えがない気がします。今すぐ考えないと、私は頭から目玉が飛び出し顎を動かしているけれども全然声が出ないまま、教壇に立っているでしょう。

木曜日です――まだ。まるで感謝がなく聞こえますね。時間は最初の数日間のゆっくりとした速度に戻って、今日の残り三時間でさえ乗り切れないように感じています。貴女に会うまでの、明日一日と土曜日一日のことは、言うまでもありません。それにヤンキーたちが何をしだすか見当もつかないのが、恐ろしいことです。私は年老いたガチョウのように、「さて、一体全体お前たちはどんな悪事を働こうとしているのか？」と言わんばかりに人間たちを疑いのまなこで見ている気分です……

しばらく経ってからです。やれやれ、私は木曜日を乗り切りました――恐れていたほど悪くはありませんでした。私は、自分ができると信じられるだけの自信は持っていますが、その自信について不安になり始めてしまいます。彼らは忌々しい私のセミナーや講義を逐一記録しており、私にもその写しをくれることになっています。

そして今、最後の八時間です！……

一九六九年

ロサンゼルスにて

ロンドン宛

五月三十日

愛しい人へ

誰もいない家に戻るのはとても妙なものですが、吸い取り紙に赤で書かれた伝言を見つけてうれしかったです。それに食卓セット！　私はうろうろしたり、貴女に鳥やそれに近いどうでもいいものを見て、と叫んだりしているようです。貴女が戻ってきたときに私がぼんやりした独身の風体に見えても、あまり驚かないでください。私はこの地の、尋常ではない状況と尋常ではない人たちのことを、休みなく真剣に考え続けており、これからも考え続けるでしょう。日々の新聞を一目見るだけで、それはあらゆる問題があらゆる所でおきていると誰もが納得することでしょう。私にはどこからどう取り組めばよいか分かりません。今日の記事では次のことが書かれています。ストラヴィンスキーは、彼の作品のうち二作しか上演されていないため、ロサンゼルスを離れることを決意。サンフランシスコとロサンゼルスに地震の恐れ。UCLAの学長はロイスホールの外でハンガーストライキをしている人々を訪問し、校内の州軍を撤退させるためのストを続けるよう彼らを鼓舞、賞賛。連邦政府は騒動に参加歴のある奨学生のリスト作成のため、さまざまな大学のさまざまな上層部を呼び出し。さあ——私は何をすればいいのでしょう？　行って誰かの精神分析を？　宇宙船に月を回らせることができるのだから、この国にも真実を尊重する人がいるに違いありません。このようなひどい「手紙」を書いてすみません。私にとって考えることは山ほどあり――そしてそれは私たち二人に大いに関わることですが――常に貴女と子供たちのことを考える以外の、他のことは全く考える余地がないのです。そしてそれはなにも目新しいことではありません（考えのことです）。まあ、ですからこの通り――貴女を愛しています。そして子供たちのことも――言うなれば同じくらいに……

五月三十一日

愛しい人へ

……私が単に被害的なのか、英国系異邦人に対するとても慎重な差別があると考えている自分が正しいのか、分かればいいのですが。しかし、分析をしている分析者は歓迎されないと思います――歓迎されるべきではありません。ともかく、誰が歓迎されるというのでしょう？　私は一九一四年から一九一五年にかけての、ベルギー人難民たちへの熱狂を覚えています。彼らがどれほど不人気になったのかも覚えています。英国人がそうであるべきほどには、彼らを歓待して謝意を示さなかったことで、彼らがどれだけうんざりしていたか、私は覚えています。誰でも愛されたい、求められたいと期待します、特に「新入生」にはそうでしょう。誰でも新入生が愛情深くて愛らしいことを期待します。重要なのは、物事をはっきりと捉えることで、私たちにとっては特に、私たちがここや他のどこであろうと、生きのびられるのかどうかです……

六月三日

愛しい人へ

私は英国の財政状態についての記事を読んでいます。その記者は、何もかもが素晴らしく順調で、何に人が苛立っているのか理解しがたいという見解でした。楽観的なのか悲観的なのか、それらは全て純粋な空想だと感じられますが、それでもどこかに隠れた事実があるに違いありません。

私は自分の精神分析的な考え《アイデア》を整理しようとし続けています。それ自体はほとんどかかりきりになる仕事ですが、幸運にも実践は妨げではなく助けになります。私にはほとんどの人にはない大きな強みがあります。それは、私が証拠というものの重要性に、少なくとも気づいているということです。言い換えると、観察することです。それで現状を思い出しましたが、自分の家族に何が起こっているのか全く知ることができないのは、悲惨なことです。

もうすでに貴女がまるで何年もいなかったかのように思えますが、それは始まりが長い週末だったためです。私はこれからの二週間に、面接時間の空きがいくらか出るだろうと思います。昔からの馴染みの不安が、また頭をもたげてきています！……

六月四日

愛しい人へ

……私たちの記念日に間に合うように届かせるには、私は今日のうちに私の持てる全ての愛を貴女に送ったほうが良さそうです。信じられません——もし私たちが六月のあの日にこの事実を想像しようとしても、決してできなかったでしょう。あれから本当にたくさんのことが起こりました。ここでの時間の流れは、這うようでもあれば、同時に、早過ぎるようにも思われます。私は、ここで自分が生涯ずっと独身でいて、貴女がここにいたときのことをほとんど思い出せないかのように感じます。私たちの結婚を思い返すと、自分が夢をみていたかのようです。そして今、また貴女に会えるまでまだ一週間もあります。私が冬眠から覚めるのに、更に一週間（おそらく！）かかるでしょう……

六月六日

愛しい人へ

貴女からの手紙が今日届くかもしれないと期待はしていましたが、郵便受けに手紙を見つけたときは本当に安心しました。今日は木曜日なので、私は「あとたったの一週間だ」と考え始めるのではと思っていましたが、全くそうはなりません。むしろ、もう一週間耐えるのは絶対にできないと感じています。実際には、物事は本当にうまくいっています。私はXと面接し、月曜日は一つの長い最後通牒だったのですが、患者を失いたくないあまり、面接の後は吐きそうな心境でした。しかし彼は火曜日にもやってきました。さらに最後通牒だらけの（私の言う意味がお分かりでしたら）セッションが続き、その次の日にはX夫人からの電話もあり、彼女はどうすればいいのかを私に尋ね、「私がその子にどうすべきか言うと思っていた」と、不平不満を爆発させてきました。「彼はここに来ないと言っているようですが?」「彼に、あなたが車で送ると言ってください」。「ですが私は彼をかかえて運べません、本人にその気がなければ——」。「ああ、まったく!」と言うのをこらえ、私は彼女に、彼に行くようにと言うだけ言って、あとは彼に任せばいいのではと提案しました。もし彼女が、まともな生活を送るためには家にいる全員がある程度の自由を犠牲にしなければならないことに気づけないのなら、どんな子供に進歩や規律ある成長を望めるというのか、私には疑問です……

六月八日

愛しい人へ

貴女の手紙はとても嬉しく、大きな慰めでした。一体どれだけの数の精神分析者たちが、妻や夫の存在がまともな仕事をするのに必須だと理解していることでしょう。いたとすれば、ですが。これは文献には、ほのめかし以外では載ってはいないと思います。メラニーはそう口に出しませんでした。彼女は実際そう思っていなかったのでしょう、晩年にでなければ。

そういうわけで、私たちの記念日の前夜となりました。私たちのたどってきた人生の軌跡は、かなり尋常ではないと思います。型通りの行程からは、はるかにかけ離れているかもしれません……

Jは私が「過失怠慢」賠償責任保険[127]に加入すべきだと言います。彼は、さもなければ敵意を持つ人たちは誰でも損害賠償を請求できるし、たとえその人たちが勝訴しなくても、弁護のための訴訟費用だけでもとても高くつく可能性があるから、と言います。もちろんこれは私の見続けている悪夢の一つであり、自分がそれをどうできるのか、見当がつきません。それを分析しろと？　それが答えですが、それでX夫人のような裕福で怠慢な人にどう対応することになるのか、私には分かりません。仮に私が保険に加入できるとして——私は〔アメリカでは〕「医師」ではないので全くの仮定ですが——これがどれだけ有益で、どれだけ単なる空想なのか、私には疑問です……

六月九日です。さあ幸せな日 La voici l'heureuse journée[128]。愛しています。でも六月十二日まではまだ長い時間があります。私は、お互い離れていなくてはいけない子供たちと貴女に代わって、家庭が恋しくて仕方がありません。

六月十日……Aは少し取り乱しています、それというのも、彼がテニスクラブで仲間の会員と話していたときに、足首を怪我したというその知人の報告に対する型通りの返事の中で、自分は、Aのことですが、冷湿布を使い、それはとても効果があるよ、とたまたま口にしました。土曜日に彼は、その知人が彼を、誤診と治療の怠慢を理由に訴えている、と聞かされました！　ですからそれは私だけではないのです。言い換えれば、それは**私で**

127…専門事業の業務上の行為に起因する損害賠償責任を対象とする保険。

128…ルネサンス期の詩人、クレマン・マロ（一四九六〜一五四四）の『詩篇』第十八篇より。

はない人だけではないということです！……

アマースト大学にて
ロサンゼルス宛

八月二十一日
愛しい人へ

……計画という点では、すべてはこれ以上望めないほど順調に進みました。はじめに、貴女の計画には唯一大きな欠点がありました――それは、貴女がそこにおらずに、会議がそこにあったことです。残りは遥かに雑多な用事でしたが、たとえそうでも、それがまさに開かれた目的です――雑多な用事、ということです。

……ケン・ライスは、白髪で年老いて見えましたが、いつもと変わりませんでした。R・S[129]は、これが会議の議長を務めるのは初めてだったので、とても緊張していることがすぐに明らかになりました。彼はAKR〔Albert Ken Rice〕と私をひどく恐れていて、私はこのことに、そしてそれがどの程度なのか、すぐに気づきませんでした。でなければ私は口を閉じておこうとしたでしょう。私はあまり上手に口を閉じていられなかっただろうと思います。というのも、彼は頻繁に私に話をさせ、私の意見を聞こうとしたからですが、私の意見は気に入りませんでした――私が彼と違うことを言うからか、彼が正しくも、私が彼を安心させようとしていると思ったからでしょう。

翌朝は――参加者たちは夕食と四時半の〈開会〉のため、午後四時までに到着することになっていました――引き続き〈スタッフ〉討論〔おそらく研修のための集団体験〕で終わり、これもまた同じような形式でした。全体会の後、集まりが終わって〈スタッフ〉が退席したとき、本当に不運なことに、私は話している最中でした。私は気がついていませんでしたが、〈集団〉についての実際の規則によれば――ケンによる規定です――彼はどの集まりも時間ちょうどに終わることを要求し、私が最後の一文を言い終えた頃には〈スタッフ〉はもう廊下の角をまわって消えていて、私にはどこに行ったか分かりませんでした。なので私は部屋へ戻りました。二十分ほどしてKが現れ、私の失踪でみなは「周章狼狽」していると言いました。私は彼が冗談を言っていると思ったのですが、最後の〈スタッフ〉の集まりで、彼が事実を控えめに話していたことを知って驚きました。R・Sは、どれほど「みなが」私はどこにいるのだろうと思っていたかを、長々と述べたてました。R・Sによれば、同様に「みなが」私のことばかり話し、「一人」の人は、私が居残って私を崇拝する人たちに心服されていたと話したそうです。幸いにも私は、自分がユダヤ教会の集会で熱弁をふるった幼いキリストのようだったと触れることを、思いつきませんでした――「そして群衆はイエスの教えに驚いた[130]」――でなければ、私は彼に、私の扱いについて長老たちと協議[131]していなかったならいいのだが、と言いたくなってしまっていたかもしれません（そうしたら本当に火に油を注いでいたことでしょう）。そのことで、私はひどく落ち込み、荷物をまとめて出ていこうかと思いました。けれども、私は「決して自分から辞めるな。追い出されろ」というショウ[132]の忠告を思い起こし、後者を選びました。しかし、「ビオン――ビオン――ビオン――」と続くので、私は最後には腹立たしくなり、苛立ちました。全て賞賛です――「当然のことながら」。R・Sは何か批判に晒されていたらしく――どの程度か

129……アメリカの精神科医・精神分析者ロジャー・シャピロ（一九二七～二〇〇二）のことか。

130……新約聖書マタイによる福音書二十二章より。

131……新約聖書マタイによる福音書二十八章より。

132……誰のことかは確認できず。

は私には分かりません――それは彼の計画変更のせいで、もともと予定されていた〈スタディ・グループ〉〔集団療法の研修の一種〕を私が担当しなかったためです。そして事実、私にとってはある程度好都合でしたが、私はマーガレット・リーオック[133]とR・Sが常に同席した大集団《ラージグループ》で以外は、密な接触からは実質的に切り離されていました。さらに私に明らかになってきたのは、誰も知ることができないことにはなっていたのですが、私は自分の考えを〈スタッフ〉に話し、R・Sには――専属の牧師？　医師？――として振る舞うことになっており、グループは私には十二人ではなく六人のものが、最後の一日半あるだけでした。実際、私の言うとおり、私はこの「文化」について知らないので、とても運が良く、ここで何が起きているのかをいくらか洞察したと思います。そしてその洞察は、あまり心地いいものではありませんでした。

　彼らは馬鹿げた「坐りこみストライキ」をしました。集団で行動する仕方の一表現として、ほとんど義務のようです。私は、それは解釈不足だと思いますが、それがどういう解釈のつもりなのか、かわいそうなR・Sが何をするつもりだったのかは、私には分かりません。私がそれに対処する必要がなかったことや、こういった類の行動が単に外国からの異邦人に向けたものではないことは、慰めでした。事実、それによって私はR・Sに対して、より強い同情と敬意を感じるようになりました。詳しいことは、私が貴女に会ったときに段々と話さなければならないでしょう。すてきな考えです。そして貴女がこれを読む頃には貴女はここにいます！　私の愛の全てを一番大切な貴女へ……。

133…アメリカ人精神療法者（一九〇七～一九九六）。

一九七二年

ロサンゼルスにて
ロンドン宛

七月十一日
愛しい人へ
……私は医者のところに四十分ほどいました——ほとんどは雑談でしたが、胸の聴診も。診断は——「問題なし。心臓は良好、血圧も然り、体重も問題なし、余裕をもたせるために若干の減量を。運動は散歩、水泳そしてサイクリング、但しもちろん上り坂以外（人生の中でそれをしようとは夢にも思ったことはありません。オックスフォードでラグビーの一軍選手だったときでさえ）」
……Y夫人は、自分がキャンセルした時間に、取り消していないと断言しながら現れました。私は彼女に会うつもりはありませんでした。私は非難されることになるでしょうが、それは気骨があるせいです——そう願いましょう。それは少なくとも注目すべき事です。もしそうならここは、今まで私が人生でずっとし損なってきた何かを私のためにしてくれる、感謝すべき場所となるでしょう。今さらかもしれませんが……

七月十二日
午後七時二十五分……Bからの電話を受け、招待を断りましたので、きっと立腹しているでしょう。それでは次の週は？　いえ、空いていません。鱒は素晴らしいですよ！　むむむ——でもだめです。火曜日に電話します。外出しています。それでは木曜日は？　外出しています。金曜日は？　多分。荷造りしています。おお神よ、おお神よ。人々がどれほど私を愛していることか！　当然のことながら、私は自分を褒めたたえています。貴女は嫉妬していませんか？　それに羨望も？　貴女は自分も愛されたいとは望みませんか？　でも私は年をとりすぎ、疲れて、そして感謝知らずになってきています。貴女はグレタ・ガルボが「一人になりたい」と言ったとき、本心を語っていた可能性があると思いますか？

七月十四日

午後九時四十五分。とても遅い時間のように思えますが、それも驚くべきことではありません。ここへ戻った後、私は歩いて銀行へ行き、市場に行き、さくらんぼが店頭に並んでいるのを見つけました。それを求めて行ったのですが、本当にあって驚きました。そして特売で購入したエルサレム聖書[134]を手に歩いて戻りました。私がジュリアンはダリのエルサレム聖書[135]に興味があると知っていたことが、私の常識と良心の名残を取り払いました。その文庫本は九ドルで、元は十九ドルだったので、貴女なら私が我慢しようもなかったことが分かるでしょう。

帰りのタクシーの中で、運転手が彼のその日の不満話で私をもてなしてくれました。その一つに、ある女性が、どのようにして顔面に思い切りボールを当てられたのかという話がありました。彼女が少年たちに、もう少し離れたところで遊ぶよう注意したからです。ボールは彼女の眼鏡を粉々にしました。彼女はその少年の母親に電話をしましたが、その母親は、自分には何もできない、自分にはまったくお金がなく、夫が出ていったせいでひどく貧しい暮らしをしているからだ、と言いました。それで女性は、弁護士である自分の息子に電話をさせました。彼は、法的な救済策はないけれども、やってはみると言いました。結果は同じでしたが、その母親はボールを当てたのは自分の息子ではないと言いだし、その子の友人の母親に電話するよう提案しました。彼は不安を覚えながらも電話をすると、自分が同僚と話していることに気づきました。同僚は彼に、一番最初の女性について質問してきました。それで彼は、その女性の悲劇的な状況に触れ、その不幸な境遇によって、彼女は彼の母親の壊れた眼鏡を弁償できないのだと説明しました。同僚の弁護士は信じられないといった様子で笑って、それはよくある話だと彼に説明しました。「実際には、彼女はクロエサス[136]のような資産家だ。彼女は二十四万ドルの家に住んでいるよ」と（UCLA近くの豪華で金持ちしかいない地域の名を出しながら）彼は言いました。そして彼女の夫もまたとんでもなく裕福で、だから彼らは最上の暮らしをしているのだ、と。そのタクシー運転手の女友だちは本当に貧しく、この時点で、もうこの辺でやめておこうと思ったのです。運転手は言いました。「金持ちは手に負えませんよ」。私は、「だから彼らは大金持ちなのですよ」と言いました。しかし私はやや悲しい気持ちでそれを頭に入れました。これがJ夫人だということも十分あり得ると思ったのです——真実に対する彼女の耽溺は尋常ではなく、私が彼女を分析しているはずなのに、彼女はその分析を粉砕しています。

これは偶然に発見する才能のもう一つの例でしょうか。その運転手は私に訓話を聞かせるために、私を乗せるように遣わされたのかもしれません。天使の介在？ 私はそうに違いないと思っています……

七月十五日

……私は貴女がまだ家にいるという感覚があまりに強いことに、少し驚きました——今も続いています！——たいていそれは私がまだきちんと目が覚めていないときですが、他のときでもそうです。私は自分の「霊的」自己

134…エルサレム・フランス聖書考古学学院によるフランス語訳聖書。極めて質の高い翻訳と学問的に精確な解説・注釈を特徴とする。
135…スペインのシュールレアリズムの画家サルバドール・ダリ（一九〇四～一九八九）によって挿絵が描かれたエルサレム聖書。
136…紀元前六世紀のリュディア王国の王で、大金持ちだった。

が貪欲過ぎず、でしゃばりすぎていないことを願います。貴女の今の楽しみも邪魔していないといいのですが……

七月十六日

……私は明日のY夫人との面接の見通しについて心配しています——私は彼女の言葉を真に受けて、彼女のセッションを別の人に本当に渡してしまったので、先週は彼女に会いませんでした。当然彼女は、その時間に現れて自分は予約を取り消していないと言い、途方もない混乱を引き起こす振る舞いを貫きました。私が月曜日は変更できないと言うと、彼女は「ではそのままにしましょう」と言いました。もちろん曖昧で、そのままにするというのは、彼女が来るままにしておくという意味かもしれません。分析を粉砕し、そのうえ分析者を追い立てるこの種の敵意の表明は、使い古された手口で危険です——私が正当防衛を持ち出しても、彼女の経済力には対抗できませんし、彼女はそれをよく分かっています。まあ、私は誰かに頼まれて精神分析者になったのではありませんが！……

七月十九日

……私は例のとんでもないZとちょうど別れたところです。彼以上に言葉の下痢を具現した資質の持ち主がいるとは、とても想像できません。

私は貴女が『リフィーのユリシーズ』[137]を手に入れられてうれしく思います。私は貴女の『漢字』の本[138]を休暇に持っていきたいです。それはとても面白く、たとえそれが常に明確ではなくても、あるいはだからこそ？ 何かが呼び起こされるように感じます。

私は今夜のハリウッド・ボウル[139]での演目を知りません。先週の土曜日は、ギルバート・アンド・サリヴァンによる作品でした。良かったらしいですが、〔半分未満の〕八千席ほどしか埋まっていなかったそうですから、彼らは意気消沈したに違いありません――広大な野外音楽堂なのに、掃除夫たちの前で演じるようなものだったでしょう。私がここで演じていると感じる気分のようだと思います……

七月二十一日

……間もなく貴女に会えると思うと気持ちが弾みます。前回はだいぶ前でしたから忘れていましたが、今もちろん、その感覚が私に戻ってきました――それももうすぐおしまいです！　私は貴女がここの何もかもについてしてくれた念入りさに、ただ驚いています。

七月二十二日

南ダコタを越えました。私はあまりにも馬鹿なことをしてしまったので、万が一貴女から離婚を言い渡されるかもしれないと思うと、そのことを口にするのも憚られます。ジャネットが車で私を空港まで送ってくれ、私は三十五番搭乗口へ向かいました。何もかも順調で、完璧でした。私が最後に必要なものに気付くまでは――身分証明書？　引っかき回して探し――身分証明書がない！――それが恐怖の幕開けでした。私は引き落とし用カードなどのようなガラクタを置いていこうと決めたので、帰るのには自分の身分証明書が必要なことを、すっかり忘れていました。時間は三時二十分。飛行機、そう、定刻通り。私は急ぎました。自分のスーツケースを受付

137…原註：アメリカの文芸批評家で伝記作者でもあるリチャード・エルマン（一九一八～一九八七）による著（フェイバー&フェイバー出版、一九七二）。
138…原註：J・ウェイガーによる『漢字 Chinese Characters』（ドーバー出版、ニューヨーク、一九二七）。
139…カリフォルニア州ハリウッドにある野外音楽堂。一九二二年開場。座席数一万七千強。

に残し、走りました。ゲントへひとっ走りどころか！[140] タクシー——ホームウッドへの往復！ 彼らはソブリン硬貨[141]は使わないので、私はシャーロック・ホームズをすることができませんでした。「やってくれたら一ドル払う！」でも聞こえは悪くないのですが、「御者！ ソブリン金貨やるから急げ！」ほどは響きが良くありません。まあ概して、私は冷静さを失いませんでした——一体それが良かったのか悪かったのか——なので荷物も計量された今、私はジュリアンの聖書もついでに持って行こうと考えました。幸いにも、私は身分証をどこに置いたか正確に分かっていました。私たちは五分の余裕を残し、空港へ戻ることができました——残っていた空席は全て埋まっており、私が最後の乗客でした。心の重荷をおろすのは素晴らしいことですが、それを取り去る喜びのために重荷をしょいこむことは、提唱できませんね。

それは、おそろしく揺れの激しい空の旅でした。私はいつも、飛行機の両翼が釘でしっかりと固定されていることを祈ります。二人の乗客が搭乗する一時間前に結婚したことが、たった今発表されました。おめでとう——私はあまり気乗りしない感じで思いました。

太平洋時間の真夜中。私はまるで夜ぐっすりと睡眠をとったかのように感じています——私は本当に突然、猛烈に、完全に眠るので、そうに違いありません。流されている映画は古いチャプリンのものでしたが、私はわざわざ見たいと思いませんでした。とは言っても、彼のすること全てにおいてそうであるように、彼は本物の道化師です。彼と、バスター・キートン、それにハロルド・ロイドだけが、生粋の本物の道化師たちでした。彼らの時代には彼らをそれ以上に持ち上げる礼賛者の団体がいましたが。それでも、道化師も一角の人物です——グロック[142]や、ハーブ・ウィリアムズ[143]が思い浮かびます。私が耳にしたグロックは、彼の母国語ではあまりよくありませんでした——私は彼を英国でしか見たことがなく、舞台での彼は無言で、本当に滑稽でした。時々思うのですが、私の真の問題は、自分の突拍子もない夢の中でさえ私が受けるにふさわしくないし、絶対に値しない評判を、かくもたやすく得ていることです。米国大統領や首相たちはそんな風に感じるのでしょうか？ あるいは、もしかしたら彼らは、自分たちがとかく暗殺されやすいので、生活費を稼いでいると感じるのかもしれません――言い換えれば「危険手当」です。ロサンゼルス・タイムズ紙は、労働組合が下級裁判所の命令に反対してストライキをするという脅しの噂について、騒ぎたてています。もしその噂が本当なら、騒がれて当然のことです――裁判官たちか労働組合の指導者たちのどちらかが、解任される必要があるでしょう。政府とその手先はきちんと統治すべきであり、さもなければ彼らは仕事をしていないということです。そうしたら誰がするというのでしょう？　もうすぐです――あと一時間半です。日が完全に昇りました。ああ、なんということか、あなたに会う時間です。本当に長い時間が経ったかのようです。さて――ご機嫌いかがですか？[144]

140…イギリスの詩人ロバート・ブラウニング（一八一八～一八八九）の詩「彼らはいかにしてよきしらせをゲントからエクスにもたらしたか」への言及。原文では「ゲントへ」となっているが、元の詩では三人の使者が「ゲントからエクス」へ馬を駆る。

141…十九世紀にイギリスで使用されていた金貨。

142…スイスの道化師、作曲家、音楽家（一八八〇～一九五九）。

143…アメリカのコメディアン（一八八四～一九三六）。

144…原註：これが、彼が私に書いた最後の手紙だった。彼の人生の最後七年間は、再び離れ離れになることはなかった。

Ⅱ パーセノープ、ジュリアン、ニコラへの書簡

一九五八年

このとり〈鳥のイラスト〉は、パパたちといっしょにイギリスからフランスへこんなふうに〈飛んでいる鳥のイラスト〉とんでいきました。そのとりはときどき、こんなふうに〈船のイラスト〉ふねの上のマストにとまって休んでいました。フランスへつくと、そのとりは一ぽんの足で立って〈一本足の鳥のイラスト〉、じぶんのくちばしをはねの下に入れて、こちょこちょとじぶんをくすぐりながら、はねをととのえました。それからそのとりはイギリスにむかって、またとんでいきました〈飛んでいる鳥のイラスト〉。さようなら。パパより。[1]

1…ジュリアン（五、六歳頃）宛て。

This bird  flew
with us from England to
France  like this.
Sometimes it had a rest
like this →  by standing
on the mast of the ship.
When it got to France it
tidied itself up  by
standing on one leg and
tickling itself under its wing
with its beak. Then it
flew back to 
England again. Bye-bye
from Daddy.

一九五九年

パパはきみに、立ちあがっておさななじみのヘンリーをさがしているうさぎ〈うさぎのイラスト〉の絵を送ろうと思いました。[2] ヘンリーの本当の名まえはミスター・エドワード・ベアなのですが、バニーは（ヘンリーはうさぎのことをこうよんでいます）、いつもヘンリーのことをヘンリーとよびます。ここに、ヒナギクがいっぱいさいているしばふの上にねっころがって青空をながめているヘンリーがいます。〈横たわったクマのイラスト〉空は、バニーの青い目みたいだとヘンリーは言います。ごらんのとおり、ヘンリーはバニーのことが大すきなのです。ヘンリーはバニーのためにつんだヒナギクをバニーにあげています。〈バニーに花を渡すヘンリーと、海に浮んだヨットのイラスト〉バニーの後ろには海があって、ヨットがうかんでいるのですが、パパにはそれがよく見えなかったので、あまりじょうずにかけませんでした。パパは、そこはジュリアンが小さいときにおよいだところの近くにちがいないと思います。どうしてかというと、矢じるしがさしているのは、オールド・ハリー・ロックスだと思うからです。ヘンリーはバニーを汽車でつれていくのだと言います。

〈汽車のイラスト〉

そしてもし二人がさんばしを見つけたら、そのヨットをもっている人に会いにいって、それにのせてもらうでしょう。

後で会うまでごきげんよう。〈船のイラスト〉

あいをこめて。パパより。

2…ジュリアン（六歳）宛て。

I thought I would send you a drawing of a rabbit  who is sitting up to see if he can find his old friend Henry. Henry's real name is Mister Edward Bear but Bunny, which is what Henry calls the rabbit, always calls Henry, Henry. Here is Henry lying on his back on a lawn covered

with daisies looking at the blue sky because he says it reminds him of Bunny's blue eyes.

He is very fond of Bunny as you can see. He is giving Bunny a daisy he picked for her. Behind Bunny is the

sea with a sailing boat which I could not draw very well because I could not see it properly. I think it must be near where Julian used to swim because I think those are the old Harry rocks where the arrow is pointing. Henry says he will take Bunny in the train.

and then if they can find where the pier is they will go to see the man to go on his boat.

Goodbye till I see you later darling with love from Daddy.

＊＊＊

きみからオレンジをもらってうれしかったです。[3] パパはオレンジが大すきですが、きみがパパのためにとどけてくれたやさしさを思うと、もっとおいしくかんじます。ここの人たちがこのへやのホコリをはらうときは、ベッドの上についたとっ手を回します。するとしゃりんが出てくるので、パパはベッドの上にのったままおされて、みごとにへやのはんたいがわに行けるのです。ここのへやがあるところは「びょうとう」とよばれています。それからとてもやさしい、ころころと太った女の人が来て、とんでもなく大きなテツでできたケーキのようなものをおします。これはクルクル回りながら、床をピカピカにしていきます。そのときの音といったら、まるでモーターバス[4]においかけられているかのようです。この女の人がそれをするのがとても大すきなのが分かるでしょう。そしてびょうきの人たちは、このなんともステキな大きい音をきいているとき、自分たちのびょうきのことをかんがえなくてすむのです。

〈女性がツヤ出し機をかけているイラスト〉

ごきげんよう、大すきな子へ。パパもすぐに家にかえってみんなに会いたいです。

あいをこめて。パパより。

3…ジュリアン（六歳）宛て。ビオンは二月二日からセント・ジョージ病院に入院していた。フランチェスカに宛てた二月十一日付の手紙の中で、彼はジュリアンに手紙を書くつもりだと述べている。

4…イギリス人の学者であり詩人であるアルフレッド・D・ゴドリー（一八五六～一九二五）のユーモアたっぷりな詩『モーターバス The Motor Bus』より。

It was lovely to have the oranges from you. I like oranges very much but they are nicer because you were so kind to send them. When they dust the room here they turn a handle on the bed and this makes wheels come down so they can push the bed with me in it and I have a fine ride to the other side of the room. They call the rooms here wards. Then a very nice fat lady comes and pushes a big thing that looks like an enormous iron cake. This whirls round and polishes the floor making a lovely noise as if you were being chased by a motor bus. You can see the lady likes doing it very much indeed. And it stops sick people thinking about their illness because they are thinking what that lovely noise can be.

Goodbye my dear I hope I shall come back and see you all soon. With love from Daddy.

一九六二年

ハーレー・ストリートにあるパパの部屋には小さなまどがあります。[5] パパはさわやかな空気がいっぱい入ってくるように、いつもそのまどを開けています。でも今は、ハトがまどのすぐ上に巣を作ってしまいました。そしてそのハトはたまごをいくつか産んで、次々とヒナたちがかえっています。パパには、ヒナが全部かえったら、どうやってお母さん鳥がエサをさがしてくるつもりなのか分かりません。ハトたちがあんまりさわがしい音を立てないといいのですが。あんまりうるさいと、パパのかん者さんたちはいやがると思います。

ママの他は、みんなお休みを楽しみにしています。ママには楽しみにできるお休みがないので、楽しみにできないのです。たしかにお休みになると、ママはいつもよりもっといそがしく働きます。変ですよね？　パパはママでなくてよかったと思います。

リネットはやせているのにとってもよく食べます。ディンプルは太っていますが、リネットはディンプル[6]の二倍も食べるのです。二匹ともすごく元気そうで、いっぱいほえたくてうずうずしています。それが犬たちがお休みにやりたいことなのでしょう。

＊＊＊

君の学年の子でサーカスを観た子はいるでしょうか。[7] もしくは『シンデレラ』に出ていたジミー・エドワード[8]や、『ミカド』は？　パパは学校の子たちが、自分たちが観たおしばいについて話していたのを思い出します。でもパパが小さいころは、パパのママとパパはイギリスではなくてインドにいたので、パパはどこかに連れていってもらったことはそれほどありませんでした。だからパパは、あんまり話すことができませんでした。

一九六三年

私たちは、応接間の外にあるバルコニーの下に住もうと決めたムクドリの家族を迎え入れています。[9] この週末に、ひな鳥たちの最初の一羽が巣立っていきました。何が起きるのかを見るのは、とてもおもしろいものでした。そのひな鳥はバラの花壇に来ていました。そこへ母鳥がエサをもってきました。でもその子にエサをやる代わりに、母鳥はそれをくちばしではさんだまま、ひな鳥に自分を芝生の上まで追いかけさせました。そして母鳥は空へむかって飛び、羽を動かしながら、まるで「ほら見て！　こんなふうにやってごらん！」とでも言っているようでした。ひな鳥はそれから母鳥の後に続いて、でもずっと下の方を飛び、イチイの生垣へ落っこちました。私は母鳥がごほうびとしてその子にエサをあげたと思いますが、私たちはそれを目にしませんでした。そしてその練習は続きました。ひな鳥は動きのひとつひとつを一生懸命がんばらなくてはいけませんでした。それはまるで小さなトミー・タッカー[10]のようでしたが、今回は歌う代わりに飛ばなくてはなりませんでした。それにその練習は、ひな鳥には朝食のためであって、夕食のためではありませんでした。

その後、母鳥はもっとエサをもって巣にもどりましたが、ひなたちがピーチクパーチクと嵐のようななき声を

5…プレップスクールの寄宿舎にいるジュリアン（九、十歳頃）に宛てたものではないかと思われる。

6…原註：リネットとディンプルはミニチュアダックスフンド。

7…ジュリアン（九、十歳頃）に宛てたものではないかと思われる。

8…イギリスの俳優で喜劇作家（一九二〇～一九八八）。一九五八年十二月に開幕したミュージカル『シンデレラ』で国王を演じた。

9…パーセノープ（十七、十八歳頃）に宛てたものではないかと思われる。

10…『小さなトミー・タッカー Little Tommy Tucker』はイギリスの童謡で、トミー・タッカーは夕食をもらうために歌わなければいけない男の子。

だしても、それをあげようとはしませんでした。母鳥は、一羽だけにくちばしからエサが取れるようにして、取れたらその子を引っ張り出そうとしているように見えました。でもひなたちは、それに習おうとはしませんでした。ついに母鳥は一羽なだめすかして引っ張り出しました。そしてその練習はまた、一から繰り返されました。

夕べママと私は、ハムステッドにある古い家[11]でのパーティーに行ってきました。最初に私たちは他の招待客たちと会い、それから家の中に置かれた美しいものを見ていきました。ハープシコード、ギター、まるで野菜のかぼちゃを船の形にしたようなインドの弦楽器、何台かのヴァージナル[12]、初期に作られたグランドピアノ、二台のスピネット[13]。それらはすべて旧式の楽器たちなのです。いつか君も耳にするだろう『メサイア』を作った偉大な作曲家、ヘンデルがかつて持っていたハープシコードを除けば、どの楽器も触ってかまわないことになっていました。『メサイア』というのはオラトリオ[14]と呼ばれる、とても壮大な形式の作品です。三十分後、私たちは演奏を聴くために何部屋もある大きな部屋の一つへ入りました。そこには英国で最も素晴らしいハープシコード奏者[15]の一人がいて、彼はソプラノ歌手の伴奏をしました。彼女はとても大きな身体をした大きな声の女性で、ジョン・ダウランド[16]やシェイクスピア時代の有名な作曲家たちによる作品を何曲も歌いました。彼女の声は、どちらかというと私たちの食器洗浄機の調子がおかしいときにでる音に似ていて、そのあまりの声の大きさに、私たちにはハープシコードがほとんど聞きとれないほどでした。でもそれを除けば、とても素晴らしいものでした。その後、その男の人によるハープシコードだけの演奏があり、それは見事でした。演奏するのはとても難しそうに見えました。

それから、いろいろな国をまわってその地の音楽を学んでいる女性が、リュートと呼ばれる楽器を演奏してくれました。それは大きなメロンのような形の、十四本の弦が張られた弦楽器の一種です。そして彼女は、アウター・ヘブリディーズ〔スコットランド西岸に連なる島々〕からの曲も歌いました。彼女はメキシコでもらったというドラムをたたき、メキシコの〈雷〉と〈雨〉の神様へ捧げる曲も歌ってくれました。彼女は大きなくずかごのように見えるドラムを使って、高い音や低い音をとても上手に表現していました。それは、雷と一緒に大きな雨つぶが落ちてくる嵐のように聞こえました。その後、私たちは夕食を食べました。鶏肉と鮭のムース（鮭がつぶされてトロトロになったもの）、ロシアンサラダ、それに苺とアイスクリームでした。それからママと私は家に帰りました。

＊＊＊

パパは君が一生けん命勉強をして、一生けん命遊んで、ほわんとねむって、そして他の人たちのじょうだんで一生けん命笑ってくれているといいなと思います——自分のじょうだんで笑うのはうぬぼれに見えてしまうからしないほうがいいですよ。[17] そでのかげでしのび笑いしてみてもいいかもしれませんが、パパはこれまでただの一度も、そうしている人を見たことはありません。お話の中の悪役たちか主人公たちがそうやって笑って、そのすぐ後か前かに、だれかが「ははあ！」（ははは、ではありませんよ）とイヤな感じで言うのですが、「お前はつまんないよ！」という意味です。

11…原註：フェントン・ハウス〔訳註：ロンドン北部のハムステッドにある十七世紀に建てられた貿易商の邸宅。一九五二年からナショナル・トラストの施設として一般に公開されている。〕

12…十五〜十八世紀ごろに作られたハープシコードに似た鍵盤楽器。長方形で足がなく、弦は鍵盤と平行に左から右へ張られている（ピアノは演奏者から奥へと弦が張られている）。

13…小型のハープシコードで、十八世紀ごろ人気があった。

14…一六四〇年ごろイタリアで始まったクラシック音楽における楽曲の種類。バロック音楽を代表する楽曲形式の一つで、主に宗教的な題材を扱った長編声楽曲である。

15…原註：ラルフ・カークパトリック（一九一一〜一九八四）。アメリカの音楽家・音楽学者。ハープシコード奏者としても名高い。

16…イギリスの作曲家でリュート奏者（一五六三〜一六二六）。

17…ジュリアン（十、十一歳頃）に宛てたものではないかと思われる。

＊＊＊

パパは君がこの学期を楽しんでいるといいなと思います。[18] パパはいつも夏の学期はとてもステキだと思っていました。パパたちはたくさん泳いだり、本校へ行くようになってからは、学校の外のいなかにおさんぽに行ったりできたからです。でも、プレップスクールではちがいました。君の学校のように、パパの通っていた学校も町の中にあったからです。そのころ、パパは歩くのが好きではありませんでした。なぜかというと、先生といっしょに歩いていて、もし私たちがおそくなったりしようものなら、おしおきとしてたくさん難かしい計算をさせられたからです。[19]

＊＊＊

メンフクロウがひっこしていきました。[20] ママは喜んでいますが、パパは悲しいです。とはいっても、フクロウは自分の納屋に人間がいてほしくはなかったでしょうし、〈フクロウのイラスト〉庭いじりをしようとママが入っていくと、決まってののしりながら急降下こうげきしてくるのも、ママにとってはやっかいだったでしょうから。これはママにたくさんしかられているシャドウの絵です。〈犬がお腹を見せながら床に転がっているイラスト〉

私たちみんなからの愛をこめて。パパより。

＊＊＊

私のこれまでのホームシックの思い出は、私が今まで知っている中でも一番嫌な感覚です——それがいったい何なのかも分からずに、ものすごく悪いことが今にも起こりそうなぞっとする感じで、それを言い表す言葉もありません。[21] 同じぐらい嫌なのが、夜中の二時の感覚、と私が思っているものです。これは夜中の二時にも

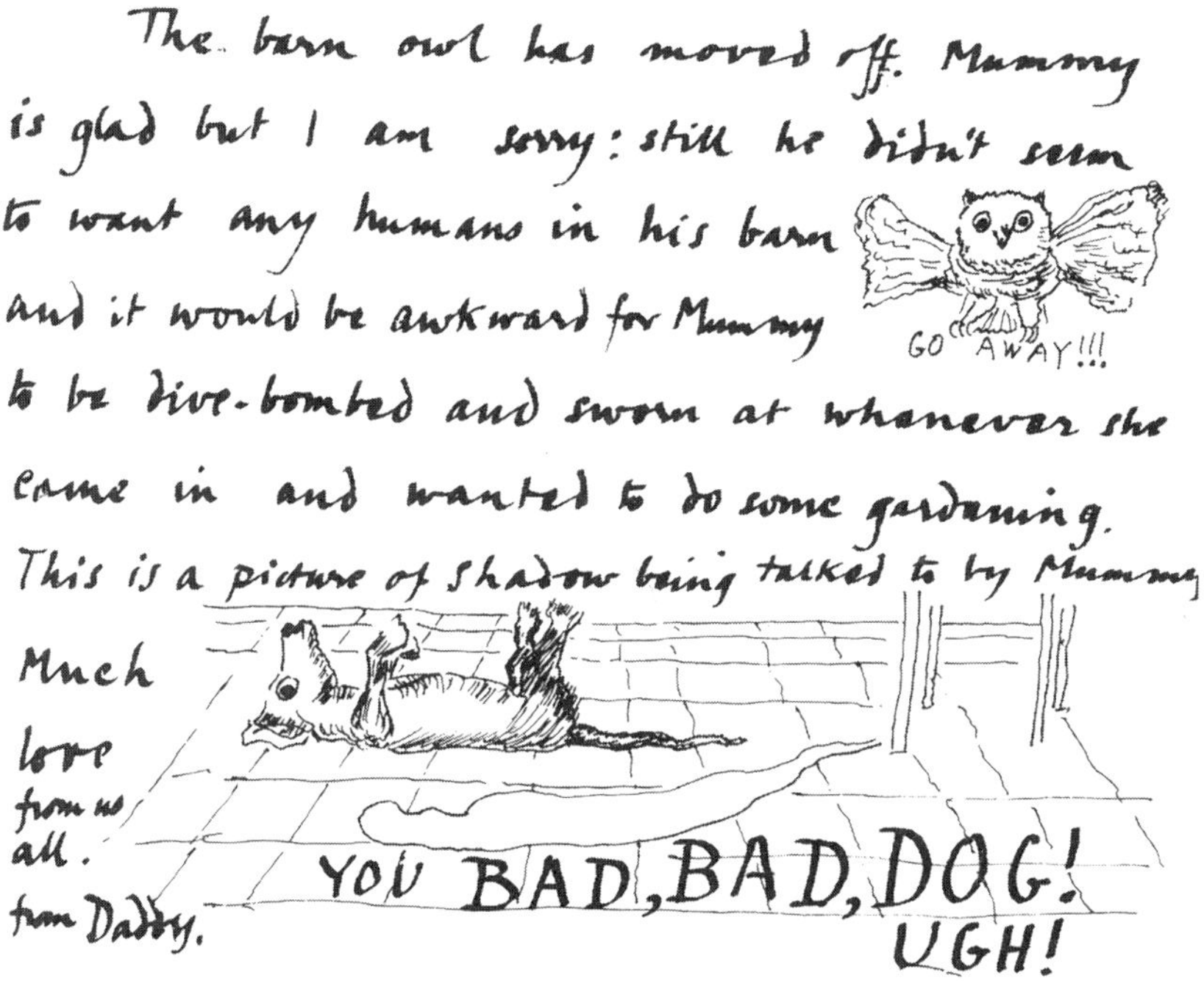
The barn owl has moved off. Mummy is glad but I am sorry: still he didn't seem to want any humans in his barn and it would be awkward for Mummy to be dive-bombed and sworn at whenever she came in and wanted to do some gardening.

GO AWAY!!!

This is a picture of Shadow being talked to by Mummy

YOU BAD, BAD, DOG!
UGH!

Much love from us all.
from Daddy.

〈フクロウのイラスト「あっちいけ！！！」〉

〈犬がお腹を見せながら床に転がっているイラスト「お前は悪い子、悪い子ね！　全く！」〉

のすごく心配なことがあまりにすごい勢いで頭に湧いてくるので、体中を流れる血が冷たくなるぐらいぞっとすることです。選り抜きを集めて書けるかもしれませんが、そのようなときにやって来る身の毛がよだつような恐怖を思い出し始めるにも、天才と同じくらいの能力が必要です。でも私は、自分のそういう感情や考えを我慢する力から、精神的に成長することがいつかできるようになるのだと信じています。

18…ジュリアン（十、十一歳頃）に宛てたものではないかと思われる。

19…『ウィルフレッド・R・ビオン　長い週末――1897-1919』の英国編二を参照。

20…ジュリアン（十、十一歳頃）に宛てたものではないかと思われる。

21…パーセノープ（十七、八歳頃）に宛てたものではないかと思われる。

今日も気持ちよく晴れた日で、私たちは朝公園へ行きました。とても大きな人だかりを見つけ、あの鷲[22]がいるのではないかと思い、行動を共にしました。その鷲は木の上から私たちみんなを見わたして、私たち人間が動物園の檻の中にいた方がもっと良いのにと考えていたに違いありません。地面には縄でつながれたその鷲のつがいと、死んだウサギ、それに奇妙な網の仕掛けが置かれていました。その鷲はしばらくその無言劇をみた後、すっかり興味をなくして飛び去りました。飼育員たちが私たちに、仕掛けを取り除くから網から離れるよう説得している間、私たちはみんな集まり、よってたかって仕掛けの網を踏みつけながら、間の抜けた様子で口をぽかんと開けていました。私は、少なくとも半分くらいの人たちは鷲が捕まらないことを願っていたと思うので、飼育員たちが悔しがってもそれにひどく煩わされた人は誰もいなかったと思います。ともかく、もしその鷲が二千人の人間の見守る中、死んだウサギと、鷲のようにするどい目をし、立派なカギ爪を持つきれいな自分の妻のはっきりしない歓迎のためだけに、わざわざその小さな罠のところに降りていく熱意に欠けていたとしても、その鷲を責めることはできないでしょう。それより前に、その鷲は米国大使館の芝生の上で、モスクワアヒル[23]をていねいに殺して食べていました。そのアヒルは国籍を考えるとほぼ間違いなく共産党員だったと思うので、それは米国を象徴する鳥の、非常に正々堂々とした象徴的な行動でした。個人的には、私はあの鷲の妻も一緒に逃がしてやるべきだと思います。そうしたらあの二羽は、ゴツゴツした岩のような高層住宅の建物の上に巣を作って、落ち着いて自分たちの家族を持ったでしょう。彼らは一生鳩を食べて生きられたでしょう。なんといっても、〈鷲〉と〈鳩〉はとても「釣り合う」はずですから。[24] もし君に私が意味するところが分かれば。もちろん鳩に対して悪気があったわけではありませんが、もうちょっと少ない数の鳩と、もうちょっとたくさんの鷲がいる方がずっといいと思うのです。

＊＊＊

実によくないのは、大雑把に仕事をして、無知を安易に隠すことでしかない表面的な聞きかじりをすることです。[25] それは簡単でも身に着けてはいけない習慣で、それをしていると必要もないのに虚勢を張り続けることになります。間違っても、時間と労力を費やす価値のあるきちんとした仕事が、簡単に感じられることがあるとは考えないでください。残念なことに、自分自身や他の人をあざむくのは簡単ですが、そうしても何の価値もありません。

＊＊＊

私は、君が「みすぼらしい」人たちと一緒にいると気持ちが落ちつくと話す時のその意味が分かります。[26] 残念なことに、みすぼらしい心の持ち主たちは確かにいますし、その人たちは特徴的な服を着たりして、そのことを律義に公表したりはしません。でも私は、君がそういうごまかしが存在するという事実を忘れさえしなければ、君にはごまかしを見抜けるだろうと思っています。それはあたかも文学における曖昧表現のようです。偽りのない人たちが曖昧なのは、それ以上明確に表現できないということだけが理由です。それに対して自分たちのことを、理解し難いからには頭がいいに違いないと思わせたい人たちもいるのです。

22…原註：この鷲はリージェンツ・パークにある動物園から逃げたもの。

23…バリケンのこと。

24…鷲と鳩はキリスト教において重要な意味を持つ鳥である。鷲は神力と慈悲を表し、鳩は聖霊と慈愛を表す。一九四三年に『鷲と鳩 The Eagle and the Dove』という、アビラのテレサ（大テレジアとも呼ばれる）とリジューのテレーズ（小テレジアとも呼ばれる）という二人の聖人に関する本が出版されたので、ビオンがそれを読んでいた可能性はある。

25…パーセノープ（十七、八歳頃）に宛てたものではないかと思われる。

26…パーセノープ（十七、八歳頃）に宛てたものではないかと思われる。

＊＊＊

私は、次の水曜日に英国精神分析協会で発表予定の自分の論文[27]を準備しているところです[28]。私は自分では何を言いたいのか、かなり良く分かってはいるのですが、きちんとタイプされて写しの控えをとったものを送って、その上に当日自分の話したい形のものを書く時間がさらに必要です。私はもし避けられるなら、自分の書いたものを読んだり、話した内容を出版したりすることはしません。その二つは全くの別物なので、私はそれぞれを別の方法で扱うことがとても大切なことだと考えています。話しているときには繰り返しを避けられませんが、それは文字による伝達としては正しくありません。

英国人は昔からあまり感情を表に出しません。エリザベス朝の人びとは、心配ごとをたくさん抱えていても、確かにもっと陽気でした。でも彼らは帝国を持っていませんでしたし、この国は帝国を持つことを喜んで受け入れていたことは全くないと私は思います。しかし一度もそれを持ったことがないのと、持っていたのに失ってしまったのとでは感情的に違います。英国が落ち着いたら、英国人はそこそこ陽気に、自分たちの問題だけに心を砕くかもしれません――どちらにしても、もちろんその問題は少し心にかける必要がありますが[29]。

私は自分の本[30]のために書きたいことをほぼ書き終わらせました。でも最終章はとても重要で、だからこそ書きづらいのです。そしてその後、文章の校正と削除が続きます。私はそれが少し面倒だと思います。私はやってみる前には気づきませんでしたが、本というものはただ書けばよいのではないのです――同時に作っていかなければなりません。

＊＊＊

ママと私はサヴォイ・ホテルで行なわれた記念祝典[31]の食事会から――というよりそれに必要とされた努力から

——なかなか回復できずにいます。[32] ママはその手はずを整える女性委員会委員長として、とても素晴らしい仕事をしました——適切な順位による席決めはそれだけでも頭の痛い仕事で、しかもそれは全体のほんの一部にすぎませんでした。私たちは、すべてが決められた通りになっているか、食事会の夜を間違えていないか、もしくはそれと同じくらい恐ろしいことが起きていないかを確認するためだけに、そこに三十分ほど前に行かなければなりませんでした。宴会場は花で飾られてとてもきれいでした——長く伸びた主賓席と、たくさんの十人掛けの円卓が置かれていました。そして私たちは二階へ行き、招待客のために用意された応接の間に入りました。午後八時、招待客は到着しはじめました。きらびやかな赤い上着を纏った司会者は、招待客が来ると彼らの名前を大きな声で読みあげていました。私たちはそれから三十分、握手をして過ごしました——三百人とです。私の笑顔はけっこう早い段階で弱々しいものになっていきました。それからママと私が先頭に立って、私たちは食事をするのにぞろぞろと下へ降りていきました。私が司会者に食事の前のお祈りはありませんと告げると、彼は少しぎょっとしていました。それは彼が、お祈りを給仕し始める合図として当てにしていたからなのか、宗教的に良心の呵責があったからなのか、私には分かりませんが。私たちはカメのスープと、マスのムニエル、牛のテンダーロインステーキ、

27…原註：『二つの論文：グリッドと中間休止《セズーラ》 Two Papers: The Grid and the Caesura』（イマーゴ出版、リオデジャネイロ、一九七七）［ビオン全集第十巻］の中で出版された「グリッド The Grid」のこと。

28…パーセノープ（十七、八歳頃）に宛てたものではないかと思われる。

29…一九六〇年にハロルド・マクミラン首相が、植民地の独立運動を阻止しないと表明したことを受け、一九六〇年代には元英国植民地が次々と独立した。

30…原註：『変形 Transformations』（ヘインマン・メディカル、ロンドン、一九六五）［全集第五巻］

31…英国精神分析協会の五十周年記念。一九六二年から一九六五年まで、ビオンは会長だった。

32…パーセノープ（十七、八歳頃）に宛てたものではないかと思われる。

それとメレンゲでアイスクリームを包んでオーブンで焼いたものに、さくらんぼが添えられ、キルシュをふりかけて火をつけたデザートをいただきました。もちろん、アイスクリームはメレンゲで包まれて断熱されていたため内側は固く凍っていて、その外の部分は熱かったです。とても良い食事会でしたが、私にとって唯一残念だったのは、私が〈名士〉でなければならなかったことです。それから司会者は雷のような大声で言いました。「紳士、淑女の皆さま、われらが会長のために静かに祈りを捧げて下さい[33]」と。（そういえば私はある種、精神分析業界のローマ教皇のようなものでした！）そして私は「女王陛下に」と乾杯の音頭をとりました。二分後には、私はまた立ち上がって挨拶をしました。私たちはそれからシルヴィア・ペイン博士[34]によるこの五十年間の協会の歴史についての話を聞き、そのあとジェームズ・ストレイチー氏[35]による別の祝辞が続きました。それから国際精神分析協会の代表者による祝辞があり、世界各国から私たちに届いたお祝いの電報へと続きました。午後十一時十分ごろ、私たちは解散して車に乗りこみ、ママと私は午前二時頃にやっとうちに着いて、ベッドに入りました。それでぐったりです。


33…原文の pray silence は「ご静粛に」という意味。

34…イギリスの精神分析の草分け（一八八〇〜一九七六）。「大論争」の時期以降、中間学派として活動。第二次世界大戦後にも会長を務めた。

35…イギリスの精神分析者（一八八七〜一九六七）。標準版フロイト全集の訳者。

一九六四年

冬の間に休んでいる植物が、雑草だとか死んでしまったとか、間違えないように注意を。[36] 樹液がまためぐり始め、冬みんから目が覚めたらあっという間にとても元気になるから。いつか君はラテン語の授業でウェルギリウスの『農耕詩』第四巻を読むかもしれないけれど、その中でウェルギリウスは、百合やバーベナを育てて、いつもだれよりも早く一番いい野菜や果物を収かくした老男の話をしています。

＊＊＊

ニコラは、金曜日は学校に行きませんでした。[37] 気持ちが悪かった〔sick〕そうですが、一日中元気にしていたので、パパは彼女がひどいスクールシックだったのではないかと思います——ホームシックならぬ、学校に行きたくてしかたがない病。笑！　笑！　そして彼女はシックダイ[38]にいやに熱心でした。

＊＊＊

昨晩ママと私は『アラビアのロレンス』[39]を見に行ってきました。[40] 七時十五分から十時五十分までで十分間の

36…ジュリアン（十一、二歳頃）に宛てたものではないかと思われる。

37…ジュリアン（十一、二歳頃）に宛てたものではないかと思われる。

38…原文「hoam werk」。ニコラによる「homework」の間違ったスペルをビオンが真似したものか。

39…一九六二年に公開されたデヴィッド・リード監督のイギリス映画。

40…パーセノープ（十八、九歳頃）に宛てたものではないかと思われる。

休憩が一度あっただけだったので、かなりの大作です。砂漠の映像はあらゆる意味で素晴らしかったです。色は鮮やかで見事な出来栄えです。物語もそうだったと思います、もし俳優たちが演技をしている写真で解釈できるのであれば。しかしその芝居の出来が登場人物次第のときは、素晴らしいといえず、米国でも英国でも、表面より掘り下げた映画を製作した人はまだいません。登場人物の中でも最も偉大なアレンビー将軍にしてもファイサル王子、ロレンス、アウダにしても、プラクシテレスとは対照的なロダンの技術[41]が必要です。それでも私もママも、その砂漠のただただ素晴らしい景色ゆえに映画を楽しみましたし、人間たちもそれを台無しにはしませんでした。ただ、私が言っているのは公平ではありません――演技は実際よかったです。でも、ひどく「素人臭い」英雄役を演じているかのようにつねに演じている内気な男を演じるのは、俳優にとって大変です。それは複雑すぎるのです。そしてもちろんアレンビーは本当に偉大な人間でしたが、大した人間でなかったように描かれていました――将校用食堂の給仕が、クラブのクリスマスのお芝居で大将の役をやっているかのようでした。そうは言っても、観る価値は十分にありました。

＊＊＊

私たちは『ドクター・フー』[42]を見ています。[43]もちろん全くくだらない番組ですが、登場人物の誰もが思いやりに欠けているから余計にひどいです。いろいろなロボットが登場しましたが、機械は少なくとも金属的ですが、生身の人間たちは木偶の坊です。

先日ジュリアンが言っていました。「もし先生たちが、授業内容を生徒の頭に叩き込むべきだと思わなければ、学校はどれだけ幸せな場所になるだろう」と。私は彼が鋭い観察眼を持っていると思いましたが、不幸なことに、先生たち自身はそう見ていません。とてもたくさんの人が学びたくて学校に行きますが、学校嫌いに終わっています。しかしもちろん、生徒たちに叩き込むように、先生たちに叩き込む人が常にいるのです。

本の中には「読む」のではないものがあると気づくのは、どれだけ難しいことでしょう——それらの本は、読むという情動的な経験をしなければいけません。簡単にすいすいと読むのと較べて、これは、試験に通らないといけないと思っているときには特に、あまりにまどろっこしく見えます。ですから時間やその他それに必要な条件を自分に与えるのは、とても困難です——特に時間は。

＊＊＊

ほとんどの国家は、著名な死者を少なくとも崇拝するふりをしますが[44]

「死んだ奴らの中でも De tous ces défunts cockolores,
道徳的なフェヌロン[45] Le moral Fenelon,
ミケランジェロ、ジョンソン（博士[46]）は Michel Ange, et Johnson (Le Docteur),
みんなとんでもなくダルい！ Sont les plus awful bores![47]」

41…プラクシテレスは古代ギリシア（紀元前三九五〜紀元前三三〇）の彫刻家で、写実的ではありながらも表面のなめらかな、美しく理想的な神々の彫刻を作った。それに対して近代彫刻の父として知られるロダン（一八四〇〜一九一七）は、実際の人間をモデルにし、彫刻の表面をなめらかにせず、あえて触感性を与えることで、その人を生き生きと表現した。

42…一九六三年から一九八九年まで、そしてまた二〇〇五年より放映されているイギリスのSFテレビドラマシリーズ。

43…パーセノープ（十八、九歳頃）に宛てたものではないかと思われる。

44…パーセノープ（十八、九歳頃）に宛てたものではないかと思われる。

45…フランスの神学者、作家フランソワ・フェヌロン（一六五一〜一七一五）。

46…『英語辞典』の編集で知られるイギリスの文学者サミュエル・ジョンソン（一七〇九〜一七八四）。

47…一八八九年にイギリスの風刺雑誌『パンチ』に掲載されたジョージ・デュ・モーリア（一八三四〜一八九六）によるイラストのキャプション。この引用には「Chaque époque a ses grands noms sonores（いつの時代にも顕著な人間がいるものだ）」という一行目が抜けている。

でも私は、フランス人は、そしてイタリア人はもっと、生きることができる、または生きてみる価値があると考えられるようだという意見に同意します。ドイツ人についてフランス人は、「彼らは死に方は知っているが、生き方は知らない」と言います。

＊＊＊

私たちが金曜日に見たピランデルロ[48]の芝居は、『作者を探す六人の登場人物』です[49]。これは素晴らしい芝居ですが、私にとってとても興味深かったのは、ピランデルロがその作者のジレンマを引き出している明快さです。つまり、表現を見つけようとする着想《アイデア》の戦いと、続いてそれを一方では理解不能かあまりに受容不可能になるほど非審美的に表現することなく、もう一方では「芸術的」にしたり、受容可能だけれどもあらゆる誠実性や高潔性が欠けるほど歪めたりすることなく、それを真実にするという問題です。結末はあまりに感傷的な通俗劇のようだと私はいつも思っていましたが、それでさえ、うまくできていました。良い芝居は常に心に届くと言えますが、良い芝居であればあるほど、そこに行き着く前に途方に暮れることも多いのは、争う余地がないでしょう。

＊＊＊

私たちにとって大事なことは、そして、私にとってずっと大事だったことはただ一つ[50]。それは君自身と、君が最良の人生を送るために支えてくれる人たちの両方について、きちんと自分の中で認識すべきだということです。そのためには、君は自分で試して身をもって学ばなければいけないと私はいつも思っています。人生にはとても辛いときもありますし、成長を阻害することもあります。ただ、私は不必要にそうあって欲しくないだけです。現在の幸せはかつての骨折りのおかげですし、将来の幸せは現在の骨折りがあるからこそかもしれません。骨折り自体には価値はありませんが、それをもし避けられないのなら、それに平静に立ち向かうことができれば、いざというときにはそれはかけがえのない経験になり、どれほどの能力や運をもってしても、それを補うことはできません。

想像力はとても価値のあるものです。それなしでは進むべき道は見えません。しかし、それが現実生活の代用品になってはいけません。生計を立てるためのただ辛い仕事や、単に生活の必需品のための競争という苦労によって、人はあまりに無力になり、自分の才能を見いだすことができないこともあります。また、楽をしすぎて才能が発揮されないこともあります。君が自分で決めた選択ならどんなものでも、私は絶対に心を乱したりしません。一つを除いては――それは、自分で素晴らしい人生に行きつくための道を見つける代わりに、それを想像することに逃げ込むという選択です。ミルトンは自分の人生についてこう言いました。「こうやってあえて暗黒の世界へ下降を試み、また容易ならざる難事ながら再び上をめがけて上昇を試みたことは、これ偏に天の詩神の教導の賜物であった」[51]――それ自体確かに辛い経験でしたが、自分の偉大さを認識していたこととそれによる重圧は、彼にさらなる苦渋を強いました。しかし、これは「普通」についても言えることです。もし自分の普通さを知っているというとんでもなく普通ではない知識を、「普通」と呼べるのであれば。人は常に「普通」の太陽や空気や雨や雲や食べ物や幸せを求めます。もしも想像力が、君がそれを見つける助けになるのであれば、それはいいことです。でも、もし何らかの「普通ではない」生活への信仰が、君とそれとの妨げになるのであれば、想像力は災いとなります。信じてください。私が言ったりしたりした何かのせいで君が「成功」らしきもの

48…ルイジ・ピランデルロ（一八六七～一九三六）はイタリアの劇作家、小説家、詩人。

49…パーセノープ（十八、九歳頃）に宛てたものではないかと思われる。

50…パーセノープ（十八、九歳頃）に宛てたものではないかと思われる。

51…ジョン・ミルトン『失楽園』より。平井正穂訳『失楽園（上）』（岩波文庫、一九九〇）

を見出し、それが君とそれらの基本的で素晴らしいことの間に立ちはだかるものだと私が感じたなら、私は言葉にできないほど嫌でしょう。君が『失楽園』第三巻の冒頭を丁寧に読めば、ほとんどの人（分別があるはずの人でさえ）の思い込みに反して、ミルトンは自分の盲目のことばかりではなく、内なる光について話していることに気がつくでしょう。それが彼特有の表現法なのです。ミルトンは当時の言葉や信念を使って自分を表現していますが、彼が表現していることは偉大な人間のみが持っている知識であり、それは時代や状況における偶発事を超越するものです。君が大人になればなるほど、君の経験が彼の理解の深さを教えてくれます。分かっている人だけが、彼の言う愛とは何か（第四巻『「愛」』がその黄金の矢を放つのも——[52]）を語ることができます。私は君が自分自身と自分の人生を自分で見つけるべきだということ以外、何も望んではいません。

＊＊＊

鬱や失敗は、とても幸せで成功している人にとってすら日常の一部です——とても幸せで成功している人は特に、と言うべきでしょうか[53]。君が喜びや成功を手にするなら、これは支払わなくてはならない代償です。しかし、鬱や失敗を避けようとすることへの代償は、その十倍ひどいものです。言っておきますが、幸せや成功は素晴らしいことです——それそのものは。失敗や鬱を恐れるがゆえに無理に「幸せ」や「成功者」でなければならないとなると、全く違います。成功が何かを隠していると感じられるのでそれを喜べず、失敗や鬱はあまりに恐ろしいものとなるので、それが普通の人たちは人生いつ起こっても動じないことだと信じられなくなるからです。私は君に自分で判断し、自分で決断して欲しいと思っています。しかし、私は君にそれをどう正しい理由をもってすることができるか、学んで欲しいのです。こう書くのは容易ですが、実際に行なうのは誰にとっても容易でないことを、私は承知しています。

＊＊＊

この間仕事に行くのにグリーン・パークを横切っていたら、小道をクロウタドリがピョンピョンはねながらあいさつに来てくれました。[54] パパの足元まで来ましたよ。お腹が空いていて、パパがパンくずでも持っていないかと期待してこわがらなかったのでしょうが、パパはかわいそうな鳥にあげるものは何も持っていませんでした。雪がすっかりとけたのは、鳥たちのためにもよかったです。あたたかくなってきたので、鳥たちはじんち取りにケンカをし始めています。つまり、自分の巣の近くにたくさん食べ物を見つけられるように、庭の一部をひとりじめにしようとするのです。きれいなキツツキが今日しばふの上にいました。新しい羽毛をまとって、明るい赤いぼうしをかぶって、とてもりっぱに見えました。

＊＊＊

たった今、カーテンをしめていたら金星と三日月が見えました。[55] 金星はとても明るい星——本当はわく星です——で、日がしずむとすぐにはっきりと見えます。今夜は月の暗い部分も見えます。月の光によって明るく灯された夜に私たちが見えるのと同じように、地球からの光によって月が照らされているからにちがいありません。月光でなく地球光なんて、おもしろいですね。

52…前掲
53…パーセノープ（十八、九歳頃）に宛てたものではないかと思われる。
54…ジュリアン（十一、二歳頃）に宛てたものではないかと思われる。
55…ジュリアン（十一、二歳頃）に宛てたものではないかと思われる。

鳥「こっちへおいで、にくたらしいごはんめ！」

蟻「ぼくをおこらせたな！」

＊＊＊

今朝、きれいな緑と赤のキツツキがしばふの上にいました。[56] 彼はミミズ（だと思います）とずっといっしょにいました――どちらにしても、彼は何か大きなものと戦っていました。もちろん、ふだんキツツキは木をつついて皮の下にいる虫を見つけます。そして蟻をわずらわせることはありません〔上記イラストを参照〕。

＊＊＊

今朝、パパはデザイン・センターに行きました。[57] そこにはとってもたくさんのイスがありました。そのうちの一つはとっても大きくて、パパのひじぐらいまである丸いふんわりしたボールのようでした。パパはそれに座ってみましたが、それはしずんで、とても気持ちのいいひじかけイスになりました。まるで、ヨークシャー・プディング[58]に食べられて飲み込まれたようでした！

＊＊＊

リネットとディンプルは大きなゴミの山を見つけたようで、二匹ともでっぷりとしたようです。[59] 一匹がママへのおくり物に大きな骨を持ってきて、じゅうたんの上に置いていきました。ママはそれをほしくなかったみたいです。もしママがそれをうちのお昼ご飯に料理したら、きまりが悪かったでしょう。

ママはいつもの通り、うちのことでとてもいそがしくしています。それにじゅうたんや部屋や物を置く場所の大きさを計ったり、新しい家のことも全部やって。どうやったらママがそれを全部出来るのか、パパにはわかりません。それに、ママは今、パパの新しい本のまちがいを直しています。[60]

56…ジュリアン（十一、二歳頃）に宛てたものではないかと思われる。

57…ジュリアン（十一、二歳頃）に宛てたものではないかと思われる。

58…ローストビーフと一緒に食べる、小麦粉と卵と牛乳をあわせてオーブンで焼いたもの。

59…ジュリアン（十一、二歳頃）に宛てたものではないかと思われる。

60…原註：『変形 Transformations』〔ビオン全集第五巻〕、また、本書二六七頁の註30を参照のこと。

一九六五年

甲冑や絵を見にハートフォードハウス[61]（ウォレス・コレクションのことです。いつか君がいくつかの短剣を描いた）を訪れた後、私たちは公園の中を歩いて帰りました。[62] 昨日は別の犬がカラスを追いまわしていました。今回、そのミヤマガラスはガーガーとやかましい鳴き声を上げて、犬の存在がとにかく気に食わない様子でした。どちらのカラスも全く人に慣れたようには見えず、えさをもらいたいとさえ思っていないようなのは残念です。彼らは黒く光沢のある晴れ着をまとい、とても立派な身なりをしています。パパは彼らが夕暮れどきに、自分たちの木の高いところに群がって座って、薄れていく日の光の中、カーカー鳴きながらお互いにお休みを言いあうのが大好きです。パパは「ミヤマガラスの群がる森での夕べの祈り」という題で詩を書きたいです。

61……ハートフォード公爵家の収蔵品が一八九七年に家ごと国に寄贈され、ロンドンのマンチェスター・スクエアで公開されている。
62……ジュリアン（十二、三歳頃）に宛てたものではないかと思われる。

Regents Park
1
Well! I do believe he's chasing me!
2
Bit slow aren't you? Try flying— I'm sure you'd love it.
Did you miss me? You look like that ridiculous man who owns you. And what a temper you are in — you do look hot.
3
4
Better: Still very slow though. And I think you should mind where you are going.

リージェンツ・パーク

①カラス「おやまあ！　あの犬絶対にぼくを追いかけてる！」
②カラス「ちょっと君のろいよね？　飛んでごらん——きっと気にいるよ」
③カラス「ぼくが恋しかったかい？　君は君のおかしな飼い主にそっくり。それになんて気性だ——全く熱いね～」
④カラス「よしよし。まだまだのろいけどね。前方をちょっとは気にしたほうがいいと思うよ」

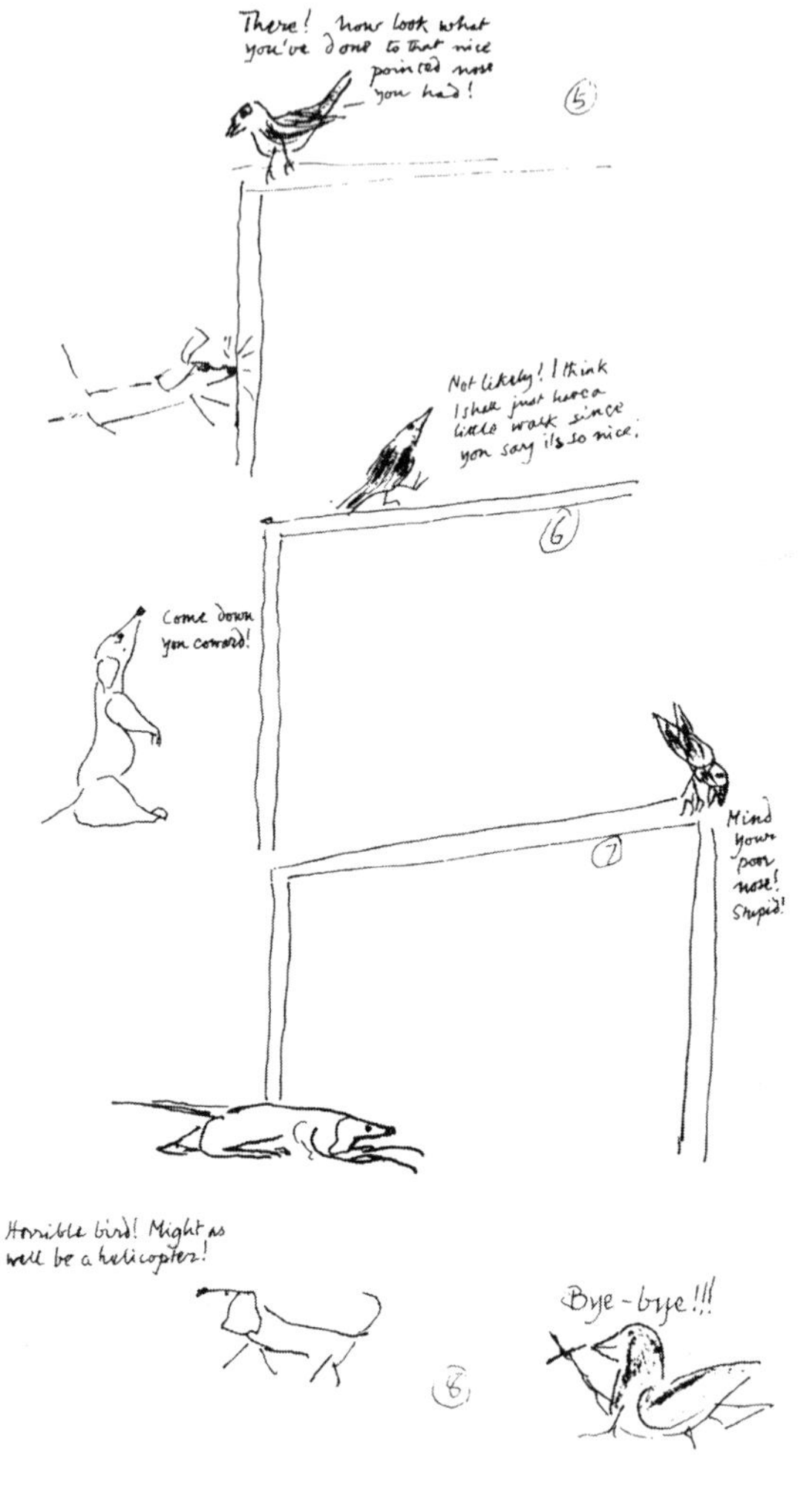

⑤カラス「そら！　君のステキにとんがった鼻がどうなったか見てごらんよ！」

⑥犬「降りてこい、このおくびょうもの！」

カラス「やだね！　君があんまりいやなふうに言うから、ぼくはちょっと散歩に行くよ」

⑦カラス「自分のかわいそうな鼻を心配してな、ばか！」

⑧犬「とんでもない鳥め！　ヘリコプターにでもなっちゃえ」

カラス「バイバイ！！！」

...The white cockatoo was
still there— the one that
danced to you (a bit
like this but not very as
I can't draw him very
well. He seemed lonely
and glad to see mummy.
So he came up to the edge of
the cage, turned
his head right
round and looked at
heaven, and asked
mummy to scratch
the back of his neck.
(Not in words but you
knew what he meant)
When Mummy did it
he looked as if he was in heaven!

……その白いオウムはまだそこにいました——君におどってみせたオウムです（ちょっとこんな感じですが、パパはオウムを上手にかけないので、あまり似ていません）。[63]〈オウムが踊っているイラスト〉そのオウムはさみしそうで、ママに会えてうれしそうでした。そしてそのオウムはカゴのこちらのはしまできて、頭をくるりと回して天国の方を見上げました。そしてママに自分の首の後ろをかいてくれるようお願いしました（言葉ではありませんが、オウムがどういうつもりだったか分かるでしょう）。ママがかいてあげると、そのオウムは本当に天国にいるかのように幸せそうでした！〈カゴの中で右向きになっているオウムのイラスト〉

63… ニコラ（九、十歳頃）に宛てたものではないかと思われる。

一九六六年

ごらんの通り、パパはカンガルーや小ジカがかけませんが、かきたかったのです。[64]というのも、赤尻ウサギアグーチ（一匹だけは絶対に黒いお尻をしていました）のかこいのわきの小道を通って公園へ歩いていると、カンガルーがひざまづいており、〈カンガルーと小鹿のイラスト〉小ジカ（パパの絵ではアクマのように見えますが）が見下ろすように立って、カンガルーの顔や耳をとても愛情をこめてやさしくなめていました。その二匹はとてもかわいかったので、パパは君もここにいてそれを見ることができればよかったのにと思いました。パパはこれまでこのような

As you can see I can't draw Kangaroos or fawns but I wanted to because when I was going in to the Park by the path that runs along the enclosure for the red-rumped Ajouti. (only one is certainly black rumped) I saw the Kangaroo kneeling down and the fawn (which looks like the Devil in my sketch) was standing over it and licking its face and

ears in a most loving and tender way. They looked very pretty and I wished you could have seen them. I have never seen such a thing before though I have heard of a big mastiff bitch bringing up some tiger-cubs as her babies till they become too rough. "Oh mummy I love you <u>so</u> much I could eat .... oh heavens! Where's mummy gone?" you can imagine them saying "No THANK you (UGH!) I'm off!" says mummy bitch.

光景を見たことがありません。でも大きなマスチフ犬のメスがトラの子たちを、大きくなって乱暴になるまで自分の子として育てたという話は聞いたことがあります。「ママ、ぼくはママのことが食べちゃいたいくらいだーい好き……あれ！ ママどこに行っちゃったの？」と子どもたちが言っているのが想像できるでしょう。「いい**え結構（全く！）**。私は行くからね！」とママ犬は言うのです。

　私がここ応接間に座って書いていると、[65]庭の格子垣がこんな風に見えます。

〈鳥のイラスト〉

As I am sitting here in the lounge
writing I can see the garden trellis with

the sparrows sitting on it and they
look just like notes on a musical stave.
But I don't think I have got the curley-cue
right. It would be rather fun to "play" the
sparrows on the trellis on the piano. Perhaps
they would form themselves into a musical
composition as one flew off and another
came.

Last night Mummy and I went to a
big dinner at the Connaught Rooms.' Mummy
had been working very hard arranging where

64…ニコラ（十、十一歳頃）に宛てたものではないかと思われる。
65…ジュリアン（十三、四歳頃）に宛てたものではないかと思われる。

スズメがその上に座っており、彼らは五線譜の上の音符のようです。でも私は渦巻のト音記号をきちんと書けていないと思います。ピアノで格子垣のスズメを「弾けたら」楽しいでしょうね。スズメたちは、一羽が飛び立つと他のスズメが来て、作曲しているのかもしれません。

昨晩、ママと私はザ・コノート・ルームズでの大食事会に行きました。[66] ママはみんながどこに座るべきか席順を考えて大忙しでした。

食事会には三八〇人もの人が来るので、場所を決めるのは、大変な仕事です。お互いに嫌っている人たちが同じテーブルにならないように、太った人と痩せた人が同じテーブルになるように（でないと太った人が二人だと十分な場所がなく、痩せた人が二人だと場所がありすぎるからです）。そして欲張りな人の隣には食べ物を受け付けない人（うぇ！）を座らせることで、欲張りな人が余分に食べられ、何も無駄にならないようにしなければいけません。そこにはトーストマスター〔司会者〕がいました。彼は豪華な緋色の制服に身を包み、ずば抜けて大きな声をしていました。君は彼の仕事は「**気をつけて！**　トーストが**燃えてる！**」と叫ぶことだと思ったかもしれませんが、それは違います。彼は扉のところに立って、人が入ってくると「**ドクターアンドミセスビオン!!!**」と叫ぶのです。ママと私は先に入ったので、彼はそれを私たちにはできませんでした。どちらにしても二〇人ほどで彼は諦めたので、あと三六〇人の名前を叫びたくなかったに違いありません。

ママはフランク・フランシス卿の隣に座りました。彼は大英博物館の司書で、それは世界で一番大きい図書館です。[67]

66…原註：ジェームズ・ストレイチー訳のフロイトの著作を集めた『標準版フロイト全集』の完成出版を祝う「ザ・コノート・ルームズでの食事会」。
67…一九七三年に図書館部門が別にされ、大英図書館ができるまで、それは大英博物館の一部だった。

everyone had to sit. As there were 380 people to dinner it was Quite a job to arrange it so that the one's who hated each other did not come together and the fat ones and the thin ones came together. (Otherwise two fat ones would not have enough room and two thin ones would be leaving a space). Then the greedy ones needed to be next to the ones who could not stand the food (ugh!) so that they could have extra and nothing would be wasted. There was a Toast Master. He wore a gorgeous scarlet uniform and had an enormous VOICE. You might think his job would be to bawl out "LOOK OUT! the toast'S BURNING!" but it isn't. He just stands at the door when you come in and goes "Dr AND MRS BION!!!". Mummy and I got in first so he couldn't do it to us. Anyhow he gave up after about 20 people so I think he can't have fancied having to shout 360 more names.

Mummy sat between Sir Frank Francis who is Librarian to the British Museum which is the greatest

反対側はフレデリック・ホーア卿でした。彼はロンドン市長[68]です——ディック・ウィッティントン[69]みたいですが、彼は猫を連れてきていませんでしたし、彼の食べ物を赤いバンダナに包んで肩に担いだ棒の先に結んでもいませんでした。それが私がいつも思うロンドン市長の姿ですけどね。私はホーア准男爵夫人〔H夫人〕とストレイチー夫人〔S夫人〕の間に座りました。

ストレイチー夫人は何も食べませんでしたが、とてつもなく頭が良く、食事に関しては一つか二つぐらいのいい話題しか持っていませんでした。彼女はとても感じのいい人でしたが、自分なりのいい話題を考えてこなければいけなかったので、少し悲しそうに見えました。ホーア准男爵夫人は、絵から分かるように、とても頭が良

library in the World and Sir Frederick Hoare
who was LORD MAYOR of LONDON — like Dick Whittington
but he hadn't got a cat with him and he didn't
bring his dinner tied up in a red bandana handkerchief
carried at the end of his stick which he rested on
his shoulder. That is how I always see LORDS Mayor of
London. I sat between Lady Hoare and Mrs
Strachey. Mrs Strachey didn't eat anything but

she is extremely intelligent and only has one
or two good ideas for dinner. She is very nice and
only looks a bit sad because she had to bring
her own good ideas. Lady Hoare as you can
see is very intelligent AND brilliant. After
dinner we all talked and wandered around
and Mummy and I left to get home by

〈イラスト左から：キラキラと輝くダイヤモンド、H准男爵夫人、パパ、S夫人〉

くて、輝やかしく雄弁です。食事の後にはみんなで歩き回って話をし、ママと私は真夜中には家路に着きました。

ママは後ろに大きなたなびくようなもののついた、きらきらした青いドレスを着て、肘まである白い長手袋をはめ、金と白のレースでできた靴を履いていました。ママはとても洒落て見えました。私は夜会服を着ました。私はストレ

68…Lord Mayor of London。ロンドンの中心地にあるシティの市長。一九六三年に大ロンドンが設置されてから名誉職的なものになった。

69…一四世紀のロンドン市長リチャード・ウィッティントンにまつわる民話。彼の飼い猫をネズミ取りとして外国に高値で売って一財産を築いたと言われている。

midnight. Mummy wore a shiny blue dress with a large trailing thing at the back and long white elbow length gloves and gold and white lace shoes. She looked very smart indeed. I wore a dinner jacket. I also had to give a book to Mr Strachey and Miss Frend which I did without dropping them, tripping up over the microphone, falling flat on my face, bursting into tears, or shouting with laughter because all their faces look so funny like plaice on a fish-mongers slab. All of which I am . . .

afraid I shall do before I actually come to the dinner or whatever it is at which I am supposed to speak.

イチー氏とフロイト[70]さんに本を贈呈しなければいけなかったのですが、それを落としたり、マイクにつまずいたり、顔からばったり倒れたり、泣き出したり、それにみんなの顔が魚屋の石板の上に並んでいるカレイのようにとてもおかしく見えたので、〈〔前頁〕並んだカレイのイラスト〉大笑いすることなく行ないました。恥ずかしながら、それはすべて私が、実際に私が話をしなければいけない食事会や何かに行く前にやることなのです。

＊＊＊

乱文は、話す代わりにもぐもぐいうのと同じぐらい悪いものです[71]。というのも、自分がめんどうで書けないものを人に読んでもらうことを期待しているように見えるからです。もしくは、自分がめんどうで言えないことを聞いてもらいたいように。

公園にはまだ、カモの赤ちゃんやガンやオオバンがいました。パパはオオバンをかこうと思いました。

もちろんパパもはっきりは分かりませんが、オオバンには長い名前があると思うのです。というのも、かれらの姓――クート〔オオバンの英語名〕――はあまりにも短いので、「クート」のような短い名前だとてもがっかりしてしまうと思います。言ってみれば、だれかが自分に話しかけたと思う前にすでに名前は終わっています。

昨晩ママとパパはペリーに会いに行きました。というか、ペリーは

オオバン

Coots.
Don't forget your breast-stroke!

「平泳ぎを忘れないで！」

Oh help!

「ああ、助けて！」

Where's Karenhappuch gone?

「ケレン・ハプク[72]はどこに行った？」

Mind you don't get stuck too Tiglath-pileser dear.

「あなたもはまらないように気をつけて、ティグラト・ピレセル[73]」

そう思いました。そして私たちと、同じようにペリーに会いに来た他の五十人ほどの人を見て喜んでいました。ペリーは食たくの下で客をむかえ、そして食たくを回って一人一人にあいさつをしていました。お腹なでて、お腹なでて、と言い、品良くあお向けになっていました。

ペリーのふっているしっぽが上手にかけてなくて申し訳ないのですが、動きがとても速いのです。ペリーはママが一番最初にお腹なでて、というのがどういう意味か分かってくれたので、にこにこしています。

追伸：どうして君のパパがぼくのお腹なでてを君に送り損ねたのかわかりません。覚えてますか？——ぼくはみんながとっても**かわいい**と思う愛らしい小犬です——ぼくはかわいかったですし、今もまだかわいいです。サンドラー家にぼくの世話をさせています。サーカス・ロードで。君はぼくを散歩に連れて行ってくれると約束しましたね。ぼくはジャック・ラッセル・テリアです。**あの**ジャック・ラッセル・テリアです。君の校長先生が君のお腹をなでてくれていますように。ぼくがやるようにただあお向けになり、足を宙にうかせてください。そうすれば校長先生は君を学校で一番にしてくれますよ。

70…イギリスの精神分析者アナ・フロイト（一八九五〜一八九二）。
71…ニコラ（十、十一歳頃）に宛てたものではないかと思われる。
72…原註：聖書に出てくるヨブの三人目で一番下の娘。〔訳註：これほど美しい人はいないと言われた。〕
73…原註：アッシリア帝国の国王（在位紀元前七四四〜紀元前七二七）。

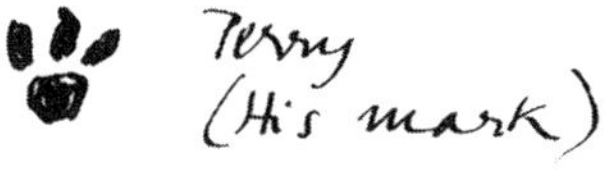

ペリー（彼の足跡）

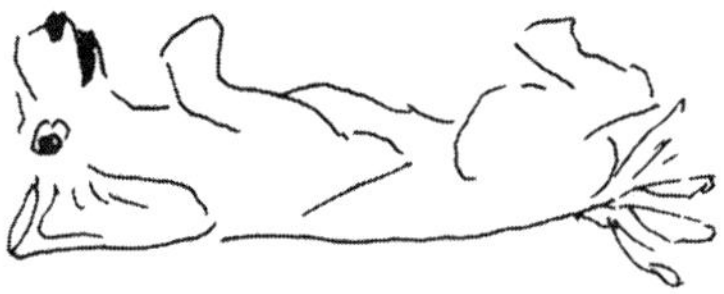

ネズミの乗車賃返金される[74]

本紙特派員より

ウェイクフィールド　九月十八日

四週齢のペットの白ねずみのジョージのために支払われた、ヨークシャーのウェイクフィールドからウーリー村まで六マイルのバス乗車賃七ペンスが、昨日返金された。ジョージの飼い主であるジュディス・シャープちゃん（十歳）は、バス会社の重役から正式な謝罪を受け取った。

ウエスト・ライディング車両会社の検査官は、リーズ近郊のモーリー町ザ・クレッセントにあるその女の子の家を訪ね、ジョージに会いたいと言った。

ジュディスちゃんはこう言った。「彼は、ジョージが乗車賃を払わなくてはいけなくて、本当にごめんなさいと言って、私に七ペンス返してくれました」

彼女は一か月前に、両親エドワード・シャープ夫妻とカナダから英国へ帰国したばかりだった。

Mouse's fare refunded

FROM OUR CORRESPONDENT

WAKEFIELD, SEPT. 18

A 7d. fare charged for George, a four-week-old pet white mouse, for the six-mile bus journey from Wakefield to the village of Woolley, Yorkshire, was refunded yesterday. The owner of the mouse, Judith Sharp, aged 10, received a formal apology from a bus company official.

An inspector of the West Riding Automobile Company drove to the girl's home in The Crescent, Morley, near Leeds, and asked to see George.

The girl said: "He told me he was very sorry about George having to pay his fare, and gave me back the 7d."

She returned to England from Canada with her parents, Mr. and Mrs. Edward Sharp only a month ago.

CONDUCTOR INSISTED

After being given the mouse by a cousin, the girl took it on a bus. George measures 3½in. from his nose to the tip of his tail, but the conductor insisted that livestock must be paid for. He told the girl's grandfather, Mr. Donald Barker, who was with her, that unless the fare was paid they would have to get off. So Mr. Barker gave him the 7d.—only 1d. less than the girl's fare.

Mr. Peter Daykin, transport manager of West Riding Automobile Company, said their regulations included a fare scale for livestock carried in baskets, such as pigeons or cats, but did not cover the transport of a mouse.

車掌は主張した

いとこからそのねずみをもらったジュディスちゃんは、ねずみを連れてバスに乗った。ジョージは、頭の先から尻尾の先までで三・五インチ〔約九センチ〕の大きさであるが、車掌は獣畜の乗車賃は支払わなければいけないと言い張った。車掌はジュディスちゃんと一緒にいた彼女の祖父ドナルド・バーカーさんに、乗車賃を払わないなら彼らはバスを降りなくてはいけないと伝えた。そのためバーカーさんは車掌に七ペンス支払った。それは女の子の乗車賃よりも一ペンス少ないだけである。

ウエスト・ライディング車両会社の輸送機関部長ピーター・デイキン氏は、会社の規則には、鳩や猫といった籠に入った獣畜への乗車賃を含むが、ねずみの輸送に関しては含まないと述べた。

74…新聞の切り抜きだが、どの新聞かは不明。

①いくらですって？

②お願いです、７ペンスなんて持っていないんです！

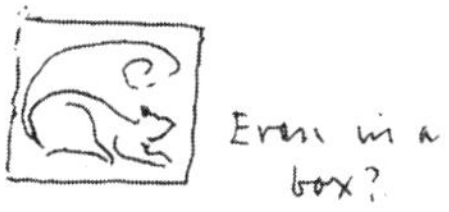

③箱に入っていても？

④１ペニー〔ペンス〕

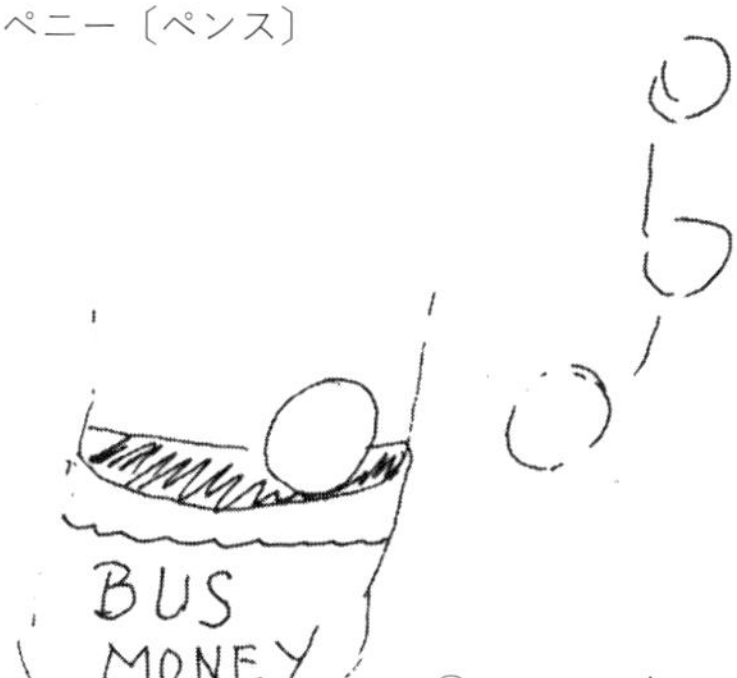

⑤バスのお金

⑥えーんえーん

一九六七年

ずっと長い間君に手紙を書かなくて、そして君のとても素敵な長い手紙に返事を書かなくてごめんなさい。[75]もちろんスペルのまちがいを数えていたわけではありませんよ。でもエリザベス一世やシェイクスピアといった有名な人たちのスペルはひどかったのです。とはいっても、ほとんどの人が全く文字を書けなかった時代にはそれは仕方がなかったかもしれません。エリザベス一世の文字はとても美しかったです。スペルが上手でないことの利点は、自分が感じるままに書けることです。例えば、「わたし彼がのうないのまぬけでと思い」。これは「私は彼がのうなしのまぬけだと思う」よりもずっといいと思いませんか?

＊＊＊

パパは君にパパの親指の指紋の絵を送ります。[76] これをすると親指がとてもきたなくなります。実際、あちこちがとてもきたなくなります。パパはお風呂に入っているのが一番好きです——ぬれているものです。〔次頁の「親指の指紋の絵」を参照〕

＊＊＊

75… ニコラ（十一、二歳頃）に宛てたものではないかと思われる。
76… ニコラ（十一、二歳頃）に宛てたものではないかと思われる。

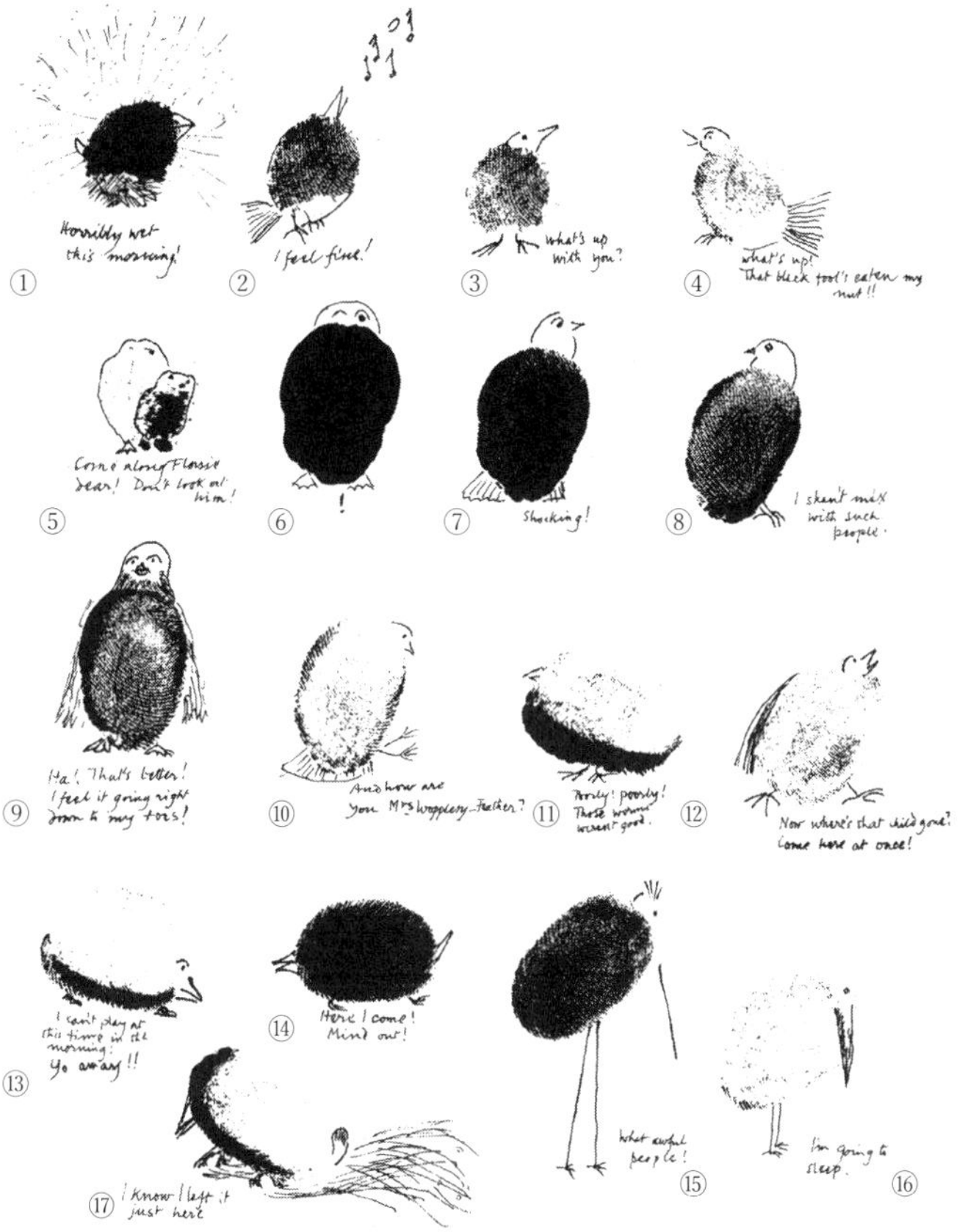

「親指の指紋の絵」
①今朝はひどくぬれてるよ！
②いい気分！
③どうしたの？
④どうしたって？　あの黒いばか者がぼくの木の実を食べたんだ！！
⑤こっちおいで、フロッシー！　彼を見るんじゃないよ！
⑥！
⑦けしからん！
⑧私はそんな人たちと付き合わないね。
⑨ほう！これはいい！つま先まですっきりするようだ！
⑩ぴょんぴょこはねさん、いかがですか？
⑪悪いですわ！　まことに！　ここのミミズは良くなかったですわ。
⑫さて、あの子はどこ行った？　すぐにここにおいで！
⑬朝のこの時間には遊べない！　あっちいけ！！
⑭通るぞ！　どいて！
⑮なんてひどい人たち！
⑯寝よう
⑰この辺においといたんだがな。

君のロッカーが「ゆるしたかい」[77]と聞いて残念です[78]。まるで君はタカをかくし持っていたかのように聞こえるけれど、きっと君のロッカーは監督生のタカの目を逃れたのでしょう。どちらにしても、ゆるゆるしているタカが見るような悪夢の絵を送ります。

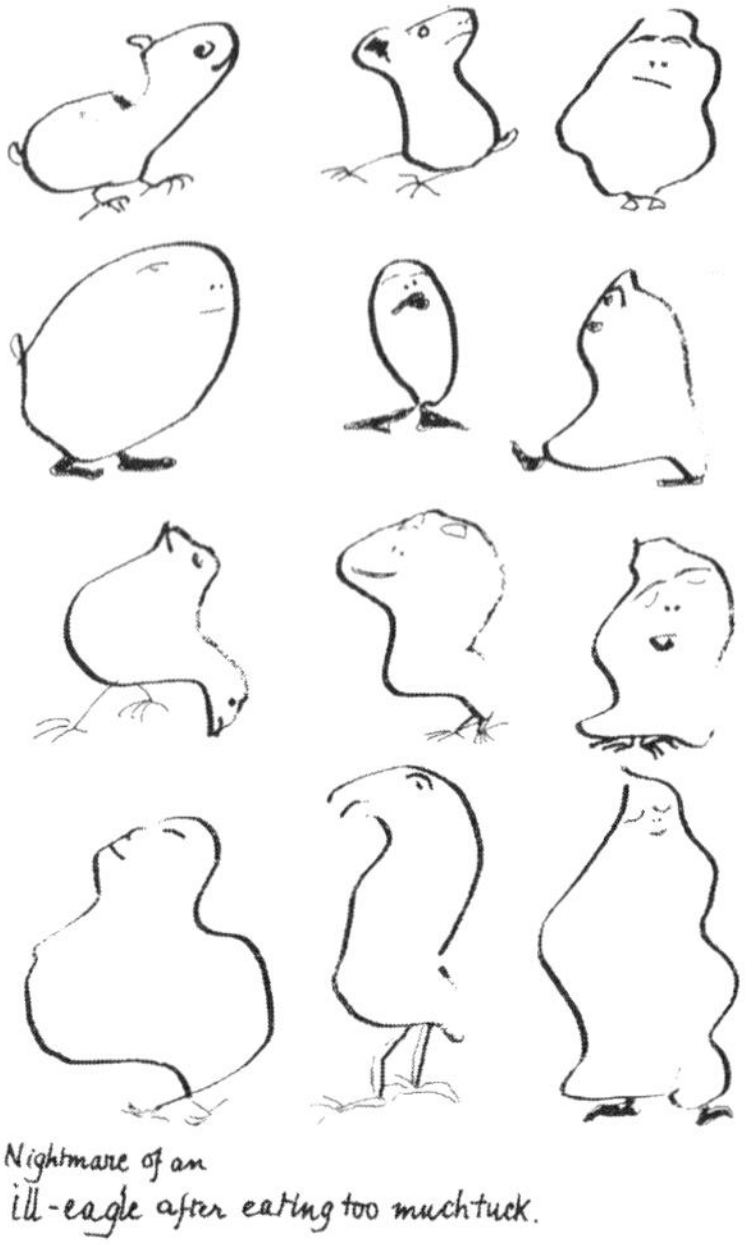
Nightmare of an
ill-eagle after eating too much tuck.
おやつを食べ過ぎてゆるゆるしたタカの悪夢

＊＊＊

キキ[80]はとても元気にしており、もごもごピーピーと鳴いた

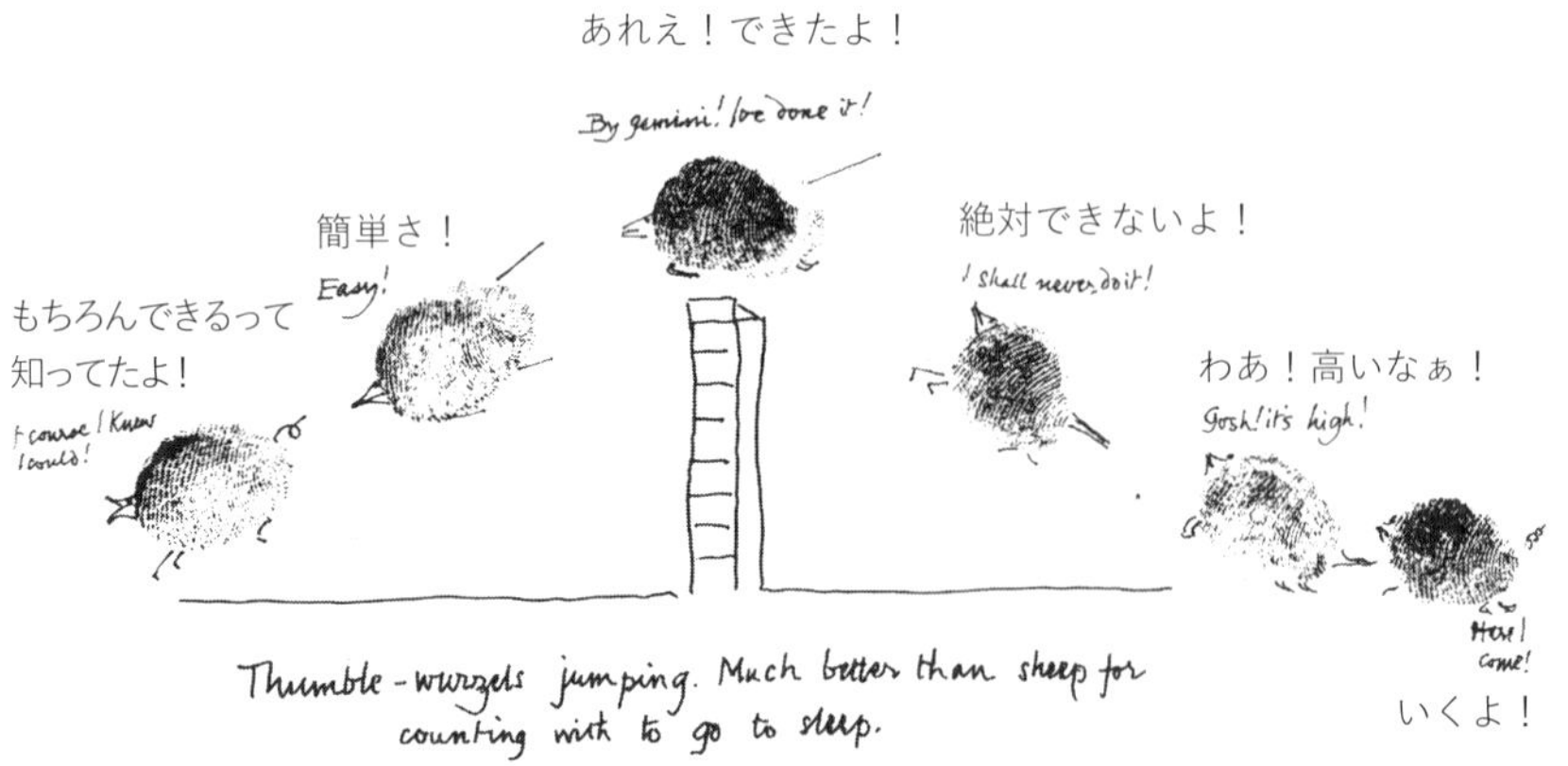
もちろんできるって
知ってたよ！

f course I knew I could!

簡単さ！

Easy!

あれえ！できたよ！

By gemini! I've done it!

絶対できないよ！

I shall never do it!

わあ！高いなぁ！

Gosh! it's high!

Here I come!

いくよ！

Thumble-wurzels jumping. Much better than sheep for counting with to go to sleep.

オヤユビート[79]のジャンプ。寝付くのに羊を数えるよりもずっといいですよ。

り、スズメに向かってキーキーさけんだりいろいろとやっています。[81] スズメにさけぶのは本当に失礼です。キキはバルコニーにいて、パパはキキがスイカズラのところにいたアオガラと話をしていたのだと思います。そのアオガラが飛び立ちました。キキはふんぞり返って座っていましたが、もしキキが鳴いていた音のように歯に衣着せない言い方をしていたのなら、アオガラが飛び立ったのも不思議ではありません。

＊＊＊

私は火曜日の会議の前に、そしてまだまだですが間もなくやって来る米国への旅行の前にやらなければいけないことがたくさんあります。[82] 米国への旅行では書き上げられた論文が必要で——当然のことながら、そして特に、彼らが支払いたい（支払いたいが正しい表現でしょうか？ 私はそうは思いません）金額に見合うように。でも私はそれが嫌いで、書き上げてもその通りに読むとは想像できません。もちろん、それよりも悪いことには、書くのはひどく時間がかかるのです。私にとって幸運なことには、ママが私の言ったことを速記で書き取ってくれ、ママはそれをタイプできるだろうと思っていることです。どうやったらママがそんな時間を見つけられのか、私

77…子供のスペルの間違えをビオンがユーモアたっぷりで返している。原文は「illeagle（illegal のスペルミス）」なので「eagle（ワシ）」がいるように見える。日本語では「許し難い」を「ゆるしたかい」としてタカを入れた。また、「ill-eagle（病気のワシ）」から、ビオンは具合の悪いワシ（ここではタカ）の悪夢の絵を描いている。

78…ニコラ（十一、二歳頃）に宛てたものではないかと思われる。

79…原文「Thumble-wurzler」は「mangel-wurzel（飼料用ビート）」のもじったもの。「thumb」は親指。

80…原註：セキセイインコ。

81…ニコラ（十一、二歳頃）に宛てたものではないかと思われる。

82…ジュリアン（十四、五歳頃）かパーセノープ（二一、二歳頃）に宛てたものだと思われる。

にはわかりませんし、聞きません。ママはすでに二つのフルタイムの仕事を抱えていることを考えると、とんでもなくたくさんのことをしなければいけません。

私には全然時間がないように感じます。でも患者たちと過ごす一日十時間の時間をいつも数え忘れてしまうので、当然のことながら私は何にも仕事をしていないと感じてしまうのです。

＊＊＊

落ち込む正当な理由がある時に落ち込まず、理由がない時に落ち込むというのは絶望的です。[83] どちらにしても、進む方向を見極めようとしていて、自分の人生が不安定なときには、実に難しいものです。そのような事は人生の中では何度もありますが、人はその不快さを過小評価しがちで、それが落ち着くと忘れてしまいがちです。結婚のことを考え、相手を探し、お付き合いをするのもその一つです――もしかしたら最も大きなことかもしれません。それは楽しいはず（と私たちは期待します）で、その通りです。でも純粋な喜びではありません。自分が求めるような相手を見つけて、それが自分の求める相手だと確信することは、自分の心の中を徹底的に省みないと、なかなかできません。私が言いたいことを表現するのに、言葉はなんと役立たずなことでしょう。

83…パーセノープ（二一、二歳頃）に宛てたものだと思われる。

一九六八年[84]

私たちは新しい家に落ち着きました。向かい風によりパンナム航空は北極周りではなくモンレイヤール[85]経由にすることに決定したため、長旅でした。モンレイヤールの人たちは石油（ガス）を給油するのにとても時間をかけましたが、これはおそらく気温が華氏〇度（氷点下三十二度）だったからでしょう。私はソーンプルーフ[86]のスーツを着ていて恐ろしく暑かったので、後部の扉まで歩いて行きました。すべての扉は開いていましたが、誰も外に出ることは許されていませんでした。どこにいるか気がついたときには、氷点下三十二度の意味がわかりました。私はもう二度と身体が温かくなることはないだろうと思いました！　夕暮れが二時間ほど続きました——空が血のように赤くなりました。そしてロサンゼルスは息を呑むように美しい、宝石でできた花の咲き乱れる庭のように見えました。

金曜日には雨が降り、土曜日には土砂降りになりました——本格的にです。英国での「雨」のような戯言のようなものではなく、私が小さいときにインドで経験したような、本物の雨です。今日は私たちが目を覚ますと、白い霜に覆われ（カリフォルニアでは霜が降りることは絶対にないのです）青い空に燦々と陽が照っていました。金曜日に私はプールに浸かったと言えるかもしれませんが、水はとんでもなく冷たかったです！　痛いくらい！　私はプールの長さを往復泳いだだけで水の中にずっといられませんでした。それに親切にもハチドリが顔を見せ

84…子供達の成長に従い、書体や内容から誰に宛てたものか推測するのが難しくなるので、これ以降は誰宛かは割愛する。

85…原文は「Mong -ray-ahl」となっているが、モントリオールを耳にしたままの音で書いているのではないかと思われる。

86…ソーンプルーフ（防棘）という名前の通り、ハイキング中に植物に引っかかっても破れない強さと耐久性が特徴的なツイードの生地。

ました。今日はママも私もそのハチドリを見ました。自宅の庭を本物のハチドリがフラフラと飛び回っているのは奇妙に思えます。それにとてもおとなしい美しいハトが、座ったり歩いたり。人が二ヤード〔約一・八メートル〕以内の距離にいてもです。そのハトは、白パンは好きではなく、コーンフレークしか食べませんでした。

これが一月だとは信じ難いです。庭にベゴニアが咲いています。まだ緑色ですが、大きな苺が生っていますし、ツツジが咲き誇り、ツバキがちょうど咲き始めた頃です。でも本当に素晴らしいのは、一日中続く青空と太陽です。

＊＊＊

ママと私は居間の外の庭で、初めての朝食を食べたところです。私はこれを同じ場所で書いています。君のよだれを垂らしたくはありませんが、朝食はとても美味しかったです。私は朝食の前に長い時間泳ぎました。プールは空のように鮮やかな青色で、朝食の間の気温は、日陰で七十五度〔摂氏約二十四度〕でした。涼しいそよ風も吹いていました。たった今アオカケスが降りてきて、おばあちゃんを怒ったところです。というのも、アオカケスはおばあちゃんが彼の苺を盗ろうとしていると思ったのです。彼は確かに全く正しかったのですが。アオカケスはオレンジの木のところに来て座り、ママを叱り、ママが彼のオレンジを盗む前に追いやりました。

私が仕事を楽しんでいるように、君も自分の仕事を楽しんでいることを願っています。自分の仕事を好きだと全然違います。私は学校が好きでしたが、今の仕事ほどは好きではありませんでした。

＊＊＊

私は君が、アマゾンを見下している（これは随分失礼に聞こえますね！）私から手紙をもらいたいだろうと思いました。河口から千マイル〔約千六百キロ〕のところです。私が子供のときにはデリーに住んでおり、ガンジス川を見ました（空からではありません。というのも、当時まだ最初の飛行機も飛んでいなかったからです！）そしてそれは海からは九百マイル〔約千四百五十キロ〕の場所で二マイル〔約三キロ〕の幅がありました。

米国人は国際的にも私的にも深刻な問題を抱えています——ベトナム[87]と北朝鮮[88]を始めとして。でも私は君が、学校の課程にはなく、他の人から教えてもらえないことで、自分で学ばなければいけないことがとんでもなくたくさんあるということに気がついていると思います。君は幸運です。というよりも、私たちは幸運です。それというのも、君が人について学び、どう人と対応するかについて学ぶことができるように見えるからです。これは君が人生における仕事で何をするかに関わらず、基本的なことです。もし私がこの調子で続ければ、君は私が説教をしていると思うでしょう！

すべての愛を込めて。分かっていると思いますが、私たちは君たちのことをずっと考えています。

＊＊＊

先日私は、交差点で車の往来を見ていました。交差点にはひどい深いくぼみがあることがよくあり、高速で通り過ぎると、車は人をノックアウトしそうになります——脳を打ち砕くのです。もし脳がお尻にしまってあるの

87…ベトナム戦争（一九五五年から一九七五年）。一九六八年一月三十日から行われたテト攻勢で、北ベトナム人民軍と南ベトナム解放民族戦線は南ベトナムを攻撃し、アメリカ合衆国大使館も一時占拠された。この状況は世界的に特にテレビによって報道され、アメリカの世論に大きな影響を与え、反戦運動を盛り上げることになった。

88…一九六八年一月二十一日に、朝鮮人民軍のゲリラ部隊が、北進を図る大韓民国の朴正煕大統領の暗殺を計画するが、未遂に終わる。朴正煕大統領は北側に報復攻撃をするつもりでアメリカに助けを求めた。二日後には、北朝鮮の海域を侵犯したとして米軍のプエブロ号が捕らえられた。アメリカは捕虜の解放を求めたが、北側は拒否。朝鮮戦争の休戦協定を破る訳にもいかず、ベトナム戦争中で軍事的にもこれ以上広げたくないアメリカは、北朝鮮の用意したスパイ活動を認める謝罪文書に調印することとなった。

であれば。私の冗談が分かりましたか。さて、車が後から後からこの交差点を通り、どの車も車台を道に打ち付けそうになりました。これはほとんどの車のサスペンションが柔らかいせいです。そして突然一台の車が現れ、まるで私に目配せするかのように、かすかに車輪をきらっと輝かせただけでその上を滑るように走って行きました——車種を当てても賞品はありませんよ！ 私が自分の診療室の外で見る美しい車が二台あります——両方とも新車です。もちろん米国人による所有[89]です。私がそれを所有しようと思ったらとても長い時間がかかると思います。でも、人生にはロールスロイスがなくても埋め合わせになるものがあります。

＊＊＊

全く頼むから荒くれ者にならないでください！ それにパンチを受けすぎて脳障害を起こさないように。でなければ高校修了試験[90]に永遠にさよならですよ。私たちが買う前にウェルズ・ライズの家を持っていたボクサーは、昨日だか明日だか言うこともままなりませんでした。そうは言っても、彼は誰かが彼の顔や頭蓋骨や脳みそをバッター液のプディング[91]みたいにボコボコにする前からあまり頭が良くなかったのかもしれませんが。どちらにしても——頼むから

こんな風か

またはこんな風

になって帰ってこないように！

でなければ税関で君の持ち物を検査するのにとんでもない時間がかかり、到着する前に帰る時間になってしまいますから。それに、襟を正し、ネクタイを締め、髪は短くしておくように。この国では麻薬の密輸はすべて男子学生か女子学生によってなされているので、彼らはそれを探すでしょうから。もし君が

か

か

のように見えたら、彼らは君のことをもっと怪しみます。

89…アメリカでは市民権を持たない移民によって保有されているホテルやレストランがあるため、「アメリカ市民が保有しているため利益は外国に流出せず、自国の発展に役立ちます」と言う意味で、このようなサインを出している施設がある。

90…一般教育履修証明試験上級課程 General Certificate of Education Advanced Level（通称「Aレベル」）のこと。この試験の結果により、行ける大学が決まる。

91…バッター液（小麦粉と卵と牛乳を混ぜて作る生地）だけで焼いたのがヨークシャー・プディング。これに砂糖とフルーツを入れて蒸した、または焼いた菓子もある。

＊＊＊

コングレソ・ナシオナル〔国会議事堂〕[92]は閉鎖されています。というのも、独裁者がその国を統治しており、彼は議会が好きではないからです。ラプラタ川〔リオ・デ・ラ・プラタ〕は、もともと昔の海賊たちが銀を求めてアルゼンチンにやってきたのでそう呼ばれています――ですからこの国はアルジェント〔銀〕（ティナ）〔Argentina〕と呼ばれるのです。同じように、ラプラタ川〔the River Plate〕は人々が「プレート〔メッキ〕」に使う金属を求めてくる川です――なので銀か「メッキに使う金属」という意味なのです。[93]前回の戦争では、小さな英国軍の船がそれよりももっと大きく速いドイツ軍の「ポケット」戦艦[94]を追いかけていました。そしてフォン・シュペー[95]は射程外にいることができて、砲撃を受けずに敵艦を次々と沈めることができるはずだったのですが、ヘアウッド准将は作戦を練り、一隻の駆逐艦が煙幕を張っている間に、他の駆逐艦が出たり入ったりして、フォン・シュペーに発砲し、その戦艦に撃たれる前に姿を消すようにしました。英巡洋船エセックスは早々に攻撃を食らってエンジン修理のために停止しなければいけませんでした。ですから二隻の駆逐艦のみで攻撃を続け、フォン・シュペーに大きな打撃を与えたので、フォン・シュペーはラプラタ川を上ってモンテビデオまで逃げました。ついに海に出てこなくてはいけなくなったときには、英駆逐艦がそれを待ち受けており、そこにはいなかった英戦艦に信号を送るふりをしました――その戦艦はおよそ九百マイル〔約千四百五十キロ〕離れたところにいたのです。ですからそのドイツ船がラプラタ川を下り英船の射程内に入る前に、船長は慌てて逃げて行きました。

＊＊＊

先週末にママと私はサンディエゴの精神分析者たちの総会に行ってきました。私たちは動物園に行く時間はありませんでした。私が言っているのは人間でなく動物がいるものです。その動物園は世界的に有名なので、行けなくて残念です。私は論文を人間の動物園で発表しました。それはあまり良いものではありませんでしたが、私は終わらせましたし、とにかく肩の荷がおりました。


92…原註：ブエノスアイレスにて。

93…ラプラタ川（Rio de la Plata）はスペイン語で「銀の川」という意味。英語ではプレート川〔the River Plate〕と言う。

94…第二次世界大戦のドイツ空軍が保有したドイッチュラント級装甲艦にイギリス軍がつけた渾名。

95…装甲艦アドミラル・グラーフ・シュペーのこと。ドイツが第二次世界大戦で運用した軍艦だが、第一次世界大戦で活躍したマクシミリアン・フォン・シュペー伯爵の名前をとって名づけられた。

一九六九年

私は陽射しの溢れる中、ママとプールの端に座っています。私は少しの間、年俸およそ一万ポンド[96]の気分を味わっています——言い換えれば、君が誕生日にくれた葉巻を吸って楽しんでいます。それは私を倫理的で華やかな気分にしてくれます。そして私は厳かに頭を振りながら君にこう言うのです。「あぁ我が子よ。何をしてもいいが、父親の真似をするのはやめなさい！　何よりも——**葉巻を吸うのはやめなさい！**」もちろんその前に用心のため、年間一万ポンドの収入を得るというのなら話は別ですが。

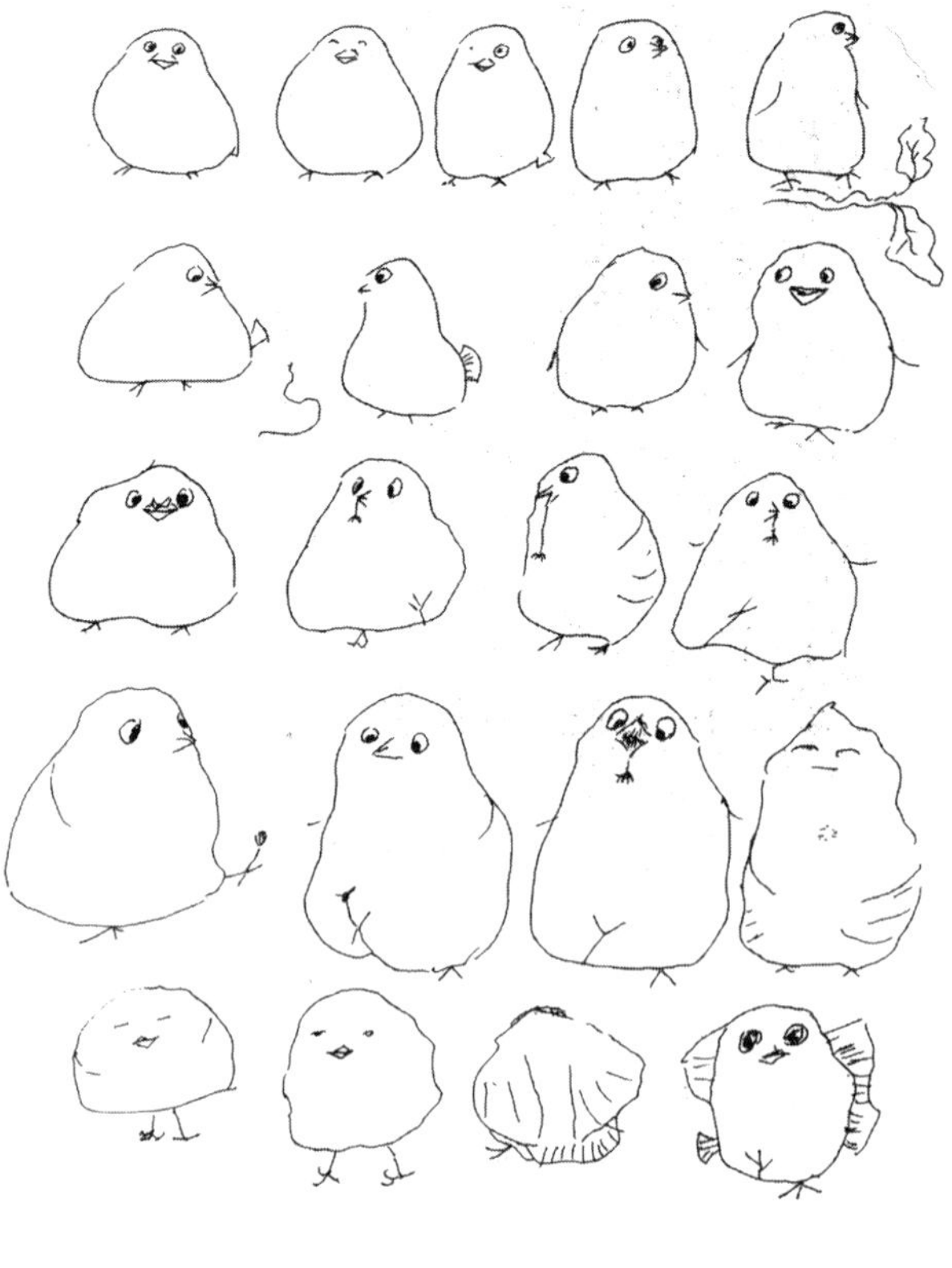

96…一九六九年の教師の年収は約千六百五十ポンド（平均年収も同じぐらいだったと思われる）、住宅の平均価格は四千六百四十ポンドだった。そのため、一万ポンドといえばかなりの高額であった。

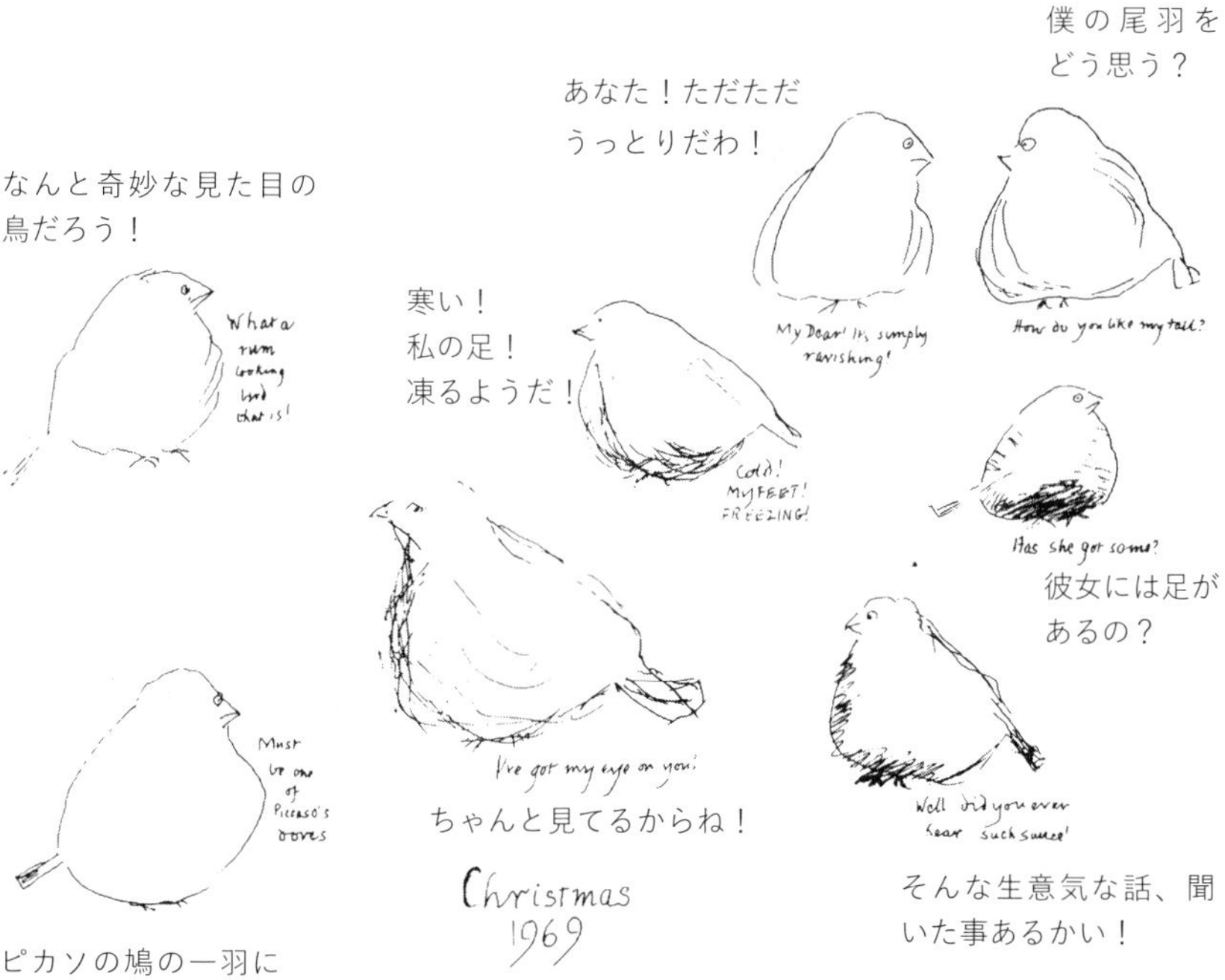
What a rum looking bird that is!
なんと奇妙な見た目の鳥だろう！
Cold! MY FEET! FREEZING!
寒い！私の足！凍るようだ！
My Dear! It's simply ravishing!
あなた！ただただうっとりだわ！
How do you like my tail?
僕の尾羽をどう思う？
Has she got some?
彼女には足があるの？
Must be one of Picasso's doves
ピカソの鳩の一羽にちがいない
I've got my eye on you!
ちゃんと見てるからね！
Well did you ever hear such sauce!
そんな生意気な話、聞いた事あるかい！
Christmas 1969

クリスマス
1969

一九七〇年

これはあまりに陳腐な表現になっているので、気がつくのがほとんど不可能に近いのですが、「困った状況でも精一杯のことをする」要領を会得することには、事実、非常に大きな利点があります。精一杯のことをしようとする状況がどんなに馬鹿馬鹿しく、ひどくても。人生というのは、ホフナン[97]のオーケストラのようです――ちょっとホースを持っていて、それをフレンチホルンみたいに吹ければ、それは有益です。でも私はその近視のドイツ人のように、もし楽譜にハエがとまったら、「それを弾くように」学ぶべきだとまでは言いませんがね。

97…ジェラルド・ホフナン（一九二五〜一九五九）。ドイツ人だが子供時代にナチスから逃れてイギリスで育った音楽諧謔家で風刺画家。

一九七一年

郵便が再び始まるまでは、手紙を書き始めて、少しずつ書き加えていく以外に、方法はなさそうです。もし始まるのであればですが。[98] 私たちは、鉄道のストライキ[99]の可能性——というよりは確実性——があるので心配しています。私が医学研修をしているときに〈ゼネスト〉があり、私は機関車を運転できるのではないかと期待していましたが、そこまでなる前にそれは終わってしまいました。私にとっても、とても不幸なことに私が運転する機関車に乗ることになったかもしれない乗客にとっても、それでよかったのでしょう。今回はそこまでひどいことにならないことを祈っています。それはストライキというよりは革命に近いので。[100]

＊＊＊

私たちはアポロ[101]の打ち上げをテレビで見たところです。（「打ち上げは全部似たり寄ったり」[102]）月は行くのに悪い場所ではないように思えることがありますが、きっとそう感じるのは、絶対に月旅行を提供してもらえないからでしょう。

私たちの神経学主任が言いました。「治癒というのは憂鬱な主題です——その唯一の問題は、私たちの患者が

98…原註：郵便局のストライキがイギリスであった。

99…原註：イギリスで。

100…原註：一九七二年には一月に炭鉱のストライキがあり、四月には鉄道のストライキ、そして八月には船渠のストライキがあった。

101…史上三度目の月面着陸をしたアポロ十四号のこと。

102…一九六五年から一九七〇年までアメリカで放映されたテレビドラマ『それゆけスマート』の中のセリフからの引用。

死なないことです。他の科の患者は、みな死にます」。それは正確には公平な論評ではありませんが、私には彼が言いたかったことは分かります。それが、精神分析は、本当に治癒と何らかの関係があるとは、私が認めない理由の一つです。そして今、逆もまた然りです——治癒は医学とは何も関係がありません。

ママと私が深い無垢の眠り[103]をとっていたところ、突然悪魔のような恐ろしい音がしました。「あの忌々しい絵がまた落ちたんだ」と私は憤慨しながら、その絵が私たちの頭を砕きそうになり、地震かと思った前回のようには騙されてなるものかと思いました。ところで、今回は絵ではありませんでした。ママは寝台の下に潜りました——潜り込めませんでした。寝台が低すぎて隙間がなかったのです。私はいつもの予防策をとりました——寝具の下に潜ったのです。この計画は——それをご紹介しましょう——いつも上手くいって、蚊や五・九インチの榴弾砲砲弾、虎やホスゲン〔有毒ガス〕やマスタード・ガスや悪夢や地震に対する、至上の治癒と保護です。眠っているときにはどれがどれだか分かりませんし、それらすべてに効くものを持っているのは、非常に便利です。私は落ちた絵を見つけられず、ママが非常に珍しい態度で振舞っていたので、それは夢だったに違いないと思うことにしました。でもなかなか寝入ることができなかったので、夢を見続けようとしても仕方がないことが、徐々に明らかになってきました。私たちは起きました。それまでにはこの地方でいう、素晴らしい快晴の朝といってもいい天気だったので、私は明らかにひどく雨が降っていたことに気がついて驚きました。私はこの奇妙で興味深い事実を、ママに指摘しました。ママは、少なくとも二日は私よりも先に行っているようで、それはプールの水がこぼれたのだと説明しました。診療所に行く途中にママはその日は火曜日だと説明し、そのすぐ後に私は多少状況が飲み込めました——まるで「丸くなるけど泳げない——それがプール[104]」のようです。

私がとても驚いたことに、この家は大丈夫のようですが、大雨が降り始めれば、この屋根はザルのように漏れるに違いないと思います。もちろん、今にでも雨が降るはずです。まだ降っていないのは幸運です。この地域では私たちは非常に幸運でしたが、中にはひどいひびが入っている家もあります。君も聞いたかもしれませんが、一番被害を受けたのはサンフェルナンド・バレーで、退役軍人病院の哀れな人々が建物崩壊に巻き込まれました。[105] それ以来、百回以上の彼らの言う「テンブラ」[106] がありました——時々振動があったり、軋む音やうめき声のような音がしています。

書体を改善しようという私の試みは、ご覧の通り、成功していません。私は子供時代に書き方を教わるべきでしたが、パブリックスクールでは誰も、高額な学費の代償として子供たちに書き方を教えるべきだと思ったことがないようでした。たとえ教えたとしても、彼らは巻き毛のかつら付きの、綺麗な曲線の手書き体を教えていたと思います。どちらにしても、もしきちんと書くつもりがなく、または書くことができなくても、自分の学校や他人を責めても仕方がありません。君は今から綺麗に書き始めておけば、後悔することはありませんよ。というのも、私は君が書体を変えたとしても、いつも綺麗な字を書くと思いますから。

水曜日に私は自分の論文を発表しました。[107] クライン派のことを嫌っているほとんどの人は来ませんでしたが、何人かの忠実な人は、まあ、公平に言って英国でも同じでしょうが、どれだけその論文がひどく、理解しがたいかを示すために来ました。私はそれを結構面白いと思いましたが、この仕事に慣れているので、熱心な支持者でさえひどくがっかりした、などなどと知っても、驚きませんでした。なので私はいつもの基準には届いていたに

103…シェイクスピア『マクベス』第二幕第二場より。無垢の眠りとは「すべての心配事のもつれた糸をほどいてくれる眠り」という意味。

104…ラドヤード・キプリング『なぜなぜ物語』の「アルマジロがアルマジロになったわけ」より。キプリングの話では亀は丸くなれないが泳げて、ハリネズミは丸くなるが泳げない。

105…一九七一年二月九日に起こったサンフェルナンド大地震のこと。マグニチュード六・五。

106…「地震」のこと。スペイン語に由来し、アメリカでよく使われる。

107…原註：「グリッド The Grid」［ビオン全集第十巻］

違いないと思います。もし批評があまりに賛美に溢れていたら、疑うべきだと思います。君は、もし自分が満足しなければ、もしくは幸運なら自分を喜ばせなければ、誰のことも喜ばせられないだろうという考えに慣れるべきでしょう。

＊＊＊

君の休暇についての報告を楽しみにしています。君は山のような観光客や原子爆弾やそのような惨事に覆われて消えてしまう前に見物しておけるでしょう。私は悲しいかな、ギリシアには一度も行ったことがありません。私はプラトンによるソクラテスとの『対話篇』[108]は、もしその背景を想像することができていたなら、自分にとってもっと意味を持ったと思います。それそのものでも、それは確かに啓示的でした。おそらく私は、オックスフォード大学が私の心の目を哲学の喜びに開かせてくれた、ちょうどいい時期に読んだからでしょう。

＊＊＊

私は医学生の時代、あともう一週間続けたら気が狂うと思いながらほとんどの時間を過ごしました。とにかく、もし君が〈解剖学〉と〈生理学〉を合格するまで生き残れば、ほとんど何があっても生き残れます――でも私は、「助産」[109]が泌尿生殖器関係の医療チームを管理するのが最下（まぁ、どちらにしても「下部」です）に近いと思っていた私の同期を知っていますが。

＊＊＊

私たちはメキシコ・シティに来ています。私たちは月曜日に、みんな本当に疲れ切って飛行機に乗りました。休暇前としてはあまりいい状態ではないのですが、少なくとも休暇の後よりは前の方がいいということもできますね。私は揉みくちゃの紐のようにくたくたです。私には心がありません——あるのは、ただの陳腐な表現がくっついて固まって硬くなったものだけです。周りに気が行くようになったら、ここは欧州に似ています。ここには、たった二百万人ぐらいの貧困者たちの街ですが、百ヤードほど〔百メートル弱〕ごとに本屋があります。ビバリーヒルズには二件の在庫の豊富な本屋と、もう一軒その支店があるだけです。彼らに在庫のない本について問い合わせると、彼らは願わくば他の本でもなんとかなると思うみたいです——次のように、でも本当はもっと面白く。例えば、問い「『南カリフォルニアの宝石』ありますか？」答え「いぃぃぃえ。これ——『ヴェネツィアの石』——ならどうでしょう？」問い「いえ。これは、カルバーシティ[110]のベニスではなく——イタリアのヴェネツィア《べニス》でしょう」。答え「あぁ——これはラスキンの本で、彼はいい作家だと言われていますよ。私は読んだことはないのですが」。「それは見れば分かります」と言いたいところを我慢して、次に行くのです。

108…古代ギリシアの哲学者プラトン（紀元前四二七〜三四七）が、ソクラテス（紀元前四七〇〜三九九）と弟子たちの繰り広げた対話を戯曲形式でまとめたもの。

109…原註：助産学

110…アメリカ、カリフォルニア州ロサンゼルス西郊の都市。

一九七二年

君も想像がつくように、ママと私は今起こっている事に関して、君や友だちや他の人から——新聞からでさえも——手に入れたどんな紙切れでも読んでいます。[111] 知ろうとすることについて唯一確かなことは、私たちは知らないし、知ることはできないし、絶対に知ることはないだろうということです。私はかつて——第一次世界大戦のことです——最後には、もし自分がそのときまだ存在していたら、誰が勝ったのか知るはずだということには、確信を持っていました。さて、私は自分が知らないと知っていますが、私たちは知らなかったと私は知っていると思います。それでさえも、私は確信が持てません。それは、どこに〈完〉と書くかによるのです。カンブレーの戦いの初日の終わり？　最初の週の、月の、年の終わり？　もしくは世紀の終わり？　「誰がカンブレーの戦いに勝ったのか」という簡単な質問でさえ、実はどれだけ複雑か分かるでしょう。どちらにしても、君も他の人もとんでもなく寒いに違いありません——もし生計を立てることが、または私たちの代わりに他の人に生計を立ててもらうことが可能でないならば、もっと寒くなるだろうという恐怖とともに。

今は日曜日の午前十一時です。ママと私はプールのわきに座っています。日陰の気温は六十度〔摂氏約十五．五度〕ですが、私たちは日向にいるので、とても暖かいです。これは君たちの状況とは正反対でしょう——君がこの手紙を壁ぎわに立てて手を温められないのが残念です。もしこの手紙が君を嫉妬で熱くしたら、それも何かの足しになるでしょうが、残念ながらこれはそれほども役に立ちません。私が塹壕で、暖かかったら虱に噛まれるだろうと自分を慰めつつ、寒さに震えながら——稀に——座っていたときには、手紙は確かに役に立ちませんでした。

＊＊＊

このような問題は、世界中で解決が求められています。ただ進展状況が違うだけです。これは宇宙における状況のようで、もし技術と技術設備があれば——そして君が想像もできないような設備がたくさんあれば——人やそのいわゆる心から、現在の「おめでたい」無知の状態では調べることさえできない準星や他の動物まで、すべてのことを非常にたくさん知ることができます。あぁ、全知全能（であった・になるだろう）時代（過去・未来）よ！　それにまた、現在生きることができていること——どちらにしても人はそうしなくてはいけないのですが——についても、いいことはたくさんあります。

＊＊＊

君はママから私の様々な医学的狂態について聞いているかもしれません。ですから私は、自分が面白いと思ったある生理学的——というよりは臨床的というべきでしょう——な面について書こうと思います。

それは月曜日の朝に始まりました。私はあまり気分が良くなかったのですが、あまり悪くもありませんでした。そして真昼に患者といるときに、私ははっきりと考えられなかったのですが、それに関してあまり心配もしていませんでした。というのも、患者はのべつ幕無しにまくしたてていたので、私はいつもとは違うとは感じていなかったのです。それから私は右腕が動かないと感じ、脳卒中にでもなったかと——患者の話を聞きながら——調べ始めました。しかし片麻痺はなさそうでした。患者との面接が終わり、私は椅子から立ち上がれなかっ

111…原註：イギリスでの炭鉱ストライキの最中。〔訳註：一九七〇年には石炭が発電源の約三分の二を占めていた。高いインフレに悩んでいたイギリスは公益事業従事者の給与の上限を定め、その中でも炭鉱労働者への昇級率が低かったためにストライキが起こり、一月九日から二月二十八日までそれが続いた。寒さが厳しくなり、電力不足に陥ったため、二月九日に緊急事態宣言が発令され、計画停電が行なわれた。〕

たらと恐れ、立ち上がりませんでした。それに私の患者たちみんなに、私が「脳卒中」だとまくしたてられたくなかったのです。ですから、最悪の問題が一番起こりにくいと思われる選択をし、私はそこに座ったまま、彼が部屋を出るときに立って見送らない言い訳をしました。彼は少し驚いたようでしたが、帰って行きました。私は十分な落ち着きを取り戻せたので、次の患者を呼び、予約を取り消さないといけないと伝えました。その人は少々驚いたようでしたが、立ち去りました。二人ともそれから二十分もしないうちに、私が大丈夫かどうか知ろうとして、電話をくれました。それはとても親切なことに思えました。それまでには、私が頼んだので、大家がD先生を連れてきてくれました。彼は私に他の患者すべての予約を取り消させ、四枚の紙に何かを記入しました。その紙の見本を君に送ることができればよかったのですが。というのも、それらはとても名案で、その先生が全身をくまなく検診したということがかなりしっかり確認できます。自分なりの質問票を作り、患者を診察するときに重要な点を何も見逃さないようにするのは、診察時、そして後になったら絶対に、とても役にたつと思いました。そのような意味での私の最大の手柄は、膝関節の腫脹について診察し、説明しろと言われたときに、胸のレントゲンを見るまでは確実な診断は下せません、と言って、上級臨床外科の金賞をもらった時です！　もちろん、もっともです！　胸の解剖学的構造が、膝関節の解剖学的構造と何の関係があるのか、君なら分かったかもしれません。とにかく、結果は完璧に素晴らしい金賞でした。私は他のことも知っていたに違いありませんが、全く覚えていません。私はそれ自体が、金賞は外科医学にとってとても悪いものに違いないと示唆しているのではないかと思います。

さて、D先生は聴診器をあて、打腱器を使いましたが、私に病院に行って全部きちんと検査して欲しいと言いました。私はこの恐ろしい見立てに対して抵抗しました。馬鹿みたいに。結論から言うと、先生も馬鹿みたいに、私のやりたいようにさせました。「馬鹿みたいに」と言いますが、言い張って私の不安を破滅的に大きくする方が、よっぽど馬鹿らしかったのではなかったかどうか、私は確信が持てません。確かに私に自分のやりたいようにさせた方が賢明だったに違いありません。即座に減塩（ぞっとします!! でも今は多少は慣れましたが）でカリウム豊富な食事に変えさせたおかげで、私は週の終わりまでにはずっと良くなりました。でも私はあまりに「協力的」だったので、減塩の全過程は、ひどく極端なものでした。結果。火曜日——急に意識を失い、意識を取り戻したときには、ミッドウェイ病院のS先生のところでした。私が安堵したことに、そしてあまりに具合が悪くて金銭的なことを心配するどころか考えることもできなかったのですが、今回はそれを受け入れる運命でした。かわいそうなママが何に耐えなければいけなかったかは、君の想像に任せます——私は想像できません。どちらにしても、一週間の「集中治療」の後、月曜日の朝に家に戻り、明日またS先生に会わなければいけません。私は体重を一六四ポンド〔約七四キロ〕まで落とさないといけません。私はこれまでに一九六ポンド〔約八九キロ〕から一八四ポンド〔約八三キロ〕まで落としました。

「集中治療室」の看護は——馬鹿馬鹿しかったです。敷布は皺を伸ばされることはなく、ひどく寝心地が悪かったですし、おそらく、覆っていなかったのではないかと思います。体温計は十分以上放置されていました。尿瓶や差し込み便器などは、患者の下に三十分以上もそのままになっていることもありました。日夜関係なく看護婦たちは大声でお喋りし、患者は強く要求しなければ面倒を見てもらえませんでした。

すべての機械による検査は良好で、高価で、効果的でした。医療がコンピューター医療へ近づけば近づくほど、そしてこれからそうなっていくべきですし、そうなっていっていますが、残りの世界をより一層見落とすようになります。医者、それも最も優秀な医者が、苦しんでいる人間に対して同情を持つことを強いられない限り、将来の見通しはますます暗いです。看護婦たちや、何人かの下級の医師たちでさえもが、自分たちの仕事に少しの興味しかなく対応しているのを見ているのは、情けない限りでした。もちろん理想としては、他の人を尊重し、真実（事実）を尊重できることです。

＊＊＊

ストライキが終わったという知らせで、私たちは心から安心しました。しかし、特にこの精神分析者にとって、なぜ私たちの国が破滅させられなければ、要職にある人たちが考えるようになれないかを理解しようとすると、安心どころではありません。石炭庁は何のためにあるのでしょうか。労働組合は、その長は、何のためにあり、いるのでしょうか。政府は何のためにあるのでしょうか。しかしもちろん、彼らは最も賢く、〈最も権限がある〉ことになっていますから。そのようなことは私には深すぎます。それに考えてみれば、私はあまり重要でない仕事をしなくてはいけなくて、不機嫌が原因で静かに死んでも差しつかえありません！　どちらにしても、君はこの長い攻撃演説に耐える必要はないでしょう。私はこれが君のせいではないということを分かるだけの観念は十分に――かろうじて――持っています。

＊＊＊

君の書いた文章に比べると、私の手紙はすべてひどくまずい文章に見えます。私の時代には良い執筆作法を持とうとする男など想像もできず、その結果、パブリックスクールと言われる学校の産物の多くは、執筆作法が悪いのは無礼で無教養かもしれないと疑うことすらしない、礼儀も教養もない田舎者たちでした。君は常に読みやすく美しく、礼儀正しい手紙を書ける幸運な機会に恵まれています。

＊＊＊

私は一日塩一グラムで千二百カロリーという食事療法をしています[112]。これと共に、カリウムを一日三度、シクロスパスモール〔血管拡張剤。一般名はシクランデラート。後出〕を百グラム摂るのですが、私は米国に来て以来これまでないほど調子がいいです。私は体重を十二ストーン〔約七六キロ〕まで落とさなければいけません――それはかなりのことですが、今までで十四ストーン〔約八九キロ〕から十三ストーン二ポンド〔約八四キロ〕まで落としました。私はお腹がすいて仕方がないのですが、かわいそうにママも同情のあまり同じようにお腹をすかせないといけないと思っています。でも私にとってはとてもいいことなので辛くはないのですが、ママにとってはそうではありません。

『タイムズ紙文芸特集版』は、自分たちはこの種の定期刊行物では〈世界一有名〉だと思っているのですが、私の手紙を載せないそうです。結構！ でも彼らは誰にでも送る一見「丁寧」な断りの手紙を書いてきて、「とても興味深いです」と限りのない優越感を示し、私が医師であることに気がつかず――印刷された頭書きにもかかわらず――それに加えて、あろうことか私の名前を間違えていました！「無能、横着、高慢」、これが「自由、平等、友愛」[113]ならぬ、英国が欧州共同市場への未加入[114]に成功した際の英国の標語です。

＊＊＊

学校が退屈だと聞いて残念です。君は退屈と退屈なものにどう対応したらいいのか学ぶ必要があります――〔アレクサンダー・〕ポープ〔詩人〕は『愚物列伝』の中で、それ自体が解毒剤ですが独特の書き方で、退屈な人たちを描写しています。君がここに戻ってきたときに、私の本を貸してあげましょう。退屈なものや退屈は有り余

112…通常一日数百ミリグラムなので誤記と思われる。

113…フランス共和国の標語。

114…イギリスは欧州共同市場（EEC）への加入を希望していたが、フランスに拒否されていた。一九六九年にはそのド・ゴール仏大統領が辞任。イギリスでは一九七〇年にエドワード・ヒースが首相に着任し、イギリスと欧州の交渉が再開。一九七一年十月の下院投票で加入を採択。一九七三年一月一日より正式に加入することになった。

るほどあります――食事制限者、いわゆる「食餌療法」の唱導者、そしてそれにとても近い減量する人たちは、恐ろしいほどの爆発力を有する退屈さが漂うただ広いミシシッピのわずかでない部分を占めています。君が君のいう「すごく面白い」流れをうまく渡っていくことを祈っています。私は頑張ってと言う他、何もできなくて残念です。

その〈薬理学〉の本に関してですが――「優秀なもの」にはお金がかかります。優秀でないものは買うのをやめなさい。以前にも言いましたが、「それを買うか、買えるまで待つか」です。屑は買わないようにしなさい。屑はどんな値段でも高いです。その〈薬理学〉の本を買ってずっと持っていなさい――つまり、他の人に貸したり盗まれたりしないように。本は絶対に貸してはいけません――借りる人はみな、彼らが何と言おうと、どれだけ金持ちだろうと、名声があろうと、泥棒です。私たちの富や名声はもちろん常に、私たちの金銭的資産や私たちの誠実さや信頼といった評判を破壊したい人たちからの攻撃に弱いのです。

運動しなさい。「退屈していても快活」が、愉快に活動的でいるための標語ですよ。もしそれが可能なら。

＊＊＊

『リスナー』誌[115]に、偉大なるロニー・レイン[116]に関する長文記事が載っていたのを目にしました。私は精神分析の生徒向けの自分のセミナーの一つを彼に担当させたことがあり、その後彼から、セミナーとはどうあるべきか散々聞かされました――彼は当時まだ資格がありませんでしたが。ですから彼の独りよがりの尊大な態度は、今に始まったことではありません。その記事の最後に、彼はスリランカの修道院に入ったと書いてあります。名案です！　とても賢明なことですし、私もその同じ薬を服用しても構わないと思うことがあります。

＊＊＊

現在いわゆる幻覚剤の生態について、人びとがほとんど理解をしようとさえしないようなのは奇妙です。ウル[117]の朝廷は死の奈落に入るのに――ハシシ？――の儀式的作用を使用していたらしいです。アズテック宗教の遺物は未だに健在で、米国先住民教会の中にしっかりと根付いています。彼らは、カトリック教会の尽力にもかかわらず、米国最高裁判所で、秘蹟や儀式の目的のための幻覚剤の継続的使用許可を求める訴訟で勝利することができました。

＊＊＊

私たちは今朝一時間ほど海岸に行きました。人々は「魚釣り」をしていました。もしそれがそう言われるもので、「魚を捕まえる」のと混同していなければ。もし魚を捕まえるのであれば、魚屋に行った方がいいです。私は一度マスを捕まえたことがありますが、それは馬鹿げたことだったに違いありません。

＊＊＊

私の靴は使い込んで美しくなっていますが、まだ新品のように見えます。もちろん私はそれを履いて歩きませんし、今はアクセルやブレーキを踏むのに使うとさえも言えません。最終的には足は（米国では）痕跡になり、尻尾と同じぐらい役立たずになるでしょう。〈発生学〉と同じように〈痕跡学〉という医学課程があるべきです。


115…一九二九年から一九九一年まで刊行されていたBBC発行の週刊誌。

116…スコットランド人の精神科医・精神分析者ロナルド・D・レイン（一九二七～一九八九）。

117…古代メソポタミアにあったシュメール人の都市国家。

＊＊＊

私はとても不幸な事故に遭いました。[118] ママは救急車を呼びました。W先生がシダーズ・サイナイ病院で私を待っていてくれることになりました。私はシダーズ・サイナイに連れて行かれ、待っていました。誰も、私がシダーズ・サイナイでぶらぶらと邪魔になりながら何をしているのかを聞いていませんでした。「腰のレントゲン——W先生」と私は言いました。答えは「その名前は聞いたことがありません。医師の許可がなければレントゲンは撮れません」。救急隊員は「あぁすみません——違う病院でした！」——家から二十マイルほど（約三十二キロ）の距離のところでした。「もう遅いです——残念ですね——今更変えられません！」「M先生があなたを診察します」そして誰も頼んでいなかったこの身体に死ぬほど飽き飽きしていた救急隊は、レントゲン検査に引き継ぐことができました。私は自分の意見を口にせず、自分の存在に対してやたらと謝り（**私はまったくその通り遺憾だと思います！**）、脊髄全身麻酔を受け、気がついたらベッドにいました。幸いなことに、あまりに麻酔が効いていたので、死ぬほど寒いという以上は何も分からず、朝の九時半までそこに留まりました。ママはE先生から、彼が私を手術したのだと伝えられました。「すべて順調です」

　先週の水曜日の朝、私は追い出されて家に戻りました——言うまでもありませんが、ママは人間の装備しかないにもかかわらず、ずっとただただ奇跡のように素晴らしく面倒をみてくれています。

118…原註：絵を描こうと庭でイーゼルを運んでいる時に転んで右の大腿骨を骨折した。

一九七三年

私が書くことになっているものは、ママの努力のおかげで、ほぼ完成したと思います。[119] 私にはとても読めたものではないと思われますが、それほど悪くはないことを祈ります。私はこれが出て売れるどころか、出版される現実的な見込みがあるとさえ感じているとは言えません。私が気にも掛けていなかった、十年後に出版への圧力を受けたときでさえどうでもよかった本は、売れ続けています。[120] しかし本を書くことは、生計を立てる方法では全くありません――それは確かです。

もし君が仕事を得たいならば、戦わなければならないでしょう――自然界は牙と爪で真っ赤[121]です。すべての他人の爪と牙も磨かれているでしょう。英国でもここと同じですし、ここも英国と同じです。楽しみでも争い事でも。恋愛においてさえ、爪と牙が顕在化します――実地では、それが「潜在している」という意味です。スターリンは、英国の共産主義者を支持するかどうか聞かれました。「支えます！」と彼は答えて、それからこう付け加えました。「絞り首の男を綱が支えるくらいには」。フランコは、ナチスが彼らに提供した援助に対してどう謝意を示すつもりかについて、同じようなことを言っていました。「私が勝利した暁には、世界は私の顕示に

119…原註：『未来の回想 第一巻 夢 A Memoir of the Future, Book I: The Dream』（イマーゴ出版、リオデジャネイロ、一九七五）〔ビオン全集第七巻〕。また本書三三六頁を参照のこと。

120…原註：『さまざまな集団での経験、その他の論文 Experiences in Groups and Other Papers』（タヴィストック出版、一九六一）〔ビオン全集第四巻〕〔訳註：もともと一九四八年から一九五一年に『人間関係』誌に掲載されたものを、十年後の一九六一年に一冊の本にまとめ、再検討を加えて出版された。〕

121…イギリスの詩人テニスン（一八〇九～一八九二）の詩「イン・メモリアム」より。

驚くことでしょう——言うまでもなく、謝意の顕示のことです」。彼が目配せをしたと思った人がいましたが、それは目に塵が入ったからだったかもしれません。

＊＊＊

私たちは、君が臨床的なことを始めるようになって、医学課程が面白くなってきていると聞いて嬉しく思いました。私はよく、機会があったときにもっとそれを生かしておけばよかったと思います。私は事実あまり頭がよくなかったですし、気持ちを心理学的なことに定め過ぎていたので、そこまで一つのことにこだわり過ぎていなければやっていたかもしれない、かなりたくさんのことをする機会に気づきませんでした。ですが、無為に過ごした青春時代を後悔するのは、他の機会を無駄にするとても安易な方法であり、とてつもなくつまらないことでもあります。ですから私はそれを止めることにします。

＊＊＊

ブラジルへの旅はとてもうまくいき、楽しく、行った価値がありました。[122] 彼らは私に、十二月かそれ以降にまた来て欲しいと言っています。ここの人たちも、私にここにいて欲しがっています——少なくとも彼らはそう思っています。まるで誰かが、〈希望〉が〈経験〉を上回る[123]例として、再婚を挙げているように聞こえますね。

＊＊＊

私が「動脈」に使っている薬は、シクロスパスモール〔血管拡張剤〕といいます。この作用は動脈のつまりをとり、[124] 血液が、もし妨害されていれば、スムーズに流れるようにすることです。禁忌——身体に有害な場合。効能：陥入爪、顔に生えてくる無駄毛、統合失調症は言うまでもなく、ツツガムシ病、倦怠、イチゴ腫そして脚気。生化学——役立たずだが無害。幸運なことに、その効果はすぐに弱まり、一時的に妨害されていた妨害力はすぐに元に戻ります。私に関して言えば、これがさまざまな病気を引き起こす展開を、不安も関心もなく、とりあえず待ってみようと思います。私たちの神経学主任だったウォルシュはよく言ったものです。「医学は芸術ではない。科学でもない。スポーツだ」。私はそれにこう加えます、医学は中毒でもあり、危険な副作用を引き起こすことがある、と。別の主任——バーナード・ハート——はあるとき、精神科ソーシャルワーカーが新しい患者を紹介するのをじっと聞いた後、「あぁ……」と長い熱弁の終わりに注意深く顔を上げて、こう言いました。「で、どちらが看護師でどちらが患者ですか？」以前君に言ったことがあると思いますが、私はどこも悪くありません。老齢は病気でないのですが、人々は——おいたわしや——それを治したいと切望します。しかし、彼らが治癒しようとする過程で殺されないように、ある種の注意を払わなければなりません。今のところ、私は生き延びています。

＊＊＊

私は他の人の見方に、反論は決してしません。彼らは（一）話を聞いていないか、（二）聞いてもこちらの間違いの証明に使うか、（三）露骨に嫌なことを言って絶対に許さないか、（四）こちらの考えが何か分かったらそれを盗むか、（三）と（四）の両方かだからです。最良のものだけ読むようにしなさい——例えば、フロイトやクラインです。そして、君がそこから何を得たのかを認めなさい。才能のない書き手を認めることは、その人に

122…原註：サンパウロでの二週間にわたるセミナーと講演〔訳註：のちに『ブラジル講義』（誠信書房近刊）にまとめられた一部だと思われる。〕

123…痛い経験をしたにもかかわらず、再び希望を持つこと。イギリスの文学者、サミュエル・ジョンソンの言葉の引用。

124…シクロスパスモール（一般名：シクランデラート）は血管平滑筋に作用して血管を拡張させ、血液量を増加させる。高脂血症薬と混同した記述か。

ついて責任を取る上に、宣伝してやるようなものです。君はこれを読むと私がいかに嫌な性格をしているか分かると思いますが、悲しいかな、人は年を取ったらより良い人間になるというものではないのです。

＊＊＊

このおかしな仕事で私は、他の人の無意識の奥深くいるとき、そこから言うことはほとんど何もないといつも感じ、その人の意識の「眩しい光」の中へと浮上したときには、眩しさのあまり蝙蝠のように目が見えなくて、何も言うことがないと感じます。

＊＊＊

ジェラルド・ブレナン[125]は十字架の聖ヨハネ[126]の神秘詩を翻訳しています――どれだけ上手にかは分かりませんが、彼のことだから良くできているでしょう。君はロイ・キャンベルの力作を覚えているでしょう。彼はうまく訳していたはずですが、スペイン語を全く知らない私が、聖ヨハネの神秘主義について知っていることだけに頼って言うと、その翻訳は少し波長がずれているように――その種の心にうまく共鳴していないように思えました。

ギルバート・アンド・サリヴァンと演奏会と芝居は――まぁ、君の暇な時間にちょっとやそっと詰め込もうとしたとしても、とても八週間では無理でしょう。確かに真剣なことをそんなに失礼な態度で話す私はいけないでしょうが、君は私からの手紙を適当に陰鬱な言葉で解釈し直し、人生とは真剣で陰鬱で真面目なものだ、○○しいことに！　と、たとえはっきりと書いてなくても、「分かった」と受け取ってはどうでしょう。

＊＊＊

かわいそうなルパート・ブルック！ 私はいつも彼の詩が好きでしたが、もし今誰かが「もし私が死ぬことがあれば、私についてこれだけは憶えていて欲しい――」[127]を読んだら、読者は「お前は死んだし、私たちは覚えていない――」とぶつぶつ言うでしょう。まあ、これは言い過ぎでしょうが。

『胡麻と百合』を見つけたそうで――そして面白いと思えているようで、おめでとう。私はいつもラスキンには思い入れがあります。全集、美しい紙と印刷、それがサザーンズ[128]で――価格？ 五百ポンド！ 今でさえも、きっと買う価値はあると思いますが、五百もの無価値なポンドは、稼ぐとなったら、とんでもない量の激務が必要です。

＊＊＊

こちらではラムトン事件[129]を大げさに取り上げて英国も「ウォーターゲートに関与した人たちと同じくらい」

125…スペインに造詣の深いイギリスの作家（一八九四～一九八七）。

126…十六世紀のカトリック教会のスペイン人司祭で、神秘思想家（一五四二～一五九一）。「記憶と欲望に関する覚書」の着想の源泉の一つとされる。『W・R・ビオンの三論文』（岩崎学術出版社、二〇二三）を参照。

127…ルパート・ブルック（一八八七～一九一五）の詩「兵士」より。彼は第一次世界大戦中に謳った理想主義的な戦争のソネットで知られるイギリスの詩人。

128…原文ではSothern'sとなっているが、ロンドンにある老舗の古書専門店Sotheran'sのことか。

129…初版では、「ラムトン卿が失踪し二度と姿を現さなかった事件」とある。［編註：アントニー・ラムトン卿（一九二二～二〇〇六）はエドワード・ヒース内閣（一九七〇～一九七四）の国防閣外大臣だったが、一九七三年五月に二人の売春婦とベッドにおり、大麻を吸っているところ見つかり、辞任することになった。同時期に貴族院内総務のジェリコ卿もセックス・スキャンダルで辞任。元々の本書の脚注では、間違ってルーカン卿の失踪〔訳註：ルーカン伯爵の家の地下で乳母の子供が撲殺され、ルーカン伯爵夫人も襲われ、その後伯爵が失踪した〕と混同されていたが、それは一九七四年の十一月のことである。］

悪いと言っています。英国人がセックスに関して道徳的に恐怖で身が竦んでいるなんて、馬鹿馬鹿しくて究極的に吐き気を催す見世物だと言わなければなりません。しかしジェリコもラムトンも、政府高官の地位への選択としては、確かに変な人たちには違いありません――そのような職種には、大人（何歳であろうとも）が選ばれるべきです。

＊＊＊

かわいそうなフラビオ・デ・カルバーリョが亡くなりました――サンパウロで私の肖像画を描いてくれた人です〔本書の口絵3、一六三頁に彼の油彩画あり〕。私が会ったのは数時間でしたが、彼のことが好きでした――お互いに、とても。私は彼には才能があると思いました――多分それだけではないと思いますが――そしてママも私も、絵として、そして似ているという点でも、その肖像画が気に入りました。ほとんどの人はそれを好きではないと思いますが。私は美しくありませんし、これを見て誰も私のことを美しいとは思わないでしょう。しかし、私は「美容機器」を宣伝したいわけではないので、それで構いません。その絵は完全に乾いたら、年末までには乾くと思いますが、ニスをかけて額に入れることができます。

＊＊＊

私はリオのことは知りませんが、聞いたところから判断すると、私たちは二人ともその展望が気にいっています。遠くに見える丘を近くでよくよく見てみると、その現実は思っていたものと違うことがあります。ここでの状況は、そういった疑惑の一つです――そして誰が彼らを責められるというのでしょう！――ですから、裏にあるものが真意だという疑いがあるので、それに関してどんな解釈をすることも、その患者の心的装置を恐れないことも、ほとんど可能ではありません。

＊＊＊

人びと（すべての人びと）はよく観察してみると全然違うと想像するのは、とても馬鹿げていることです――もちろん、そうすることこそが、人がするべきことなのですが。彼らはここで、人は馬鹿馬鹿しい憎悪や救世主的な賛美を通り抜けると、何らかの経験をするという事実を、どんなに不本意でも受け入れなければなりませんでした。それを認めることに耐えられるのであれば。そして人はより定まった、より半永久的な羨望や強奪、もしくはただの盗みの状態になります。ここでは、ブエノスアイレスでと同様に、私は今では多少物事を知っていると認められていますが、私は自分の考えをあまりにも説明できないので、他の人の方が私よりもよっぽどうまく行ないますし、講義によほど向いていいます。それでも、私は時間も希望も気力もないので、不平は言えませんし、「ひどい扱いを受けた」と感じるような白髪交じりの惨めな老年に陥りたくありません。これは真に度量の狭い心境で、私が常に甘やかされた特権階級にいる一人だったことを考えれば、神への冒瀆です。幸いなことに、ママは私よりもずっとよくそのことを分かっています。

＊＊＊

私の大学時代の記憶は、もっとずっと厳格な時代のもので、今だから分かりますが、私たちは戦争から戻ったばかりの、かなり精神的に打ちのめされたぼろぼろな連中でした。クイーンズの学監が私たちにあまり期待していなかったので、私は彼らが少し抜けているなと思ったことを覚えています。「彼ら（私たちのこと）がこの戦争のストレスの後で良い成績を残すことはあまり期待できない」。私はもちろん、今では彼らが全く正しかったことに気がついています。前回の戦争（大戦、第二周目）では、彼らは若者たちを戦闘に行かせませんでしたが、私が軍人としての経歴を終えたのは、まだ二十一歳になるかならないかのときで、その後、自分が回復するのにどれほど長い時間がかかったのかを、やっととてもゆっくりとですが気づくようになりました。私は君がそのようなことに全く耐えずに済み、英国が「超大国」の米国やロシアと比べて何の重要性も持たないことになっている今、そのような問題を避け続けることを願っています。栄誉あることではないかもしれませんが、文明国としての私たちの素晴らしさを再発見する機会があることを願いましょう。この小国が、世界を先導する国として背負おうとしていた重みはとんでもないものです——それはいろいろな意味で私たちを吸いつくし、破綻させました。しかしもちろん今は、弱者や無力なものという誘惑に勝てない、弱い者いじめをする人たちや悪党たちから攻撃されやすくなりましたが。

一九七四年

私は何時間も、読書を入れなければ「何も」しないで過ごしているようです。たとえ勘定に入れても、読書はやはり「何にも」ならないことが多いようです。関係がないけれども良いか、もっと悪ければ、ひどい上に無関係だと分かるので。しかし関係がないけれども面白い本もあります。無関係の上につまらなく、そしてひどい本も少しあり、通常それらはいやでも読まなければいけないものです。これが君の宿命でないことを祈ります。私は「学生」としてフランスで過ごした時間を、完全に無駄にしてしまいましたが。それはきっとそのとき、自分が幸せでなかったからかもしれません。当時——今もそうであるように——一体どうしたらお金を十分に稼げるのかと思っていたので。しかし私は、自分の仕事について知る以外にそれをもっと可能にするものは何もないという気持ちによって、少なくとも慰められてはいます。問題なのは、人は決して自分の仕事が分かっていると感じないようだということです。さいわい、もし君があえて信じる度胸があるなら、仕事を楽しんでいるのは、とてもいい兆候です。

私が一九二一年にトゥールにいたときに、本屋に行くと、アナトール・フランス[130]が角の椅子に座っていました。あるフランス人が入ってきて、彼を見るなり自分のおでこを物知りげに叩きました。彼はアナトール・フランスのことを指し、店員に向かって「見ろ、まぬけがいるぞ！ Voilà un type idiot!」と言って店を出て行きました。フランスは面白がっていました——しかし私は、彼が喜んでいたとは思いません！

130…本名ジャック・アナトール・フランソワ・ティボー（一八四四～一九二四）。フランスの詩人、小説家、批評家。一九二一年、ノーベル文学賞を受賞。

二週間のうちに私たちはブラジルに発ちます。その仕事は気分転換になりますが、一体全体あの人たちに何を話せばいいのだろうと思っている自分がいます。いつか聴衆の前に立ち、彼らをぎょろぎょろと見ながら途方に暮れる日が来るでしょう――講師にとっての悪夢です――特に、私はいつも準備をする代わりに、その場に行くまで何を言うか考えないからです。一度準備不足のように聞こえると言われたとき、私はこう言いました。「それは確かに事実です――もしもその前の七十年を除外するならば」

＊＊＊

次のものに対処する嗅覚を絶対に失わないようにしなさい。

一　十分な時間がない
二　十分な知識がない
三　状態が良くない
四　具合が悪く動揺している患者と、同様に具合が悪く動揺している医師、主任、同僚

もし君が現実の生活の中の現実の医学に進むのならば、これらの四点はすべて、必須要素であり、それを教科書がどう書いていようと、知ったことではありません。ところで、ある切れ者が、オナシス[131]は重症筋無力症ではなく、重症のインフルエンザのせいで呼吸が難しくなっているのだと言っているのを見ました!!! 私はある時、神経症的な患者を送ってきた医師にこう警告したことがあるのを思い出しました。私は彼に、その患者は重症筋無力症で、すぐに治療しなければ、残念ながら末期の胸部筋肉の虚弱が始まって呼吸不全に陥り亡くなるだろうと、穏やかにしかしはっきりと伝えようとしました。それから一週間ほどして、その医師は私に手紙で、私

は間違っていて、患者は彼の治療にもかかわらずインフルエンザから肺炎になり亡くなったと言ってきました。私たち精神分析者がどれほど間違っており、無知で、勘違いをしているのかを考えれば、私は私たちが生き残るっていることは、驚嘆に値すると思います！　君が経験している問題はありふれたものですから、慣れてしまいなさい——もし君が生き残るほど不屈であれば——今のうちに。私が二つの大戦を生き抜いたのは、幸運だったと思います。今はもちろん、私は〈平和〉に対処していけばいいだけです。私たちは戦いが続く〈現代の暗黒時代〉の中で、私たちの平穏な仕事を続けることを学ばなければなりません。

＊＊＊

私は、世界のためにも、欧州を再編成[132]すべき時期にきていると思います。そしてアイルランドにとっては、海に向かって漕ぎ出し沈むべき時期に。英国軍が紛争に巻き込まれ続けなければいけない[133]のは不愉快です。

＊＊＊

私は、君が精神医学に少し幻滅させられていることに驚きません——精神分析もほとんどすべての人間活動も

131…「二十世紀最大の海運王」と呼ばれた実業家アリストテレス・オナシス（一九〇六〜一九七五）のこと。一九七五年にフランスのヌイイ＝シュル＝セーヌで、重症筋無力症の合併病である気管支肺炎により死去。

132…一九七三年一月にイギリス（アイルランドも）は欧州経済共同体に加盟した。一九七三年からのオイルショックにより、加盟にともなって期待されていた経済効果が得られなかったため、イギリスは、一九七四〜七五年に欧州経済共同体加盟条件の再交渉をした。

133…一九二二年にアイルランドはイギリスから独立したが、北アイルランドはイギリス側に残った。アイルランドはカトリック、イギリスはプロテスタントという宗教的違いもあり、北アイルランド内ではアイルランド統一派とイギリス残留派が対立。一九六九年より紛争に発展し、イギリス軍が介入し泥沼化した。アイルランド統一を求めるアイルランド共和軍（ＩＲＡ）は、一九九八年の和平合意「聖金曜日の合意」までイギリス各地でテロ活動を繰り返した。

そういうものです。というのも、どういうわけか、「精神と精神が出会ったとき」もしくは「男の子が女の子に出会ったとき」「男の子が男の子に出会ったとき」や「XがYに出会ったとき」、彼らはまるで撃たれたかのように引っ込んでしまい、自分と同じような人を好きになるのは危険だと感じ始めるからです。その通りです。しかし――そこまで危険ではありません。しかしながら、身体医学であれ心理学的「医学」であれ、あるいは医学でなくても、二人の人間が出会うのはとても難しいと感じるようであり、精神科医も精神分析者も他と同じぐらいひどい（もっとひどい？）のです。どちらにしても、君はやらないほうがいい方法を学ぶでしょうし、結局のところ、それはとても貴重な教訓です。

ブラジルは刺激的でした。私はよく、たくさん学ぶことができたのにと感じます――「自分が～だったら……」などなど。トルーマンは賢明にも、後悔で時間を無駄に使うなと言っています。[134] リオではある女性が、私たちがいると聞いてやって来て、ママに自己紹介しました。彼女は、ラ・ロシェル出身のボルドーに住んでいたガブリエルという祖父を持つビオン家の一員でした。私たちのユグノーの祖先も、そこから来たのです。スイスを通り、ザンクト・ガレンを通って、英国へ。ですから、きっとブラジル人のビオンたちがいます。ビオン一族に乾杯！

＊＊＊

君が自分の空き時間に、少しでも医学をねじ込むことができていることを祈っています――もちろん実際にその病気がうつらない程度に。もし料理するものがあれば、料理人になる方が、もちろんずっと儲かるかもしれません。フランスは実際に食物を輸出できます。それは英国の場合とは全く異なり、だから英国は人を輸出しなければならないのでしょう。今のところ、私自身にある程度の販売価値があるようですが、それがどれだけ続くかはわからず――わかったためしはありませんでした。

私はとんでもなく健康を保っているようです。それは主に、「食べるべきではなかったものを食べている」からのように思えるときもあります。私が齧った跡を追うのはお勧めしません。ごきげんよう、そして「今日からでも人生のバラを摘みなさい cueillez dès aujourd'hui les roses de la vie」[135] もしくはヴォルテールに言わせれば「庭を耕しなさい cultivez votre jardin」[136]。そうそう、ヴォルテールの『カンディード』を手に入れなさい――これは全く現代的です。

＊＊＊

時は瞬く間に過ぎ、君がベトナムに発つ[137]のも間近となりました。私たちは君からどれだけ便りが受け取れるのかも、連絡を取り合えるのかも、君がどんな経験をするのかも全くわかりません。もちろん私は、フランスに[138]、そして戦争に乗り出したときのことを覚えています――やっとのことのように思えました。今になって私は、それらが信じ難いほど致命的ではあったものの、比較的良識的な日々だったことに気がつきました。ですから君も全く平凡なもの――「何もない」日、週、そして年であって欲しくはないですが――から、極端に危険な時期への変化に直面するでしょう。通常それは、何の警告もなく、明らかな変わり目もなく、全くの退屈から全くの恐怖へ変化します。誰かが君のことを愛していいるとは想像しないように――そして彼らが君のことを愛して

134…原註：マール・ミラー著『直言　ハリー・S・トルーマンの口述伝記　Plain Speaking: An Oral Biography of Harry S. Truman』（バークレー出版会社、一九七四）

135…原註：ピエール・ド・ロンサール（一五二四～一五八五）のソネット『エレーヌへのソネ』第四十三番より。

136…ヴォルテール（一六九四～一七七八）の小説『カンディード、あるいは楽天主義説』より。

137…まだベトナム戦争（一九五五年から一九七五年）の最中である。

138…ビオンはオックスフォード大学卒業後、フランスのポワティエ大学に一年間、フランス語を学びに留学している。

いないとわかったときに、驚いて個人的な恨みと受け取らないように！

この場所では不景気になるだろうと考えられており、私はそれを疑いませんが、信じもしません。私たちはブラジリアに行くよう頼まれると思いますし、私たちはきっと行くでしょうが、私は近ごろ、自分や他人の先見の明にあまり感銘を受けることがありません。「心に留めよ、生きよ（明日を待つことなく）Vivez, si m'en croyez—」[139]。私は、より慎重になることなく老身になったこの年になっても、まだもうちょっとふらふらしたいという衝動があります。おそらく、馬鹿の年寄りほど度し難いものはありません。しかしブラジリアはなかなかいいと思いませんか？　おそらく私たちが荒涼とした海に隔たれている間だけでしょうが。（ビオン家の）ラ・ロシェル分家の子孫がリオにいるという事実にも惹かれています。

今のところ君たちがみな生き延びていると感じることは、とても大きな慰めです。自分が自分の家族のためにできる事がどれだけ少ないか、そしてどれだけたくさんのことをそれぞれが自分自身のためにすることを学ばなければいけないかは、驚くべきことです。だから夫や妻はとても重要です——出会いたいと思える唯一の、「一人」だけが持つごくわずかな能力を増してくれる人がいれば、幸運です。

＊＊＊

君の誕生日カードとお祝いの言葉をありがとう——君が私の誕生日を忘れたことをとても気にしているようで、心が痛みます。私は七十七歳の人が、今まで有為にまたは無為に過ごした誕生日をもう一回重ねるかどうかは、本当に非常に重視すべきだとは思いません！　こちらでは美味しい誕生日ケーキを食べ、自分のケーキ好きがまだ衰えずに元気でぴんぴんしていることを発見しました。私の他のあらゆる不埒で退屈な特徴と同様、これは永遠の若さの秘訣に違いありません。

＊＊＊

試験に関して言えば、重要なのは慣れることです！　試験合格は、その科目とはあまり関係がなく、「試験に合格すること」と大いに関係があります。どちらにしても、試験官は、最も優秀な学者でさえ馬鹿馬鹿しい戯言をたくさん書くことを、通常知っています。彼らつまり試験官は、特に最終試験の場合、人々が立ち止まって考えるようにしようとします。できれば問いを読んだ後、何かを書く前に。もし何かのまぐれで君が分別のあることを書いたようであれば、調子に乗らずに、しっかりとこつこつやっていくことです。

追伸：もちろん試験においても、その科目について知ることは、必須ではありませんが、有益なことです――もし君が慌てないで、試験に合格するのだと覚えていられれば。しかし試験に合格することと、フランス語や中国語やサンスクリット語を知ることは同じだとか、君が（または学監でさえも）試験に合格したから本当にその科目についてよく知っているとか、混同して考える間違いを犯さないように。君は本当に知っているかもしれませんが、それは必ずしも真実ではありません。いい大学に行くことは、君がその大学を卒業するまでに一層賢くなる機会があるということです。しかし、それは予定表には含まれていません。予定表にあることは常に詰め込むことができます。しかし、より賢くなることは「猛勉強」とは何の関係もなく、寝ている間により賢くなっているかもしれません。

ロシア語か中国語かサンスクリット語を学びなさい。試験に合格したい気持ちが一層賢くなる機会を妨げないならば。そういう気持ちは、お酒を飲んだり、他の麻薬をやったりするのと同じぐらい悪いことになりかねませ

139…ピエール・ド・ロンサール、『エレーヌへのソネ』より。

ん。多くのまともな男女が、お酒を飲むようになって自身や自分の家族を破滅させています。「試験合格に熱中する」ことは、そこまで劇的ではありませんが、同じぐらい破滅的です。

＊＊＊

悲しいかな、オックスフォードでは水泳で時間を浪費したと考えるのは。オックスフォードでほぼ唯一泳げる人間として、私は主将にならねばならず、同期の失業した優秀なラグビー選手を集め、彼らがケンブリッジ対抗戦でオックスフォードを代表できるようにし、「試合」[140]が終わる前に彼らが水底に沈まないように水の中を歩くことを教えて、そして〈**その当日**〉に、君の大学相手にその悪漢たちを解き放ったのです。バース・クラブ[141]のプールの中でその悪漢たちが、何が起こっているのか審判に見えない静かな場所で、君の悪漢たちを音もなく握りつぶしている間、私はその周りを泳いでいたものです。しかし、私たちは試合の後に素晴らしい食事をし、とても面白いスピーチを聞きました。哀れな老デスバラ男爵がその会長で、私はその人がとても好きだったのですが、彼の家族はある本当の悲劇に巻き込まれました[142]――私がオックスフォードを卒業する頃までには彼の息子は誰も生き残ってはいませんでした。それでも――私たちが目撃できた（米国の）桜草咲く歓楽の道[143]を用心深く進んでいくランドルフ・ハースト家[144]のひどい悲劇ほどではありません。一体誰がそのような条件で億万長者になるというのでしょう[145]。

私の馬鹿馬鹿しい本は、まだ出版されていません。ですからほんのわずか残っている評判はまだ健在です。おそらく私の評判は、出版されたら生き残らないのではないかと思っています――もし出版されればの話ですが[146]。

＊＊＊

ここの人々は財政やその他のことの見通しに、非常に悲観的です[147]。世界で最も裕福な国なのにおかしいことですが、彼らは「知って」おり、彼らは間違っていないと私は思います。一九〇六年に私が初めて学校に行ったとき、ジョージ五世が言いました。[148]「英国よ、目覚めよ！」と。しかし悲しいかな、英国人は目覚めませんでした。


140…原註：水球。

141…一八九四年に設立した、ロンドンにあったスポーツをテーマにしたジェントルマンズ・クラブ。そこのプールは有名だった。

142…デスバラ男爵はスポーツ選手として有名だったが、三人の息子のうち二人は一九一五年に戦死し、一人は一九二六年に自動車事故で亡くなった。そのため男爵家は彼の代で途絶えた。

143…シェイクスピア『ハムレット』と『マクベス』より。

144…アメリカの新聞王一家。

145…原註：娘のパトリシアは誘拐され、その後銀行強盗に関与——それが自らすすんで行ったものなのか、それとも強制されたのかは不明のままである。

146…原註：『未来の回想　第一巻夢　A Memoir of the Future, Book I: The Dream』〔ビオン全集第十二巻〕

147…一九七三年のオイルショックによる石油価格の高騰から、一九七四年にはインフレ率が一二％に達して混乱を招き、失業率が上昇した。

148…原註：一九〇一年、ジョージ五世がまだ皇太子だったときに。〔訳註：ジョージ五世が大英帝国植民地を回って帰国した際のスピーチで、植民地貿易で他国よりも傑出し続けるつもりなら、英国は目覚めなければいけないと説いた。〕

一九七五年

私たちは君がロンドンに戻ったと聞いて安心しました——安全だと、ほんのしばらくの間、私たちは馬鹿馬鹿しく想像しましたが、君が更なる探検のため、またすぐに出かけて行くのは間違いないと思います。私は個人的には、誰でもどこででも安全などと想像するほど人は浅はかだと思っているわけではなく、また、医学——あるいは何らかの方法で助けようという意図——が、ある程度の歓迎を確かに受けるものだとしても、事実、当然ながら人びとは助けられるのを嫌います。もちろんそれが彼らに、自らを「助ける」機会と、できるならば助け手の所持品——時計、聴診器、写真機、可能なら考え方すら——を「くすねる」機会を与えるのでなければ。学校時代私たちはいつも、気前の良い農夫に招かれて風で落ちたリンゴを好きに取っていくより、リンゴ専門栽培者の果樹園から盗むほうを好んでいました。

私はかつて、お金ですることは貯金だと教わりました。全然身につきませんでしたが。君の叔母さんのエドナはとんでもなくずっと分別のある人で、だから彼女は自分の持ち家がありますが、ひどい性格の持ち主です——これは彼女に言わないでくださいね。私は素晴らしい人間性を持っていますが、お金はありません。ここに教訓があるのだと私は確信しているのです……

私は君が、君にすぐに「資格を与える」ように誰かを説得できればと思います。資格があると何かと役に立ちますから。資格がないことも、同じく役に立つと分かりましたが。それは多少不安をかきたてますが、その一方で、誰かが私たちを愛していて、私たちが生き残るのを願っていると考える危険を防いでくれます。C・E・モンタギュー[149]の見事な話があります。亀に捕まりそうになった甲虫が、亀の甲羅の内に急いで入り込み、安全に逃げる機会を伺うという素晴らしい考えをあみだした話です。「御翼のかげに聖徒らは安らかに宿る」[150]とは私たちがかつて歌った賛美歌です。今になってふと思いましたが、これこそ家内安全かもしれません。私はポルフィリンの薬理学を詰め込み中です――今の時代に非常にふさわしく。それはベトナムや、ベトコンと米国のどちらを支持すべきかを知る知恵に適用できるかもしれません。〈二つの大国〉「ユッタリ　カチカチそれがカメ」――丸まらなくてすいすい泳ぐ――か「とげがチクチク　ハリネズミ[151]」とはいえ「幸運を」、もし君がそれを信じていないなら。賭けて一番安全な馬は、信じられないかもしれませんが、君自身です。

＊＊＊

この世がしがない人間によって支配されなければならないとは信じがたいものです。今、核分裂のおかげで彼らは本当に害を与えることができます。昔は斧の届く範囲でしか人を傷つけられませんでしたが。「サウルは千を撃ち殺し[152]――」、しかし今日私たちは、ダビデが万を撃ち殺したことすら影の薄いものにしています。まあ、

149…イギリスのジャーナリスト、小説家（一八六七～一九二八）。第一次世界大戦中を除き、一八九〇年から一九二五年の間『マンチェスター・ガーディアン Manchester Guardian』の記者、批評家として活躍した。

150…賛美歌『主よ、我が助けよ』。原文では「Beneath the shadow of Thy wing」となっているが、作詞者アイザック・ワッツの歌詞では「Beneath the shadow of Thy throne」となっている。

151…原註：ラドヤード・キプリング著『なぜなぜ物語』より「アルマジロがアルマジロになったわけ」。〈訳註：亀は丸くなれないけど泳げる、ハリネズミは泳げないけど丸くなれる。〉平澤朋子訳（岩波少年文庫、二〇一四）

152…旧約聖書『サムエル記』上、第十八章七・九より。「サウルは千を撃ち殺し、ダビデは万を撃ち殺した」。

愚か者が誰かいつか近いうちに原爆を発射するでしょうから、恐竜のあとをたどって歴史の影に入る前に、私たちは人類至上主義の最後の日々を大いに楽しんだほうがましでしょう。私たちが第一次世界大戦中よく言ったように「きれいなハンカチをポケットに入れて持っていくのを忘れるなよ。それより何より、戦闘に加わるなよ」。（イープルの戦線へ行く前の助言です。）とにかく、君はがっかりするかもしれませんが、私たちは君にそんな経験を全くしてほしくありません。

＊＊＊

私たちはニクソンの一般教書演説[153]を聞いていたところです。演説——とても優れており、印象的だと言うべきでしょう——は熱狂的に受け入れられました。「総立ちの喝采」を受けるのが当たり前のことのようです。それは〈絵空事〉にいっそう輪をかけたものでした。ベトナムでの燦然たる「戦功」など、など、そしてその後——それはまるで、人工のバターを山ほどかけて出せば、事実はどうでもよいかのように聞こえます。そしてそれこそが、ここで分析されるべきことだと思います。私は君が医学に携わる中で、仕事を正直に行なうという贅沢を、味覚が回復不能なほど損なわれる前に、それを好きになるほど十分に味わうことを心から願います。

英国からの報道は気分を落ちこませます。[154]頑固な楽観主義のようなものも含めて。どうもそれは、どのような事実がその形の装甲板に浴びせられても抵抗できそうです。

＊＊＊

君が意気消沈し、放心して座っているとき、そしてまた、無為に過ごした青春時代が目の前を恐怖映画のように駆け巡るとき、悲嘆と悔恨の涙で歪んだ鏡を通して試験問題を読んでみてください。そうすれば、君が医学と思うものの滓に気づくかもしれません。もしそうなら、それを細心の注意を払って書きとめておきなさい。そうすれば君は一つか二つ良い成績をとって、すれすれで合格するかもしれません。医学を知ることはとても役立つことですし、資格を得るときには全くの障害ではないけれども、それと医学試験に合格することは、あるいはどんな試験に合格することも、全く別のことです。他のみんながどれほどその「驚くべき」試験で素晴らしかったか、後になって聞かないでください。その先には、飲酒と最終的には貧困者の墓が待っています。私は今でもどうにか食べていく生活ですが、どうやっても精神分析や医学や他の教科の試験には合格できないでしょう。私が「熱病」の試験を受けたとき、ツツガムシ病しか思い浮かべられませんでした。それもただ、それが電車ごっこを思いださせたからでした。フランス語では電車のことを「タフタフ teuf-teuf」というおかしな言い方をします。それを知ったとき、初めて私は、「シュッシュッポッポ puff-puff」であるべきということすら知らないフランス人に疑念を持ちました。

＊＊＊

君のベトナム日記を読んでいます。私は君が、記憶の鮮明なうちに全てをきちんと書き留めておいたのは、とても幸運だったことに気づくだろうと思います。私はまだ半分までしか読んでいません——もちろん私は君

153…ニクソンはウォーターゲート事件の後、一九七四年八月に辞任しているので、この手紙は一九七五年でなく、一九七四年に書かれたものだと思われる。米軍がベトナムから撤退完了したのが一九七三年三月で、一九七四年一月三十日に行われた一般教書演説で、ニクソン大統領はアジアでの戦争の終結とその後について話している。

154…一九七三年に始まったオイルショックによりイギリスは戦後初めての不景気を経験しており、それに加えて政府は炭鉱労働者のストによる電力不足に対応するために、一九七四年一月一日から三月七日まで病院、スーパー、新聞社などの必要施設を除き、全ての事業者に対し週三日以上の営業を禁止した。

が書いていることを、それほど離れていない戦闘の前線そのものからの見地に沿って解釈しています。君の仕事はそれと別の種類の戦争病ではありますが[155]。子供たちの健気さと勇気には感銘を受けずにはいられません。彼らが、同じぐらい聡明か健気な「大人」を頼ることができると信じられればいいのですが。悲しいかな、私はそう思いません。

＊＊＊

『ウェーヴェルの回想録[156]』を読み終わりました。私は彼に会ったことはありませんが、息子であるカレン子爵、「アーチー」のことは、とても気に入っていました。ウェーヴェルは英国軍の中でも最も洗練された教養のある軍人で、彼の英雄アレンビーより偉大でさえあったと私は思います[157]。そして彼がどれほど冷遇されたことか。残念ながら、チャーチルからの扱いは特に酷いものでした。ですがチャーチル自身もまた不当な仕打ちを受け、ろくでもない連中が大英帝国を失い、その残り滓を救出したくなった時になって、やっと機会を与えられました。「次のやつに回せ！」私たちはプレップスクールで隣の生徒の腹を殴った後に言ったものでした。とても滑稽なのがわかるでしょう。

＊＊＊

それはそうと欧州共同市場《コモンマーケット》ですが、『マンチェスター・ガーディアン』紙に、ストレサムに住む女性の話が載っていました。共同市場《コモンマーケット》についての意見を求められた際、その女性は答えました。「公有地《コモン》に市《マーケット》が立つだなんて私は知りませんでした」。とても分別のある返答だと思います。私の時代には、犬の散歩にでている時、ストレサム公有地のことなどほとんど気づきませんでした。（犬の目的のためには、十分な大きさでしたが！）

＊＊＊

私が第一次世界大戦の前に会ったイェイツ[158]が、戦後オルダス・ハクスリー[159]とジョージ・ムーア[160]と一緒に「彼らが全員負かされないとはなんとも残念だ！」と言っていたのを覚えています。まあ、今思えば、彼らが全員負かされたのは結構明らかですが。おそらく私たちは回復するでしょうが、もしそれが単に元の状態に戻ることができるだけだとすれば、あまり有益ではないでしょう。

＊＊＊

英国の夏は、私たちのように、カリフォルニアにも訪れたようです。寒くて暗いです（または私たちがあまりに軟弱になったので、カリフォルニアの六月をありがたく思わないのでしょう）。

155…原文では「別の種類の戦争病 a different kind of battle-disease」となっているが、初版では「別の種類の戦争——つまり病 a different kind of battle - disease」となっている。もともとは手書きだったと思われるため、ビオンがどちらを意図したかは不明。ビオンは軍人として第一次世界大戦に参加し、パーセノープは精神分析者として（もしくはジュリアンが医学生として——どちらかは不明）ベトナム戦争に参加した。

156…『ウェーヴェル：総督の日誌 Wavell: The Viceroy' s Journal』（オックスフォード大学出版、一九七三）のことではないかと思われる。

157…編註：初代ウェーヴェル伯爵アーチボルド・ウェーヴェル陸軍元帥（一八八三〜一九五〇）は第二次世界大戦の初期に活躍した最も偉大な連合司令官の一人。ビオンはウェーヴェルを特に、砲弾の飛び交う中ですら常に思考できるという、指揮官として大切な資質と結びつけて考えていた。

158…ウィリアム・バトラー・イェイツ（一八六五〜一九三九）。アイルランドの詩人、劇作家。一九二三年にノーベル文学賞を受賞。

159…イギリスの著作家、評論家（一八九四〜一九六三）。著名な生物学者トマス・ヘンリー・ハクスリの孫。

160…アイルランドの小説家（一八五二〜一九三三）。短編作家、詩人、美術評論家、劇作家でもある。

かように恐ろしい要塞に捕らわれんことを
看守たちがふいに交わした会話から知る
その六月彼女の勝利の前進で
アーチ型の弧を描き旗で飾られた森を通ると　彼にとり
彼女は関わりなき伝説
そしてその薔薇の噂には根も葉もない[161]

＊＊＊

私は調査研究委員会――と呼ばれる人たち――に講演をしました。ミディアン人（ギデオン？）[162]のような人について、それは恐ろしい警告を受けていましたが、にも関わらず講演は無事に行われました。私がいつも考える二十人よりは二百人に近く、猫がうろつくときのネズミくらい静かでした。それをとてもありがたく思いました。私は騒々しくて敵意のある聴衆は大嫌いですし、何かをしてやろうという気分には決してなれません。

さて――英国は共同市場に残りました。[163]天上の朝が明け、地上のむなしい影は消え失せる[164]（またはそうではないかもしれません）。

＊＊＊

自分に**〈心〉**があると発見するのはいつでも衝撃です。なぜならその奇妙なものがどのようになるか全く分からないからです。それは爆発します。それが精神病なのか狂気なのか――誰か診断を！――天才なのか、哲学者、詩人、音楽家、作曲家なのか？　それから、それが一体何であれ、それを生きのびようと試みる間、**〈身体〉**の方が悲鳴をあげて注意を引こうとし、放置されたことへの苦情を爆発させます。

君の手紙が理由で、私は――君のせいで！――絵具を取り出し、罪のない真っ白な紙の上に黄色と赤色をたっぷりとぶちまけました。この傑作は『夕日の印象』と題されます。それは目に入る度に私を腹立たしい気持ちにさせます。思うにそれを破る前に、きちんと乾かしてやらねばなりません。湿った紙を破ったところで、全くおもしろくも何ともありませんから。

＊＊＊

ペルシャ〔イラン〕皇帝は、ホメイニ[165]の形をした地雷を放ったようです。私はその抜け目のない老鳥が、パリの自分の居心地のいい巣から離れることはないだろうと思っていましたが、熱心なイスラム教信仰の噴出により、彼でさえもパリからテヘランへ吹き飛ばされたようです。

私はキプリングを読み続けています。彼は古い友人で、君のビオン側の祖父の職業――インド公共事業（灌漑）――の最高の協力者でした。私は自分が忘れていた（または知らなかった）深みを、彼の中に見出します。


161…原註：ウィリアム・ワトソン（一八五八～一九三六）の詩「乖離 Estrangement」（一九二〇）より。

162…ギデオンとは旧約聖書の『士師記』に出てくる人物。イスラエルをミディアン人（古代からシナイ半島にいた遊牧民）の侵略から守るために、神からイスラエルを守るよう仰せつかり、神に選ばれた三百人のものと一緒にミディアン人陣営に夜襲をかけて勝利した。

163…一九七四年に加盟条件の再交渉をした後、一九七五年に欧州経済共同体に残るかどうか国民投票をすることになり、結果約六七％が残留に投票した。

164…賛美歌『日暮れて四方は暗く』より。

165…シーア派のイラン人宗教指導者（一九〇二～一九八九）。一九六四年、西欧化を進めるモハンマド・レザー・パフラヴィー皇帝から国外追放を受け、トルコ、イラクを経て一九六七年にフランスに亡命。イランでは貧富の差が広がるなどして反国王気運が高まり、ホメイニ師の指導のもとに王制打倒運動が起こる。一九七九年一月に皇帝はエジプトに亡命し、二月にホメイニ師は帰国、イラン・イスラム共和国の元首となった。この手紙は一九七五年に入れてあるが、一九七九年に書かれたものではないかと思われる。

バーケンヘッドによる素晴らしい伝記[166]のおかげでそれに気がつきました。バムブリッジ夫人[167]は、サザーランドの描いた肖像画[168]に対するチャーチル夫人[169]と同じくらいの破壊者だったに違いありません。恥ずべきことです!

166…バーケンヘッド伯爵(一九〇七～一九七五)によるキプリングの伝記。キプリングの次女が監修し、彼の書いたものを却下。結局この本は彼の死後一九七八年まで出版されなかった。この本の出版が一九七八年であることから考えても、この手紙は一九七九年に書かれたものだと思われる。

167…原註:キプリングの娘。

168…原註:この二人に加えられるであろう人はバートン夫人。『千夜一夜物語』と『匂える園』を翻訳した探検家リチャード・バートンの妻。フォーン・M・ブロディー著『悪魔に駆り立てられて The Devil Drives』(W.W.ノートン & Co. Inc.、一九六七)を参照のこと。〔訳註:バートン夫人は夫の死後、未出版の彼の作品を焼却した。〕

169…ウィンストン・チャーチルは、イギリスの画家グラハム・サザーランド(一九〇三～一九八〇)の描いた自分の肖像画を気に入らなかった。チャーチルの死後、その絵はチャーチル夫人によって即刻破棄されていたことが判明した。

一九七六年

君を職務怠慢だったと訴えている患者とのから騒ぎは、私の昔の主任の一人——ビル・ウィリアムズ——を思い出させます。彼は「骨折に触れる前にまず始めにするべきことは、諸君の医療過誤保険が万全であることを確認することだ。それからレントゲンをとる。ギブスをする。そしてさらにレントゲンをとって経費を呪う」と言っていました。不運にも私の仕事では最初のことしかできず、残りについては神の加護を祈るほかありません。私が受け持った最初の症例の一つ——もちろんひどく無防備なのは仕事を始めたての時で、その後無防備なのはもうろくした時です——は被害的な少女で、私を訴えたがりました。幸運なことに、英国で医療過誤を扱う人たちは非常に冷静で、こちらが明らかに阿呆だという罪を犯していない限り、彼らは守ってくれます。しかしながら、手続き中はひどく不快ですし、福祉国家が医者のために何をしてくれるかは神のみぞ知る、です。とにかく早い段階での接種は有益なものです。もちろんそれが炎症を起こさなければですが。

＊＊＊

私たちは食事会に出かけ、とても楽しく奇妙な夜を過ごしました。ユダヤ人のパーティーを除いて、キーツの『ナイチンゲールに寄す』やシェイクスピアの二つの十四行詩、ミルトンの二つの十四行詩を読み、そして死の見通しについて語り合い、死の話題に没頭し、何巻もある文化の発達の歴史に関する本の最終巻を（九十二才にして）完成させたばかりの著名な文化史家の奥方が、「私がどうやって夫を捕まえたか」を非常に騒々しく描写するのを聞いて過ごす場所があるでしょうか。その後彼女はB医師（彼は私にストラヴィンスキーを治療したことと、彼との交友について話していました）に対して、とにかく下品に騒がしく攻撃したので、彼とその妻は怒ってパーティーを去りました。

最後に女主人は、私と話す機会がなくていかに残念だったか言いました。私は夕食の間中、ずっと彼女の右側に座っていたのですが！　もちろん彼女は正しいです――騒音がひどかったですから！

＊＊＊

真の愛の進路は、結婚と同じく離婚によっても断たれます。問題は、いつか？　です。その前か、後か、それとも間なのか。その決定は二人の人間によってなされます。お互いに――奇妙なことに、そして悲痛なことに――孤立した状態で。人は常に後悔します。どちらにしても。もしうまくいけばそれは遅すぎで、失敗でも同様です。そして、いずれにせよもっと良い時期に逆のことをしておけば良かったのかもしれなかったのです。ロナルド・アダム卿が戦争について私に言ったことがあります。「素晴らしく完璧な勝利などないし、大惨事も見た目ほど悲惨ではない」と。そして彼にはそう考えるだけの理由がありました。彼は陸軍軍務総監でしたから。人生は顕微鏡を通して見ようが、パロマー山から二百インチの望遠鏡を通して見ようが、大差ありません。多分あまりたいした慰めにはならないでしょうが――人生とはそういうものです。

私たちは金曜日、土曜日と日曜日半日行なわれる会議[170]に参加するためトピカへ向かいましたが、良い旅でした。私たちは二人とも、これに参加することが賢明かどうか疑問でした。というのも、百人ほどが参加しそうでしたが、私はその一番最後に話す予定になっており、それまでにはみんな各々のウサギの檻なり家なり穴なり、どこであれ元々姿を現した場所へと姿を消すだろうと思ったからです。私たちはカンザスシティの空港で、特別に私たちのためにとっておかれたホテルの広間で待ち、そしてやっと迎えがきて、私たち六名ほどは九十数マイル離れたトピカへ車で向かいました。さて――これはカンザスでのことでした。カンザスシティ？　いや、カンザスです。ああ、なるほど――これはカンザス州の中です。そうかも、そうじゃないかも[171]。バスはやっと、今は真っ暗になったカンザスを通りました。何のカンザスでしょう？ ミズーリ州カンザスです。ああ、もちろんカンザスシティはカンザス州にあるのでしょう――首都ですか？ 違います！ 違います！ 違います！ カンザス州の首都はトピカです。ああ、そうです。もちろん。私が馬鹿でした。大きな街ですか？ いえ、違います――二、三万人規模です。ああ――ほら、ミズーリです！ そのミズーリではない？ そうです、そのミズーリです。『シェナンドーの夕やみ』[172]とそのとても魅惑的な歌が呼び起こす学生時代――「遠くへ、私は広大なミズーリ川を越えていく」。私は自分にいつの日か、広大なミズーリ川を越える日が来ようとは思っていませんでした。そしてどれほどの数の橋も工場も、私にとっては魅力的なその恋の歌を、忘れ去らせることはできませんでした。

次の朝、私はその会議が国際的なもので、七百六十人もの参加者がいることを知りました。色々なことが、だんだんと見通しが明るくなっていくよう感じられましたが、私は日曜日の一番最後の私の出番までには、ほとんどの人たちはいなくなっているだろうと思っていました。彼らはいなくなりませんでした。私は自分の論文を読み上げることはなく、聴衆に直接話しますので、彼らはそれで結構安堵したのではないかと思います。私は長く話しすぎました――あまりにも話すことが多すぎたので。[173]私は楽しく過ごし、一同は私が終わるまで辛抱して

170…原註：境界性パーソナリティ障害に関する国際会議（International Conference on Borderline Personality Disorder）。会議論文は国際大学出版局社より出版（ハートコリス編、一九七七）

171…原文は「M' p' raps; p' raps not.」「m' p' raps」は『若草の祈り』の労働者階級の召使のセリフ。イーディス・ネズビットによる本は一九〇六年に出版され、一九七〇年に映画化されたので、ビオンはそれを見たのではないかと思われる。

172…アメリカ民謡の『シェナンドー』のことだと思われる。

173…原註：ビオンの用意した論文は「情動の乱流 Emotional Turbulence」。彼の話は「フロイトからの引用について On a Quotation from Freud」［ビオン全集第十巻］

くれました。私たちは二人とも疲れ切って家路につきましたが、来てよかったと思いました。

＊＊＊

私は、全く脳天気で[174]感覚的なオックスフォードの刹那的時間が、大好きだったと言わなければいけません。それは私が現実に引き戻され、試験に通る頭脳を持ち合わせていないと気がつくまででしたが。人は大学との別れからきちんと立ち直ることはありません。悲しいかな、なんとほろ苦いことか！　ほろ苦くても、その代償を惜しむことはできません。

君の能力を正しく判断しない人たちと関わってはいけません。彼らに君を過小評価させる理由を与えてはだめです。誰がどんなことを考えていようとも、彼らに騙されないでください。善かれあしかれ。そして自分が何者なのかという秘めた知識が、何よりも重要な意見なのです。それは公言する必要はありません。正しい相手と出会えば、徐々に、そして秘かに、その人のことをもっと知っていきます。それと同時に、自分がどんな人間かについて自分でも驚く発見をします。しかしながら、それを言語化しようとする必要はないのです——もちろん精神分析者でなければ。そうだとしても、**大声**で言う必要はありません。私は英国でホシムクドリの群れを見たり、そのつぶやきのようなざわめきを聞いたりするのが大好きです。しかし人間のざわめきについては、**お断り**です。ホシムクドリと違って、彼らは本当に退屈です。私はクイーンズの寮で指を小さなパチンコにして、自分の窓のすぐ外にいたホシムクドリを弾で撃ったことを覚えています。私が狙うと——当たりました——彼のすぐ下に。彼はホシムクドリらしく「くすくす笑って」いましたが、とても驚いたので、ただちに笑うのをやめ、首を片方にかしげながら弾がどこに当たったのかを見ました。「あれは一体何だったんだろう？」とでも言いたげに。それから彼はまたくすくす笑いながら言うのです。「おやまあ——なんて素晴らしい日だ！」私はホシムクドリたちが本当に大好きなので、彼らを見ていると涙がでそうになります。

＊＊＊

「古い悲しみのように柔らかく、古い名声のようにあざやかに[175]」――私に言わせれば、それが英国を要約した言葉です。というより、こう言うべきでしょう。オックスフォードで門限を知らせるグレート・トム[176]のあるトム・クオッド、または、夜も更けた中マンリー・ホプキンズを読んだクイーンズの寮の部屋といった英国のほんの一部分を。


「蝋燭がわたしの通りかかるところで澄んで燃えているようだ。

わたしは思いに浸る……[177]」


しかし自分で読んでみてください。私はそれをあるひどく暗くて霧がかった夜に読みました。そしてそれが理解できませんでしたが、あまりに衝撃を受けたので、それを暗記し、何度となく読み返しました。私は彼を敬愛してやみません。


174…本来の表記では「能天気」だが、その後の「頭脳」にあわせて「脳天気」としてある。

175…ヘンリー・ニューボルト（一八六二～一九三八）の詩『帰航』より。

176…グレート・トムはオックスフォード大学クライストチャーチカレッジの入り口にある鐘楼の鐘。毎夜九時五分に一〇一回鳴らされる。トム・クオッドはその鐘楼のある中庭のこと。

177…原註：ジェラード・マンリー・ホプキンズ（一八四四～一八八九）による詩「内なる蝋燭」から。「蝋燭がわたしの通りかかるところで澄んで燃えているようだ。わたしは思いに浸る。どうしてこの存在が　黄色い湿り気で　歓びに溢れて　穏やかなすべてのものを霞ませる夜の闇を押し退けるかと」大野隆『ホプキンズの詩の世界』（南窓社、一九九九）

＊＊＊

私たちはかつて、元気よく、洒落っ気は一切なく歌ったものです。「あなたがたの眠りからさめるべき時がすでに来ている。なぜなら今は、わたしたちの救が初め信じた時よりももっと近づいているからである」[178]と。今になって私はそれが、学期最後の日曜日のための素晴らしい祝歌だったと分かります。人生とはおもしろいものです——私たちがその冗談を理解さえできたなら、ですが——私たちにはそれができたことは一度もありません。君はG・K・チェスタトン[179]が、「宇宙〔cosmic〕」についての非常に荘厳な一節を「滑稽な〔comic〕」と印刷されたとき、印刷業者がいかに正しいかを話していたのを覚えているでしょう?

＊＊＊

人生とは何と難しいものか！ 私は君のことを「かわいい子」か「愛しい子」かそれとも何と呼んだものか。私の母親は、私が殊勲賞〔DSO〕をもらった士官になるまで、私を「かわいい子」と呼んでいました。それから彼女はそう呼ぶのをやめました。彼女のかわいい子が〈栄光〉という沼地のようなものの中に消えてしまったためです。

＊＊＊

君の小さなふくろうの話で、バーフォードに泊まっていたときにリルフォードフクロウ〔コキンメフクロウ〕を見ていたことを思い出しました。それは立って小さな干し草の山を鋭いまなざしで見つめていました。私は彼がどう反応するのかを見ようと、小さな小石を彼の近くの藁へと投げました。彼は飛び立つことも、小石に飛びかかることもしませんでした。彼はただゆっくりと頭を回して、じっと私の目を見つめました。彼は私に短剣（「かぎ爪」というべきかもしれません）を刺すように睨みつけ、「お前が俺をそんなまぬけだと思っているなら、お前こそまぬけに違いない！」とでも言いたげでした。それから――その前ではなく――彼は「つまらん！」と思い立ち、飛び立ちました。私たちがふくろうは賢いと思うのもそのはずです。

＊＊＊

今日、三日前に雨が降り出してから初めて太陽が顔を出しました。これは一九三四年以来、ロサンゼルスで初めての熱帯暴風雨だそうです。まあ、私たちには雨が必要でした。「神よ、神よ！　我々は雨乞いをしていますが、これはあまりにも馬鹿げていま〜す！」自分の仕える教会で、神にこう懇願した牧師がいるそうです。

＊＊＊

君は大学後のひどい気持ちを経験しているに違いありません。このとき、ほとんどの人はすべての機会を逃したと気がつきます――結婚、仕事、一等優秀学位、その他。これからの二十年間（三十年？　四十年？　五十年？六十年？）のうちに、君は自分が不運だったかもしれないけれど、「成功」していたかもしれないと気がつきます。君が傷心を癒しているときには、あまり大した慰めにはならないでしょうが。その傷はあまりに痛むので。

＊＊＊

178…新約聖書ローマの使徒への手紙（十三章十二）より。訳：『口語新約聖書』日本聖書協会（一九五四）
179…イギリスの著作家、劇作家、神学者、文学評論家、美術評論家（一八七四〜一九三六）。

君のスーラ[180]をありがとう――私は見たことがなかったと思います。私は彼が、眩しい陽の光の印象を描き出そうとしたのだと想像します。どちらかと言えば霧のように見えますが――もちろん、輝く陽の光も霧のように見えます。それはその画家が、油性絵の具のような不透過性のものを使わなくてはいけないことを考えると仕方ありません。（私がここに描こうとして気づくように。）

180…原註：『グラヴリーヌ』フランス人画家ジョルジュ・スーラ（一八五九～一八九一）による点描画。ロンドンのコートールド美術館所蔵。

一九七七年

ずっと買いたいと思っている、おかしいほど高額で、新しくて改良された家庭用小物があるのですが、やっと購買欲を少しだけ抑えられるようになりつつあります。とはいえ私は本を、着たり食べたりはできないし読むのにとても時間がとられることを忘れて、買ってしまっています。

多くの人たちが、精神分析の治療は現実生活の十分な代用になると誤解しています。私は「現実生活」が何かを知りませんが、もしもそれに似ていなければ、精神分析は全くの無駄だと確信しています。「序幕であって――代用ではない――」と私は彼らに言おうとします。「代用は、代用であり、代用です」とガートルード・スタイン[181]なら言ったかもしれません。

＊＊＊

私は、君のフランス訪問が君の心を安らげ、身体を休ませる機会としてであれ、有意義だったことを嬉しく思います。君の筋肉が回復して、君が今は自分の精神力をあまりにも酷く痛めつける経験をしていないことを祈ります。そういった経験をすることの素晴らしい利点は、一つのことから別のことに対して釣り合いを取っているうちに、自分が何者なのかを知るための手がかりも得られることです。そしてそれ以上に、君は〈君〉になるの

181…アメリカ人小説家、詩人、劇作家（一八七四～一九四六）。一九〇三年から一九三四年までパリで過ごし、美術収集家としても有名。当時のパリを代表する美術界、文壇の新鋭たちが彼女のサロンに集まった。

です。「私には六人の正直な召使いがいる」[182]と『なぜなぜ物語』の中でキプリングが言っています。偉大で素晴らしい人です。『ストーキーと仲間たち』[183]への残念な執着にも関わらず——それはつまり英国陸軍のことで、それは彼があえて気づいたよりはるかに愚かでした。しかし、あらゆる組織は愚かであり、その中の個々人を潰そうとします。非難によってでなければ、賞賛によって。「どちらのぺてん師も同等に扱いなさい」[184]——キプリングはそうも言っています。

現在私は束の間のほんのわずかな「成功」に悩まされています。次に非難が来た際に、不意打ちされたり、次に起こる未知の恐怖にとらわれて自分のこの心地よい幕間の時間が損なわれたりしないように努めています！

ママは働きすぎですが、私がそう言ったとは言わないでください。母親というものは、あれこれ言われると、もの凄く不機嫌になるものなのです。

182…『なぜなぜ物語』の「ゾウの鼻が長いわけ」より。六人の召使いとはなに、どうして、いつ、どうやって、どこ、だれ。一九七七年に刊行されたビオンの四冊の号本『セヴン・サーヴァンツ』(『精神分析の方法Ⅰ・Ⅱ』法政大学出版局)のエピグラフとして引用されている。

183…一八九七年から雑誌で連載され、一八九九年に本が出版された、イギリスの寄宿学校を舞台にした悪童三人組の物語。その中の一人、ビートルはキプリング自身がモデルになっている。彼らの学校は士官学校入学を目的とし、ゆくゆく大英帝国に仕える人物を生み出すための準備学校だった。

184…『ご褒美と妖精』より。

一九七八年

自分の娘に手紙を書くという、のんびりと楽しい機会を持つことさえできないとは、奇妙な人生です。どちらにしても娘というものは、もの凄い速さで「古い友人」の枠に収まっていきます――それも運がよければ。赤ん坊だった娘が、次の瞬間には自分の生活や考えや意見を持つ若い女性になっているように思えます。「悲しいかな、ポストゥムス、儚き時…… Eheu fugaces, Postume, Postume...」ホラティウスはなかなか心得ていました。[185] 私は時々、自分は運がよくて一つのことを知っていることしか自慢できず、それもたいしてではないと感じます。それでも精神分析は、私が知る限り悪くはありません――もっと悪い職業があることでしょう。時々私は、自分がこれほど金銭的に恵まれているのはただの「偶然」で、今の自分のように境遇に恵まれているのも偶然のおかげに過ぎないと感じます。

＊＊＊

成功を手にするのは常に難しく、それで人は時々、最初にきたものに飛びついて後悔したり、選り好みして断ってしまったりしがちです（そしてそれを後悔します！）。ですから、自分が正しい選択をできたと思えるのは、時には良いものです。特に「きっぱりと」片づけることは、絶対できないので。一つ片づけた途端に、新しい、より大きな問題が出てきます。それでも――それも楽しいかもしれません。

185…原註：古代ローマ時代の詩人ホラティウス（紀元前六五～紀元前八）『カルミナ』第二巻十四歌。「悲しいかな、ポストゥムス、儚き時は知らぬ間に過ぎ去ってゆく」

羨望と競争心と憎悪は本当にどこにでもあるので、それらは私たちが生きる上で欠かせない精神的な栄養のようです。

＊＊＊

君が自分の多くの失敗について思いに耽け、嘆き悲しむとき——勇気を出してください。君だけではありません。運良く私は、とても有能で魅力的な娘（君の母親です）に偶然出会いましたが、でなければ私もアイヴァー・ヒースの「地下 sous la terre」で朽ち衰えていたでしょう。あるいは——それに気づくのは恐ろしいことですが——第二次大戦後に斡旋された退役軍人局の仕事の中で。ところで、私は英国がこれほど貧しいのは、戦争を二回も戦い、どちらにも始めから終わりまで関わって、どちらでも負けなかった唯一の国家であるには莫大な費用がかかるからだと、誰も思いつかないようなのはなぜだろうと不思議にならずにはいられません。

＊＊＊

もうすぐ君に資料を送ることができればと思っています——ここでの乳幼児突然死症候群についての調査研究です。所見は英国でのものとほぼ同じではないかと思います——アレルギーや、赤ん坊に与えられるミルクと関係していた可能性があります。

もし君が進展させたいと思うなら、または将来使えるようにとっておくつもりなら、君に私の直感を送ります（直感＝実験や立証がされていない、調査する価値があるかないか不明の、精神分析者の白昼夢です。理論ですらありません）。

ほぼ感覚可能な（すなわち五感で分かるような）乳房といった食物の機能の障害が、もしも「糖尿病」だと診断可能になるところまで進行するままにされるなら、原始的で痕跡的な胎芽の、または受胎した母親の中に存在して、その母親の産出と究極的には乳児という産出物に障害を引き起こすかもしれない。

（一）母親の産出物の例：赤ん坊、便、尿、汗、乳。

（二）必要な病理学的生化学検査：尿は、糖分を調べるため――どちらにしてもほぼ確実に施行されます。汗は、糖分を調べるため。便は、糖分を調べるため。これは感度が十分な試薬を見つける必要があることから難しいでしょう。私が当時医療審議会の会長だったヒムズワースに、彼が私に紹介した患者が昏睡状態（彼女は糖尿病でした）にあるときに彼女の汗の糖を調べさせたか尋ねたら、彼は――当時その第一人者でもあったにもかかわらず――ためらいがちに「していない」と認めました。彼はまた、それの検査機具について聞いたことがないと言いました。ローゼンハイム教授も同じく、もしかするとそれ以上に、検査に反対でした――「忌々しい精神分析者」に付き合うには、彼は偉すぎたのでしょう。

（三）もし母親が糖や乳の前駆体を排出している場合、それがどんな形であれ、またどんな通路からであれ――消化器からで生殖器からでも呼吸器からでさえも――乳児は生まれた後、母親の汗や乳に対して「アレルギー反応」を起こすかもしれません。

　単にもっともらしい（もっともらし過ぎる？）直感です。それは子癇や妊娠期の精神障害などの謎と関係さえあるかもしれません。鍵となる問題は――クロム親和性組織、副交感神経系、交感神経系と視床下部というところでしょう。

　ストを行なう人たちへの同情心や、独裁主義は誰によるものでもそれが勝利するのは悲惨だという君の認識を、失わないでください。たとえ民主主義があまり良くないように見えてもです。

＊＊＊

次の土曜日の、私を祝う昼食会が近づいてきています。それはこのような嬉しくも煩わしい機会の最後になると思っています。[186] 良かれと思ってしてくれているのですが（タランタラ！）[187]、彼らはわたくしＷＲＢを喜ばせようとは意図していません。

ブラックウェルズ書店からの本を送ってくれて本当にありがとう。それらを置く場所も読む時間もないと分かっていても、新しい本を手にするといつもわくわくします。それは中毒です。立派に見えますが、実は違います。

私は『マハーバーラタ』[188]を読んでいて、なぜそれに親しみを覚えるのか不思議に思っています。それから、きっと私のインド人乳母《アーヤー》が話して聞かせてくれたようなお話だからに違いないと気がつき始めました――延々と続く痛快で不可解な、サンスクリット語の物語の遺物で、世界で一番古いものに違いありません。そして、『燃えよ！　カンフー』[189]の一部と見分けがつかない部分に出くわしました――すごいと思いませんか？――別の古代の文学、中国文明です。私はオックスフォードへ行って教育を受けるべきだと考え始めています。そしてインド。それに北京へ。要するに――繰り返しですが。少し遅すぎです。ローマとラテン語も含めなくてはなりませんから。悲しいかな、儚き時よ！　Eheu fugaces!

186…原註：彼の八十才の誕生日。
187…原註：ギルバート・アンド・サリヴァン『ペンザンスの海賊』より。
188…古代インドの宗教的、哲学的、神話的叙事詩。
189…アメリカで一九七二年から一九七五年にわたって放映されたテレビドラマ。

一九七九年

「気」とは何か、という大雑把な説明に惑わされないでください——その言葉の単純な訳はありません——中国語から中国語ですらです。西洋の文節化された語りでは、私の知る限り、ショーペンハウアーの「欲動《ドライブ》」や「エネルギー」、アル・ファーラービー[190]の「現実存在《イグジスタンス》」がそれに近いものです。

私は、有名人から一般人に身を落とすために、「現実存在」、つまり生きるべきか死ぬべきか[191]（いつものようにシェイクスピアがこれを他の誰がし得たよりも上手に表現しています）と、「本質存在」、つまりそれが何であれ、現実存在を現実存在に値するようにするものとを区別しています。後者は誰も教えることのできないものであり、どの哲学者、画家、音楽家、芸術家、詩人、それに単なる個人であっても、自分自身で見つけ出さなければならないものです。私はいつかそのことについて本を書くかも、書かないかも。[192]それは君の患者が、どれほど具合が悪くても元気でも、金持ちでも貧乏でも、愚鈍でも聡明でも、自ら見つけ出さなければならないものです。彼らにはっきりと示すことはできませんが、君は彼らがそれらに気づいたり発見したりする機会を与えるかもしれません。

＊＊＊

190…原文では「Alf Arabi」となっているが、イスラム哲学者「Al-Farabi」（八七〇?～九五〇）のことだと思われる。

191…シェイクスピア『ハムレット』より。

192…一九七六年の脚注で述べたように、『若草の祈り』の召使の言い方をまねて。

気持ちの良い、陽光溢れる麗らかな朝です——風も雨も止みました。一日だけかもしれませんが、歓迎すべき休息です——「どれだけ多くの輝かしい朝を見てきただろう——」[193]という十四行詩の通りです。君は十四行詩を読みますか？　それらは短くて、W・S〔シェイクスピア〕の言うすべてのことと同様、その意味は人生を通じて一つずつ解き明かされていくのです。確かにそれこそが医学の素晴らしいところで、私は、自分が幸運にもユニバーシティ・カレッジ病院で勉強していたときに、それに気づけていたらと思います。ですがオックスフォードでもそうですが、いつも「資格」や「最終試験」や、どうやって生計を立てていくのか、その他やきもきするような心配事で一杯で、気づきません。もちろん「彼女は私を愛している——彼女は私を愛していない——」とか、「私は彼女を愛している——愛していない」という花びら（またはパイナップルの葉——私が在学中のクイーンズカレッジ版のくじです）を一枚ずつ剥がしていく、子供の遊びのようなものを含めて。

シェイクスピアと言えば、私は最近決論を下しました。ギルバート・アンド・サリヴァンは真剣な考慮にあまり値しないという恐ろしく趣味の良い、陰鬱な領域に長い間いましたが、彼らの作品は機知に富んで面白いばかりでなく、素晴らしい感覚が詰まっている、と。

私は中断——君からの電話で！　思いがけなくとても嬉しかったです——の後、また書いています。そのような人工的通信機器があると、全然違いますね。この〈暗黒時代〉（新形）にはその埋め合わせがあると思います。

＊＊＊

私はみんなで会えたらと願っていますが、これは〈老年時代の欲深さ〉の特徴でしょう！

193…原註：シェイクスピアの十四行詩、三十三番。

別れの言葉

フランチェスカ・ビオン

一九五一年四月のある日、ウィルフレッドと私が婚約発表をした直後、タヴィストック研究所のエレベーターで上階にある自分の事務室に向かっていた時に、私と共にいたジョン・ハーバート＝ワッツが言いました。「君は天才を育てることにしたそうだね」。これは意外で、いささか怖気づかせる挑戦でした。天才と言われて思い浮かんだのは、風変わりな人、世捨て人、自分の外見を顧みないぼんやりした知識人、食に興味がなく、頬の削げた病弱な人。でも、どれもこれも私が生涯を共にしたいと思った男性に当てはまらないように思えました。彼は恥ずかしがり屋で、謙虚で、愛情に溢れ、機知に富んだ、明らかに健康な人でした。おいしいものやワインや特上の葉巻が大好きでした。ですから私は自信を持って、ジョンの言葉を友達としてのお世辞だと捉えました。

でも彼は正しかったのです。当時私はまだ、その優しい人の中に潜む鉄人に会っていませんでした。他人に都合よく型に嵌められまいという彼の決意、自分が正しいと感じた仕事を、たとえその感触を証明する証拠を提示できなくても推し進める勇気、自分自身に反する言動への断固とした拒否――これらは、人間の心と人間の条件への透徹した洞察と相まって、並外れた人を生み出したのです。そしてその鉄が彼の魂に入りこむことは一切なかったので、彼は身を寄せられる心を探して漂うあらゆる考えや着想に対して、常にとても繊細で受容性豊かであり続けました。

しかしながら、彼の自分自身に対する見方は、私たち彼を尊敬し愛する者たちが持っていたそれとはあまりに違っていたので、その間にどんな関係を見出すのも困難でした。私たちが話をしている時、彼は自分の無知と彼の言う「意気地のなさ」についての不満を、再三こぼしました。彼は自分が「傑出して」「有名」だという描写を、完全に拒否しました。彼はよく引用したものです。「その墓のこちら側には、常世の花の咲く野原はない。どれほど調べ豊かであろうと、いつか沈黙しない声はない。どれほど力を込めて情熱的な愛が繰り返されても、そのこだまがかすれてしまわない名前はない」[194]。「あなたは悲観論者だわ」と私は涙をこらえながら言ったものです。「いや、ただの現実主義者さ」が彼の答えでした。

現実主義者になるためには勇気が必要です。そして、真の勇気には恐れが伴うものです。彼は実際恐れていました――両親から離れて見知らぬ国で学校に入った幼い少年として。第一次世界大戦では、三度目の攻撃の後に生き残る可能性は全くないと知りながら戦いに臨んだ戦車隊の将校として。そして未知のものの恐怖に対面する精神分析者として。一握りの印刷した紙という安全ベルトなしで聴衆に向かって話す、講師としてさえそうでした。私は、それには多大な勇気を要したことを知っています。彼は言わば「舞台に上がる」直前に、よく不安げに私に向かって言いました。「でも私は何も言うことがない」とか「一体全体彼らに何と言ったらいいんだ？」とか。事実、彼は話をする前に自分が何を話すか知りませんでした。私たちが聞いたのは、彼にとってさえ新たに生み出されたものだったのです。私が以前に彼が使ったのを聞いたことのない、新しい言い回しや文章が現れたものでした――心の目に輝きを残す、洞察の眩しい閃きです。

詩は彼にとって、生涯を通じて非常に大切なものでした。彼はよく、詩人たちが彼の学生時代に残した忘れがたい衝撃について語ったものです――ミルトン、ウェルギリウス、シェイクスピア、キーツ、シェリー――彼がそれらの詩人たちに恋に落ちる前に無理強いして嫌いにさせなかったのは、彼の学校の優れていた点です。

すべての美しいものが、彼に感動の涙を流させました――それが詩でも散文でも、音楽、絵画、彫刻でも、ノーフォークの風景やその海鳥たち、雲雀たちでも。私たちが初めて出会った数日後に彼が私に宛てた手紙[195]の中に、こういう文章があります。「月明かりがなんとも素晴らしい夜で、風が松の木々の間を優しくそよいでいます。フレッカーにこういう一節があります。「いずこでも松は話好きなゆえ」。この詩は、私がオックスフォードにいたときに初めて出会って以来、忘れられないものです。アーサー・ブライアントと私は、在学中にたくさんの詩歌を覚えたものでした。でも私は第一次世界大戦中に覚えたものが多いように思います。私の最大の功績は一九一八年で、私たちの大隊には戦車は残っておらず、私と十二人ほどの部下が機関銃を持って前線の隙間を埋めなければいけなかった時でした。交替の前夜、ロイヤル・スコッツ連隊の大佐と一緒におり、話していたときに、ドイツ軍の夜襲が始まったことが明らかになりました。やれることはやったと、何かまともな話をしようではないかと大佐は言いました。それで私たちは、ドイツ軍が水浸しの砲弾穴の列や土塁を粉微塵に砲撃している間、ロジャー・ド・カヴァリーの随筆について話しました。この少し後に大佐は殺され、私はまだやることがなかったので、持っていた『金の宝物』から「快活の人」と「沈思の人」を暗記しました」

ですから、彼が名詩選集を編集したいと思っていたことは驚くことではありません。そして精神分析が彼の思考の基本ですから、その詩集は精神分析者のためのものとなったでしょう。彼は、単に精神分析者と呼ばれる人や証明書のレッテルではなく「本物」の精神分析者のためにだ、と言いました。作品は、いわゆる「精神分析的な」解釈を与える精神分析的名人芸を実践するためにではなく、どれだけそれらの言葉を以前に読んでいて熟知していると思っていようと、精神分析的に拡大された理解力は読者に新しい経験を与えるのに適しているという理由から、選択される予定でした。

残念ながらその名詩選集は、企画はされたけれども書かれなかったものの長いリストに加えられなければならないでしょうが、彼が序文として書いたものの一部をご紹介したいと思います。

194…イギリスの詩人ウォルター・サヴェージ・ランダー（一七七五～一八六四）による散文『空想談話』「イソップとロドペー」より。

195…フランチェスカへの書簡　一九五一年三月二十四日付、本書九九頁参照。

この疫病の時代に――貧困や飢餓ではなく、余剰、飽満、飽食の時代に――畏敬の念の能力を失うのは簡単なことだ。詩人ハーマン・メルヴィルによって思い出させてもらおう。「読書には様々な方法があるが、適切な読み方はごく僅かである――それは、畏敬の念を持って読むことである」。人を読むことについては、どれほど更にそうだろうか。

「なぜ、山に登るのか」との問いには、「そこに山があるからだ」が答えだった。私はそこに、起伏の度合い、高さ、深さや下り勾配が踏み尽くされて均一の平坦さになるまで、山登りを先延ばしする方を選ぶ人がいることを付け加えたい。グランド・キャニオンは飼い馴らされ、エベレストやカンチェンジュンガには蛍光照明が灯り、グレンコー[196]の山道からは幽霊がいなくなるだろう。ナンダ・デヴィはもはや、七賢人の郷里でなくなるだろう。ステア伯爵[197]は骨なしの怪物となるだろう。ウィリアム・ブレイクは「格言の詩」の中でこう言った。「人と山が出会う時に大いなることがなされる　それは通りの雑踏の中ではなされない」

私が詩人たちの力を借りるのは、彼らが私の能力では及ばない方法で何かを伝えているように思われ、その方法はもしも私に能力があれば、私自身が選んだであろうものだからだ。その無意識――より良い言葉が思いつかないが――は、私にとって「降りていく」[198]道を示しているように思われ、その世界には畏敬の念を抱かせる特質があるのだ。

ウィルフレッドはロバート・ブリッジズの『人間の精神』を二冊持っていましたが、そのうちの一冊には、長年扱い読み込んだ跡が見られます。詩の中には、余白に鉛筆で書き込みがあるものもあります。中には二重線、三重線が引かれているものもあり、思い入れの度合いがうかがわれます。後ろの白紙の頁には、彼自身で選んだ詩や引用文が書かれています。その中にはフレッカーの詩「一千年後の詩人へ」があります。

ウィルフレッドが亡くなった時に、ジュリアンは「山と出会う」というブレイクの言葉の真実を発見しようと、アンナプルナ山を旅していました。彼は私たちがお葬式で読むものに、この詩を付け加えて欲しいと頼みました。

私は死人だ　一千年前の
そしてこの甘美な古風な詩を書いた
君に私の言葉を使者として送ろう
私が通ることのない道へ

私は構わない　君が海に橋を架けようとも
冷酷な空を安全に飛ぼうとも
御殿を建てようとも
それが金属や石でできたものでも

196…グレンコーはスコットランドのハイランドにある小さな村で、一六九二年に、イングランド政府とスコットランド内の親英派によって、イングランドの実力を見せつけるために虐殺が行われた。

197…初代ステア伯爵ジョン・ダルリンプル（一六四八～一七〇七）。親英派のスコットランド貴族で、グレンコー虐殺の首謀者として知られる。原文の「The Master of Stair」は、一九一三年に出版されたグレンコー虐殺を題材にしたマージョリー・ボウエンによる小説のタイトル。

198…原文は「down to descend」。これはミルトン『失楽園』第十巻「真っ直ぐに楽園に降りて行くがよい right down to Paradise descend」［平井正穂訳『失楽園（下）』（岩波文庫、一九八一）］への言及か。

だがまだ酒を飲み音楽を聴き
彫刻や明るい目の恋人を持ち
善や悪の愚かな考えを持ち
天上の神に祈っているだろうか?

どうやって征服しよう? 前夜に降りてくる
風のように我々の空想は膨らむ
そして盲目のマイオニアの詩人[199]が
三千年前にそれを言ったのだ

あぁ目に見えぬ後世の見知らぬ友人よ
我々の甘美な英語の学び手よ
私の言葉を読みたまえ 夜孤独の中
私は詩人だった 若年の

君の顔を見ることはなく
決して握手をすることもない
なので私は私の魂を送る 時空を超えて
君に挨拶する為に 君にはわかるだろう

彼は生きていた時と同じように亡くなりました――勇気を持って。彼は自分の最期を哲学的に受け入れました。「生き長らえることに不要な努力はするな」[200]という忠告に見られる自分の信念を貫いて。十一月十四日に、私たちは北海に高く突き出た絶壁の上にあるヘイズバラの教会の墓地に立っていました。子供時代から彼にとって大切であった、清々しい風が吹き、空が広く、明るい光の差す彼の「愛するノーフォーク」のこの地で、彼の遺骨は埋葬されました。ここにいる時、彼はいつも幸せでした。

朝、陽の中に目覚める時のジョージ・ハーバートのこの詩を、彼はよく引用したものです――多くの人があまり評価していないけれども、自分はこの詩が美しいと思っている、と急ぎ付け加えながら。

徳

美わしい日よ、かくも　涼しく　穏やかに　照り輝き
まさに天と地の婚礼の宴、
今宵　夜露は　そなたの落日を悼んで涙しよう
そなたの死は　避けられぬものだから

美わしい薔薇よ、そなたの朱くて見事な色は
思慮もなく見つめる者に　その眼をぬぐえと命じる

199…古代ギリシア詩人ホメロスのこと。
200…アーサー・ヒュー・クラフ（一八一九～一八六一）の詩「最後の十戒 The Last Decalogue」より

そなたの根は　つねに自らの墓のなか、
そなたの死は　避けられぬ。

美わしい春よ、そなたは　麗らかな日々と薔薇に満ち、
香料のぎっしり詰まった筐。
わたしの楽の音は　そなたにはそなたの終止があることを　教えてくれる
かくてなべては　死を避けられぬ。

唯　美わしく徳高い魂だけは、
よく乾《か》れた材木のように　反り曲がることもなく、
この世のすべてが　燼灰に帰すといえども
なおとりわけて　生きてゆく。201

七歳になる私たちの孫が、ウィルフレッドの死後、私たちの多くが感じていたことを言葉にしました——「私は自分がおじいちゃんのことをこれほどよく知っていたなんて、気がつかなかったわ」。彼の愛、知恵、優しいユーモア、思いやりのある心遣いは、私たちの人生に浸透しました。私たちはこれから先も、時には驚きながら、彼のことをこんなにもよく知っていたなんて気がつかなかったと思うことでしょう。

201…鬼塚敬一訳『ジョージ・ハーバート詩集』（南雲堂、一九八六）

訳者あとがき

平らな大地の上に果てしなく広がる空。なだらかな海岸線の向こうにどこまでも続く海。それがビオンの愛したノーフォークである。本書自伝部分には複雑な内面が表現されているが、いつ来ても変わることのない、この穏やかで開放的な景観が、そのような彼に心の安らぎを与えたのも想像に難くない。

内面的なことについては本人の言葉から読み取っていただくのが一番だが、背景について、簡単に説明を加えたいと思う。

彼は激動の時代を生きた。二つの大戦を経験しただけでなく、大英帝国下のインドで支配階級に生まれた彼は、二十世紀半ばにイギリスの植民地が続々と独立し、大英帝国が崩壊していくのを目の当たりにした。インド自体は一九四七年に独立している。これにより、いわば、彼のアイデンティティの基盤となっていたものが崩れたわけだ。

また、イギリスの階級社会について一言。階級の定義については社会学的にさまざまな議論があるが、あえて簡略化して説明させていただく。イギリスでは、上流階級とは収入や職業とは関係なく貴族や領主のことを示す。ビオンは植民地の支配階級出身だが、イギリスでは中流階級とみなされる。そのため、上流階級の子息が多いオックスフォード大学より、中級階級者の多いユニバーシティ・カレッジ・ロンドンのほうが居心地よく感じたのではないか。

原文に関して、まずは手書きのものからタイプしたものへ、そして初版から全集版への移行の途中で生じた誤記・誤植だと思われるものがいくつかあった。単純なものはそのまま修正してある。

和訳に際して、彼は言葉遊びが好きで、駄洒落も多いので、その単語がどうしてそこで使われているのか、どこから来てどこにつながっているのか、どうしたら彼の遊び心が日本語で伝わるのかを考えながら作業を進めた。同じ漢字を使ったり、似たような言い回しを選んだり、リズムを合わせたりしている。書かれた言葉と彼の意図を天秤にかけ、その前後の日本語の表現と繋げたり、日本語特有の表現を生かすために、あえて単語の意味から外れた言葉を選んだ部分もわずかだがある。

ビオンは詩歌に造詣が深く、彼の文章には詩篇などからの引用や転用も多い。気をつけて拾ったつもりではあるが、私の無知ゆえに漏れてしまったものもあるかもしれない。

特に自伝部分に関しては、初稿であり、彼が古い言いまわしを好むため、原文で分かりにくい部分があった。その解釈については著作家・翻訳家のジョナサン・クレメンツ氏と戦史研究家で文筆家のリー・ブリミコム＝ウッド氏から力添えを得た。

フランチェスカへの書簡に関して、「darling」「my dear」「my love」といった呼びかけは、多くを「フランチェスカ」に置き換えた。これは、日本ではお互いを名前（愛称）で呼び合うことが多いからだ。

子供たちへの書簡に関しては、便宜上、誰宛のものか、言葉遣いや内容からあたりをつけた。というのも、五歳の子供に宛てたものと、十八歳の子供に宛てたものとでは、表現が変わってくるからだ。これはあくまで訳者の推測であり、実際とは違う可能性があることをご理解いただきたい。中学生以上になると、その違いを見極めるのは難しくなるため、一番下のニコラが中学生になった時点で、誰宛か記載するのを割愛している。漢字表記に関しては、小学校で学年ごとに習う漢字を参考にした。

この翻訳を手掛けるにあたり、ビオン研究の第一人者であり、本書の監訳者である福本修氏から参考文献をご提案いただき、さまざまな本や記事に目を通した。その中でも、Gérard Bléandonu 著の『Wilfred Bion: His Life and Works 1897-1979』は丁寧に彼の人生を追っており、事象の順番を理解する上で特に有益であった。

ビオンのご子息であるジュリアン・ビオン教授には、彼から見た父親像について、貴重な寄稿をいただいた。ここに御礼を申し上げたい。

最後になるが、ご指導をいただいた監訳者の福本修先生、この本の前巻にあたる『ウィルフレッド・R・ビオン長い週末――1897-1919』の訳者である立川水絵さん、編集者の佐藤道雄さん、福村出版様には深謝の意を示したい。大川基子さんとページ晶子さんにはお手伝いいただき、私の家族からはさまざまな形で協力を得た。ここに謝意を示したい。また、この本に最初から関わられ、心血を注がれたが、途中で遺憾ながらこの世を去られることになった福村出版の松山由理子さんには、ご冥福をお祈りし、本書を捧げたいと思う。

圭室元子

▶ヤ行

▶ラ行

▶ワ行

▶マ行

▶ナ行

▶ハ行

▶タ行

▶サ行

▶カ行

索引

▶ア行

年	月	出来事
1977	4月	▶ジョン・S・ペックによるインタビュー
	4月	▶ニューヨークでセミナー
	7月	▶イタリア・ローマで二つの団体の招聘でセミナー
	7月	▶タヴィストック・クリニックでセミナー
		▶「フロイトからの引用について」
		▶「情動の乱流」
		▶『セヴン・サーヴァンツ』（『経験から学ぶこと』『精神分析の要素』『変形』『注意と解釈』の合本）』
		▶『未来の回想　第２巻　過去の発現』
		▶『二つの論文：グリッドと中間休止（セズーラ）』
		▶『未来の回想　第３巻　忘却の夜明け』
		▶『未来の回想への鍵』
		▶「無題」（『野生の思考を飼いならすこと』（1999）に収録）
		▶「新しくて改良された」（未発表・全集十五巻所収）
1978	4月	▶ブラジルに２週間出張、サウンパウロでセミナー、スーパーヴィジョン
	7月	▶フランス・パリでセミナー
		▶「パリ・セミナー」
	7月	▶タヴィストック・クリニックでセミナー
		▶『W.R. ビオンとの四つの対話』
		▶ロサンゼルス・精神分析協会の名誉会員授与
1979		▶ A.K. ライス研究所の名誉フェロー授与
	2月	▶「悪条件下で最善を尽くすこと」
	3月	▶タヴィストック・クリニックでセミナー
	9月	▶イギリスに本帰国
	10月	▶オックスフォードシャーの家に転居　骨髄性白血病発症
	11月8日	▶死去
1982		▶『長い週末　1897-1919　或る人生の一部』
1985		▶『我が罪を唱えさせよ　人生のもう一つの部分　及び　天才の別の側面　家族書簡』

年	月	出来事
1967	4月	▶ロサンゼルス精神分析協会でセミナー
	7月下旬〜8月上旬	▶ビオン、ノーフォーク州トリミンガムのリトル・コテージで休暇
	10月	▶フランチェスカ、ロサンゼルスへ、転居準備
		▶『再考：精神分析論文選集』
		▶「注釈」（『再考』の前半の章について）
		▶「〈記憶〉と〈欲望〉についての覚書」
1968	1月	▶アメリカ・カリフォルニア州に移住
	7月下旬〜8月上旬	▶ビオン、講演旅行でブエノスアイレス・南米へ
1968頃		▶ワシントン精神医学校でセミナー
1968-69		▶「続・思索ノート」（未発表・全集十五巻所収）
1969	5月〜6月	▶フランチェスカ、イギリスに一時帰国
	8月	▶マサチューセッツ州アマースト大学でのカンファレンスに参加
1970		▶『注意と解釈：精神分析と集団における洞察力への科学的接近方法』
1972	7月	▶フランチェスカ、イギリス一時帰国（ビオンは遅れて合流）
		▶イタリア・ローマの精神分析協会にて3回講演
1973		▶ブラジル・サンパウロに2週間出張
		▶『ブラジル講義1　サンパウロ』
1974		▶リオデジャネイロに2週間、サンパウロに1週間出張
		▶『ブラジル講義2　リオデジャネイロ・サンパウロ』
1975		▶ブラジル・ブラジリアに一ヶ月出張
		▶『未来の回想　第1巻　夢』
1976	3月	▶アメリカ・トピカでの境界性パーソナリティ障害に関する国際会議（International Conference on Boderline Personality Disorder）に参加
	4月	▶ロサンゼルス・Veterans Administration Hospitalでディスカッション（1978年に『W.R. ビオンとの四つの対話』として出版
	6月	▶タヴィストック・クリニックでセミナー
		▶「証拠」
		▶アンソニー・G・バネット Jr. によるインタビュー
		▶「貫く沈黙」（未発表・全集十五巻所収）

年	月	出来事
1957	7月～8月	▶第 20回国際精神分析会議出席（フランス・パリ）
		▶「精神病的パーソナリティの非精神病的パーソナリティからの識別」
		▶「傲慢さについて」
1958		▶「幻覚について」
1959	2月	▶ビオン、セント・ジョージ病院に入院
		▶「結合への攻撃」
1960	3月	▶フランチェスカ、ノーフォーク州トリミンガムのリトル・コテージで休暇（ビオン遅れて合流？）
1961	7月～8月	▶第 22 回国際精神分析会議出席（エジンバラ）
		▶『さまざまな集団での経験、その他の論文』
		▶「メラニー・クライン追悼記事」
		▶「人間をどう概念化するか」（『ウィルフレッド・ビオン未刊行著作集』所収）
1962		▶英国精神分析協会（ British Psychoanalytical Society）会長に就任（1965 年まで）
		▶「思考の精神分析的研究」
		▶『経験から学ぶこと』
1963		▶「グリッド」
		▶『精神分析の要素』
1964	年末～1965 年年始	▶ビオン、ノーフォーク州トリミンガムのリトル・コテージで休暇（油彩画あり〔159 頁、口絵 1〕）
		▶フランチェスカは引越しに先駆け、ウェルズ・ライズの自宅を改装
1965	1月	▶ロンドンのウェルズ・ライズへ転居
	8月	▶ビオン、ノーフォーク州トリミンガムのリトル・コテージで休暇（フランチェスカは遅れて合流）
		▶フランチェスカ、ウェルズ・ライズのガレージをビオンの面接室に改築
		▶『変形：学ぶことから成長への変化』
		▶「記憶と欲望」
1966		▶英国精神分析協会、訓練委員会委員に就任（1968 年まで）
		▶英国精神分析協会、出版委員会委員長に就任（1968 年まで）
		▶メラニー・クライン・トラスト会長に就任（1968 年まで）
		▶「破局的変化」
		▶アイスラー『医学的正統性と精神分析の未来』書評
		▶スロヴェンコ編『性的行動と法律』書評

年	月	出来事
1946		▶タヴィストック・クリニック執行委員会委員長に就任
		▶「ノースフィールド実験」
		▶「指導者不在集団の計画」
1948		▶「危機の時期の精神医学」
		▶「さまざまな集団での経験　1」
		▶「さまざまな集団での経験　2」
		▶「集団治療の方法」
1949		▶「さまざまな集団での経験　3」
		▶「さまざまな集団での経験　4」
1950		▶「さまざまな集団での経験　5」
		▶「さまざまな集団での経験　6」
	11月	▶「想像上の双子」
1951	3月	▶フランチェスカ（29歳）と出会う
	6月	▶フランチェスカと結婚、共に自宅購入 ── 南ロンドンのクロイドンにあるレッドコート（写真と油彩画あり〔160-161、164頁、口絵2、4〕）
	7月	▶フランチェスカ、パーセノープを連れてボーンマスで二週間休暇
		▶「さまざまな集団での経験　7」
1952	7月下旬～8月	▶フランチェスカ、ジュリアン出産のためメイデイ病院に入院（7月30日に出産）
		▶「集団力動：再検討」
1953	7月	▶第18回国際精神分析会議出席（ロンドン）
	8月	▶アングマリングで一ヶ月休暇（ビオンは遅れて合流）
		▶メラニー・クラインとの訓練を終える
1954		▶「統合失調症の理論についての覚書」
1955	6月上旬～7月	▶フランチェスカ、ニコラ出産のためメイデイ病院入院（6月13日に出産）
	7月下旬	▶第19回国際精神分析会議出席（スイス・ジュネーヴ）
		▶「言語と統合失調症者」
1956		▶ロンドン精神分析クリニック（London Clinic of Psychoanalysis）の院長に就任（1962年まで）
		▶「統合失調症的思考の発達」

＊1 ポートマン・クリニックはタヴィストック研究所と犯罪科学的治療研究所（the Institue for the Scientific Treatment of Deliquency）が共同で立ち上げたクリニック。

年	月	出来事
1933		▶英国心理学会（British Psychological Society）医学部門書記に就任（1939年まで）
1935		▶マイダ・ヴェール病院の勤務を終え、ポートマン・クリニック[*1]で勤務を始める
1938		▶ジョン・リックマンとの訓練分析を始める
1939	9月	▶第二次世界大戦勃発
1940		▶「『神経戦』というもの」
		▶英国陸軍医療部隊に入隊、クレイグマイル・ボトム病院に勤務
		▶デイヴィヒューム軍病院に、司令部付き精神科医として勤務
		▶チェスター軍病院に異動
		▶休暇中にベティ・ジャーディンと知り合い結婚
1941		▶ヨークの地域担当精神科医として勤務
1942		▶陸軍省選抜局で、上級精神科医として勤務
		▶新設されたノースフィールド軍病院に訓練棟責任者として勤務
1943		▶セルハーストに転任
	11月	▶「治療における集団内緊張：集団の課題としてのその研究（J. リックマン共著）」
		▶「集団について」
1944/45		▶ビオンの属する部隊がノルマンディーに配置
1945	2月	▶パーセノープ誕生、ベティ死去
		▶サリー州に転任
	9月	▶第二次世界大戦終結
		▶タヴィストック・クリニックに非常勤で勤務
		▶アイヴァー・ヒースのザ・ホームステッドを購入
		▶英国心理学会医学部門会長に就任
		▶ハーレー・ストリートに診療室を借りる
		▶メラニー・クラインとの分析を始め、精神分析研究所（the Institute of Psychoanalysis）での訓練を再開

ウィルフレッド・R・ビオン 年表

参考資料：ビオン全集第十五巻付録（『ウィルフレッド・ビオン未刊行著作集』誠信書房刊、2024）
Gérard Bléandonu 著『Wilfred Bion: His Life and Works 1897-1979』〈Claire Pajaczkowska 訳、Other Press、ニューヨーク、1994〉

年	月	出来事
1897	9月8日	▶大英帝国下にあったインド・マトゥラーにて、英国人灌漑技師の長男として生まれる
1905		▶英国・ビショップス・ストートフォード・カレッジのプレップスクールに入学
1914	7月	▶第一次世界大戦勃発
1915		▶ビショップス・ストートフォード・カレッジのシックス・フォームを卒業
1916	1月	▶陸軍戦車連隊に入隊
1918		▶殊勲章（DSO）及びレジオン・ドヌール勲章受章、殊勲報告書への名前の記載
	11月	▶第一次世界大戦終結
1919	1月	▶オックスフォード大学クイーンズカレッジ入学、歴史を専攻
1921		▶文学士号を取得
1921-22		▶フランス・ポワティエ大学でフランス語とフランス文学を勉強
1922		▶ビショップス・ストートフォード・カレッジで教鞭をとり始める
1924		▶教職を去る
		▶ユニバーシティ・カレッジ・ロンドンに入学、医学の勉強を始める
1930		▶王立外科医師会会員（MRCS）、王立内科医師会開業資格免許（LRCP）取得
		▶在学中に上級臨床外科の金賞を受賞
1930頃		▶タヴィストック・クリニックで、ジェームス・ハドフィールドの下、精神療法のトレーニングを受ける（1937年まで）
1931		▶マイダ・ヴェール・てんかん麻痺神経疾患他の病院（Maida Vale Hospital for Epilepsy and Paralysis and Other Diseases of the Nervous System）にて、非常勤で神経学治療に携わる（1935年まで）
1932		▶タヴィストック・クリニックで勤務を始める

監訳者・訳者紹介

監訳者

福本　修（ふくもと　おさむ）

1958年生れ。

1982年東京大学医学部医学科卒。2000年タヴィストック・クリニック成人部門精神分析的精神療法訓練課程修了。現在、恵泉女学園大学名誉教授、代官山心理・分析オフィスほか勤務。

著　書　『現代クライン派精神分析の臨床：その基礎と展開の探究』金剛出版 2013、『精神分析の現場へ：フロイト・クライン・ビオンにおける対象と自己の経験』誠信書房 2015、『精神分析から見た成人の自閉スペクトラム：中核群から多様な拡がりへ』（共編著）誠信書房 2016、『発達障害の精神病理 Ⅳ－ADHD編』（共著）星和書店 2023、他

訳　書　ビオン『精神分析の方法Ⅰ』法政大学出版局 1999、ビオン『精神分析の方法Ⅱ』（共訳）法政大学出版局 2002、モーソン編『W・R・ビオンの三論文』岩崎学術出版社 2023、モーソン編『ウィルフレッド・ビオン未刊行著作集』誠信書房 2024、他

訳　者

圭室元子（たまむろ　もとこ）

1968年生れ。

山脇学園短期大学英語科卒業後、英国サザビーズなどで美術史・工芸史・建築史を勉強。英国在住。『The Dorama Encyclopedia: A Guide to Japanese TV Drama Since 1953』（共著）〈米〉Stone Bridge Press 2003。著訳書に『The Japanese Guide to Healthy Drinking: Advice from a Saké-loving Doctor on How Alcohol Can Be Good for You』［『酒好き医師が教える最高の飲み方』葉石かおり著］（共著）〈英〉Robinson 2021などがある。

著者紹介

著　者

ウィルフレッド・R・ビオン（Wilfred Ruprecht Bion）

1897年イギリス領インド帝国マトゥーラにて生、1979年オックスフォードにて没。
イギリスの精神分析者。50歳で資格取得後、重要論文、著作を発表、英国精神分析協会の役職を歴任。1968年、ロサンゼルスに移住。代表的な四冊は、『セヴン・サーヴァンツ』（邦訳名は『精神分析の方法』）にまとめられている。彼はフロイト、クライン以後の精神分析の発展に大きな貢献を果たし、その死後も国際的評価は高まり、彼の切り開いた領域は研究され続けている。その試みは、集団精神力動の理解から精神病世界の研究・心の世界の成立発展過程・人間の知ることの性質の探究に及んでいる。8歳でイングランドの寄宿学校へ入学し、19歳で志願して従軍、戦車大隊で第一次世界大戦を経験した、彼の数奇な人生は、『長い週末』および『我が罪を唱えさせよ』に詳しい。

ウィルフレッド・R・ビオン　我《わ》が罪《つみ》を唱《とな》えさせよ
——天才《てんさい》の別《べつ》の側面《そくめん》／家族書簡《かぞくしょかん》

2024 年 11月25日　初版第 1 刷発行

編　者　クリス・モーソン
監訳者　福本　修
訳　者　圭室元子
発行者　宮下基幸
発行所　福村出版株式会社
〒104-0045　東京都中央区築地4-12-2
電話 03-6278-8508　FAX 03-6278-8323
https://www.fukumura.co.jp
印　刷　株式会社文化カラー印刷
製　本　本間製本株式会社

ISBN978-4-571-24123-9　C3011　Printed in Japan